中国历史文化名人传

# 章回之祖
## 罗贯中传

闫文盛 著

作家出版社

# 中国历史文化名人传

## 组委会名单

主任：李　冰
委员：何建明　葛笑政

## 编委会名单

主任：何建明
委员：郑欣淼　李炳银　何西来　张　陵　张水舟　黄宾堂　张亚丽

## 文史组专家成员（按姓氏笔划为序）

王春瑜　王曾瑜　孙　郁　刘彦君　李　浩　何西来　郑欣淼
陶文鹏　党圣元　袁行霈　郭启宏　黄留珠　董乃斌

## 文学组专家成员（按姓氏笔划为序）

王必胜　白　烨　田珍颖　刘　茵　张　陵　张水舟　张亚丽
李炳银　贺绍俊　黄宾堂　程步涛

## 出版说明

中华民族五千年文明史中，涌现了一大批杰出的文化巨匠，他们如璀璨的群星，闪耀着思想和智慧的光芒。系统和本正地记录他们的人生轨迹与文化成就，无疑是一件十分有必要的事。为此，中国作家协会于2012年初作出决定，用五年左右时间，集中文学界和文化界的精兵强将，创作出版《中国历史文化名人传》大型丛书。这是一项重大的国家文化出版工程，它对形象化地诠释和反映中华民族文化的基本精神，继承发扬传统文化的精髓，对公民的历史文化普及和建设社会主义文化强国都具有重要而深远的意义。

这项原创的纪实体文学工程，预计出版120部左右。编委会与各方专家反复会商，遴选出在中国文化发展史上产生过重大影响的120余位历史文化名人。在作者选择上，我们采取专家推荐、主动约请及社会选拔的方式，选择有文史功底、有创作实绩并有较大社会影响，能胜任繁重的实地采访、文献查阅及长篇创作任务，擅长传记文学创作的作家。创作的总体要求是，必须在尊重史实基础上进行文学艺术创作，力求生动传神，追求本质的真实，塑造出饱满的人物形象，具有引人入胜的故事性和可读性；反对戏说、颠覆和凭空捏造，严禁抄袭；作家对传主要有客观的价值判断和对人物精神概括与提升的独到心得，要有新颖的艺术表现形式；新传水平应当高于已有同一人物的传记作品。

为了保证丛书的高品质，我们聘请了学有专长、卓有成就的史学和文学专家，对书稿的文史真伪、价值取向、人物刻画和文学表现等方面总体把关，并建立了严格的论证机制，从传主的选择、作者的认定、写作大纲论证、书稿专项审定直至编辑、出版等，层层论证把关，力图使丛书经得起时间的检验，从而达到传承中华文明和弘扬杰出文化人物精神之目的。丛书的封面设计，以中国历史长河为概念，取层层历史文化积淀与源远流长的宏大意象，采用各个历史时期最具代表性的文化符号与雅致温润的色条进行表达，意蕴深厚，庄重大气。内文的版式设计也尽可能做到精致、别具美感。

中华民族文化博大精深，这百位文化名人就是杰出代表。他们的灿烂人生就是中华文明历史的缩影；他们的思想智慧、精神气脉深深融入我们民族的血液中，成为代代相袭的中华魂魄。在实现"中国梦"的历史进程中，必定成为我们再出发的精神动力。

感谢关心、支持我们工作的中央有关部门和各级领导及专家们，更要感谢作者们呕心沥血的创作。由于该丛书工程浩大，人数众多，时间绵延较长，疏漏在所难免，期待各界有识之士提出宝贵的建设性意见，我们会努力做得更好。

《中国历史文化名人传》丛书编委会<br>
2013 年 11 月

罗贯中

# 目录

- 001　楔子
- 009　第一章 / 元将失其鹿
- 022　第二章 / 罗贯中之谜
- 051　第三章 / 有志图王者
- 099　第四章 / 三国之史事
- 135　第五章 / 小说的成立
- 201　第六章 / 儒生与兵家
- 240　第七章 / 隐没的肖像

- 277　附录一 / 罗贯中生平及《三国志演义》传播系年
- 303　附录二 / 读三国志法
- 319　附录三 / 参考书目
- 327　后记

# 楔子

## 一

将罗贯中视为中国古典小说巨著《三国志演义》[①]的作者,根据明清以来的各种记录,当无疑焉,后世学者偶尔提出新见,但学界经过仔细辨析,也已予以了不容置疑的否定。作为中国长篇章回小说的奠基者,罗贯中的身份基础并没有受到动摇,而是在各种争论中愈发加强了。

但是,关于罗贯中的故事,我们能够讲述给读者诸君的,又实在是有限得很。因为据我们迄今所知,罗氏的一生幻影重重,譬如其生卒年的模糊不清,就不失为一个巨大的学术难题。至于其籍贯来历,祖先父母,罗氏本人一生的行迹,著作产生的详细年代、处所、情境等这些最基本的传记资料,或已干脆湮灭无考,或者说法各异,龃龉甚多,所以如要详叙其一生,几如盲人摸象,简直无从着手。而在过去的数百年中,对罗氏其人其事,赞述揄扬者有之,妄言诋毁者同样有之,如

---

[①] 《三国志演义》,全称为《三国志通俗演义》,现在一般称作《三国演义》,但依书名本义,为"'演'《三国志》之'义'",所以简化后的意思不确。该书书名多变,据刘世德统计,另有《三国志传》《三国志史传》《三国全传》《三国志》《三国英雄志传》《四大奇书第一种》《第一才子书》等多种。参见刘世德《三国与红楼论集》,中国社会科学出版社,2013年版,第35页;刘世德《〈三国志演义〉作者与版本考论》,中华书局,2010年版,第22页。本书正本清源,除引文外,一概称《三国志演义》,或简称为《三国》。

明代田汝成谓"其子孙三代皆哑"之语，虽为不经之谈，但流布甚广。此类说法，对于我们想要绘制的罗贯中肖像，不能说不产生影响。将此说法反推回去，则当罗贯中生时，他怎能不异常地清楚自己所从事的是什么样的事业，可惜他因这类写作所冒的风险，我们已不能确知其详。

明清两代，陆续涉及罗贯中其人其著的资料计有以下三种：

其一，《录鬼簿续编》；

其二，现存最早的《三国志演义》刊本即嘉靖壬午（1522）本之庸愚子（蒋大器）序；

其三，明清时代的一些文人笔记。

在这三种材料中，因《录鬼簿续编》的作者自称罗贯中的忘年之交，其著作年代最早且谈及罗氏生平信息最多，最为研究者所重。而嘉靖壬午本之庸愚子（蒋大器）序，是最早谈到罗贯中著《三国志演义》的文献（此序写于明弘治七年，即1494年），其价值巨大不容置疑。另外，明清时代陆续在其著作中谈到罗贯中的文人有：郎瑛、高儒、王圻、胡应麟等，但所述多为片言只字，过于简略，且对于罗氏所处的时代又各有说法，谓其"南宋时人""元人""洪武初人""明人"者皆有之，因此鲁迅在《中国小说的历史的变迁》第四讲《宋人之"说话"及其影响》中谈到罗贯中时也只能综合诸说，给出一个"大约生活在元末明初"[①]的轮廓性判断。但根据这个判断，并不足以把罗贯中生活的时空更为详尽地确定下来。

总之，涉及本书传主的早期材料大致就是这些。与那些生平事实详尽的人相比，历史对于罗贯中这样一个小说家的记录显然过于吝啬了。仅仅根据这些资料，我们要想获得关于罗氏的完整形象，几乎是不可能

---

① 鲁迅《中国小说的历史的变迁》，《鲁迅全集》第十七卷，中国文联出版社，2013年版，第262页。

的。在笔者前面所罗列的三类材料中，或许我们尚可从《录鬼簿续编》之"罗贯中"小传略窥罗贯中的背影，而其余各类，或因记录简略不成其像，或因辗转传抄，致有各种舛误，因此也都难以不加辨析地径直引为确论。但是，若舍弃了这些来谈论罗贯中其人，就更显得虚无缥缈、无可凭借了。

## 二

鉴于上述前提，笔者撰写此书，自然无法借助任何一位生平确切的大人物的传记写法，开宗明义，准确地给出传主的生平。这本是极简单的事情，对于多数传主而言都当如此，但到罗贯中这里却忽然行不通了。为了尽可能地拿出一个可以取信于多数人的结论，笔者花费了很多工夫，比原先所想的多了很多，但结果也还是几近于回归原点，收效并不明显。至于目前对于罗贯中生卒之年的几个常规性的说法：约一三三〇—一四〇〇年或约一三一〇—一三八五年，笔者翻阅了可以目见的所有著作，也都无法视为最终确论而断然摒弃其余。因为这两个年代设定的依据，并没有逸出笔者所掌握的材料范围。而以《录鬼簿续编》等为依凭，笔者所能得出的结论与上述推断尚有出入。最令我们遗憾的是，无论何种推测，由于证据的不完整，与事情的真相都很可能会偏离十余年甚至数十年。

因此，罗贯中"是谁"？作为传记，此题需解，却极难解。

笔者在经历数年的工作之后客观来论，则罗贯中的传记迄今并非是如何写、如何写好的问题，就其根本来说，其立足的基点尚不牢固，写传的条件并不充分。笔者无论如何努力，也不可能超越罗贯中学术研究的根基而做出貌似确凿实则可能错谬的结论。倘不妄自菲薄，可以大胆破除种种，也必然要冒着随时被他人驳斥甚至推翻所有论断的风险。不错，无论在世界文学史还是中国文学史上，像罗贯中这样迷离恍惚的影子般的人物倒也并非个例，譬如莎士比亚和曹雪芹之类皆是。但无论是莎士比亚还是曹雪芹，针对其生平的学术研究都已经充分展开，其传记写作早已于多年前获得了零的突破。只有罗贯中其人，与其作品的巨大影响力形成了极度反差：目前，若论其书，则研究《三国志演义》的著作已经汗牛充栋，但若论其命运轨迹及诸般行事，具有充分的参考价值的学术著作却仍是寥若晨星。

笔者相信，给这类传主作传，对于任何执笔者来说都是极大的考验。聪明的写作者不会选择这样难啃的骨头，因为迎难而上，所得出的并不一定是可以预期的结论，奢求回报的人多半会选择捷径而走。但要给罗贯中这样的影子小说家写一本传记，除了多下一些笨功夫，也有捷径可走吗？答案自当是否定的。

作为一个以著作立世之人，罗贯中在他的时代里所能体认的一切，与我们如今所想当不类同。这是为古人著书所面临的一大障碍。站在今天的角度来观察罗贯中，我们会觉得数百年的光阴已经足够磨平一切，而我们要想展示他的生命，自然不会比他的侪辈做得更好。但是，与他同时代的人大半不会发现他的伟大，否则，我们如今所见之与罗氏同期人的记载不会如此之少。即便真有几双慧眼，认真地观察过他的人生，研究过他的创作，但眼下我们却无法为此提供任何证据。罗贯中的命运向我们隐含的种种暗示都在说明这样一个事实，即在漫漫时光的注目之中，他终于成了一个隐没无声、游荡无踪的人。尽管在他本人看来，这也并非是他所选择的命运的初衷。只是，当他辞世之后，经过人们数百年来的口耳相传，尤其是近世以来学界对于其人其著的反复辨析与研讨，他的形象才逐步地开始了新的体认与塑造。这种后在的发见到底与事情的本相相去几何，我们自是难以确知了。

## 三

但不管事情如何烦难，笔者撰写本书，却也并非一时冲动。因为客观情况已如前述，对于罗贯中这样一个小说家来说，无论其生平多么含混，他终归还是留下了一笔异常丰富的精神遗产，在已经过去的数百年中，其影响力所及，已经穿越各界，超脱了时空。而历世以来，究竟有多少学人受他的影响，研究他的遗产，进而成就学业，开展了人生，我们已经难以估量了。如今，站在这些前人的肩膀上，我们希望可以尽可能多地了解一些他的好恶，领会他的性情，深入他的心跳，从而使他影子般的一生变得稍微分明一些。这是笔者赖以说服自己的最主要的理由，而数年之中，笔者为撰此著，种种发奋之动机，概在于此。

在这里，需要再度说明的是：星散于各类明清文人笔记中的罗贯中生平记录，尽管各有疑点和舛误，但其价值仍在罗贯中生平叙事中居首。而本传的展开，除了罗贯中的作品，唯一可资取证的便只是这些材料了。这是研究和刻画罗贯中的起点。后世学人的所有建树，便是在此基础上逐次累积的。假如我们认同《录鬼簿续编》中关于罗氏的最早记录，则自明初以降，迄今已六百余年，不管埋没多深的古老史料，经过历代学人的努力，也已经被发掘到了一个相当高的程度。我们既无法冀望于再度发现一本像《录鬼簿续编》之类的重要文献，又不愿意把为罗贯中作传的任务留待将来，那么，对这些已有的线索进行合理辨析、挖掘与诠释，进而展开叙述，便是唯一之法。

固然，这些材料中并没有披露罗氏的一生风云，但没有这些材料的指引，我们根本无法对本书传主进行最重要的时空定位。换句话说，涉及罗贯中生平大要的"元末明初说"，尽管到目前为止尚非确论，但经过反复排比，我们仍可将其视为最大的一种可能。能够为这一时空定位提供佐证的文献，除了《录鬼簿续编》外，还包括《稗史汇编》（明王圻）、《〈水浒传〉序》（明天都外臣，即汪道昆）、《〈忠义水浒传〉序》（明李贽）、《少室山房笔丛》（明胡应麟）、《因树屋书影》（清周亮工）等等。当然，本着某种慎重的原则，我们始终不会排除将来仍有可能出土新的文献，借以推翻这个在学界长期占据主流地位的结论，果真如此，则笔者自当放弃本书中相关的论说。但是，在此之前，本书所示，便自然是作者所能达到的极限了。

在目前可以被我们引证的材料中，除了涉及罗贯中的时代和籍贯，还多次谈到了他的各种著作，我们借以认定罗贯中是一个伟大的小说家形象，最大的依据便也在这里。至于近世以来，一些学者声称已然考实的罗贯中的故籍、亲属、完整的生命轨迹等等，因为各有纰漏，自然难以采信。我们从有限的文献材料中所看到的关于罗贯中生平的片言只语，还远不足以拼贴出完整的罗贯中肖像，因此如前文所述，笔者在后面所试探的，自然不是要越过这些材料，但在组成这些材料的元素之中，尽量寻找一些合乎逻辑的连接点的努力，却异常必要。所以，在本书中，一些推测性的结论是在所难免的。

## 四

总之，本书的行文笔法和持守的底线也只能是这样的：对于目前确有质疑的话题，笔者并不会有半分逾矩，因为盲目的发挥势必会降低对传主生平叙述的可信度，但是，作为一部以状写人物为第一要旨的传记类书，本书自然得循传记之法，将传主的肖像通过适当的描摹（并不排除合理的想象）来予以显现。这份工作的难度，则很显然可知了。考虑到传主生平研究的窘难之状，笔者不得不更多地借重于传主笔下的文字来揣测其人物之形。而在《三国志演义》这样的并非作者自叙传的著作中来寻找作者，其难度也很显然可知了。

在中国，小说成其大者，真正受人关注，迄今不过百年余。而当罗贯中所处的时代，承启宋元说话艺术而来的长篇章回小说刚刚发轫，罗贯中不可能像如今的职业作家那样，具备无比分明的版权意识。产生这类作家的土壤当时还未完全生成，则他到底是出于怎样的际遇，身怀何种动机开始了这一类书的创作，便尤其值得我们探究。当然，基于三国故事的长久流传，前前后后，不同程度地参与其中的塑造者难以胜数，后代学者中，便以此为借口来消减罗贯中的著作权者也是大有人在。关于"罗著《三国志演义》"这个话题，事关传主功业成就的评定，后文将有详述，此处不赘。笔者目下所能感叹者，除了光阴之逝便再无其他。

长篇小说卷帙浩繁，尤其当其初创时，并无多少现成体例上的经验可以汲取，则"坐家著述"者，最难以面对的，便是这精灵般跳动的时光。在这最终成就了传主的事业之中，有多少辛劳血泪，便有多少虚妄。罗贯中演绎了一部三国史，虽然作者隐然如雾，但历史俱在，小说俱在，我们就不能不说：在传主所涉入的这个领域之中，再没有人比他做得更好了。

一个人，一部代表性的作品，对应于一个波澜壮阔的时代。这当是笔者撰写此书的起点。世事历来喧哗，如同三国者，则千年一场奇局，罗贯中虽未身历之，但笔下历历如绘，自然能够看出胸中丘壑。这里有一个事实，笔者确是深信无疑的，即在《三国志演义》这部皇皇巨著写作的过程中，尽管前贤后继，代不乏人，但罗贯中仍是以其天才的创造，做出了最不可磨灭的贡献。他的前人没有提供足以覆盖他的伟大创造的精巧构思，他的后来者也没有脱离他写下的框架另起炉灶，则我们目前所见之此书，即最大程度地见出了他的笔墨。笔者在此重复这几句，并无他意，只是希望在开始本书的叙述之前，再次申明自己的立场。因为罗贯中一生著述，实以此为要。他的生命，也是因为这一部书而变得伟大起来的。

# 第一章 元将失其鹿

## 一、元顺帝妥懽帖睦尔

本书传主——中国古典小说巨著《三国志演义》之作者罗贯中诞生时，统治天下的皇帝是成吉思汗的子孙。其时已在元朝的后半期。

在中国所有的大一统王朝中，元是个独特的王朝。公元十三世纪，由蒙古人建立起来的蒙元帝国，几乎像个奇迹一般，旋风般地征服了当时地球上最多的领土。最早开始为这个帝国奠基的成吉思汗到后来是一个可以被称为"地球之王"的人物。他和他的子孙最后所开拓的疆域的幅度，几乎达到了当时整个世界已开拓面积的五分之四：东起朝鲜半岛，西抵波兰、匈牙利，北至西伯利亚，南达爪哇中南半岛，在北纬15度至60度、东经15度至130度之间，总面积达到3400万平方公里。[①]

而中国境内元朝的真正建立，是在成吉思汗的孙子忽必烈（1215—

---

① 朱耀廷《蒙元帝国》，人民出版社，2010年版，第446页。

1294）时代完成的。忽必烈自然也是一个伟大的帝王，同其祖相比，其武功或有不逮，但文治方面胜之。在忽必烈之前，陆续掌权的是：

其祖父成吉思汗，即铁木真（1162—1227），蒙古帝国的建立者，一二〇六——二二七年在位。

伯父窝阔台汗（1186—1241），庙号太宗，成吉思汗第三子，一二二九——二四一年在位。窝阔台死后，汗位空虚，其"第六皇后"乃马真氏（名脱列哥那）称制摄国，长达四年半之久。直到一二四六年，其子贵由方才继位为大汗，即元定宗。两年后，贵由卒，皇后斡兀立·海迷失摄政。但到一二五一年，拖雷长子蒙哥被奉为大汗，汗位遂彻底转移至拖雷系手中。

父拖雷（1193—1232），成吉思汗幼子，为诸子中军事能力最强、军事成就最为杰出的一位，时人谓之"拖雷之功，著在社稷"[1]。依蒙古"幼子守灶"旧制，拖雷是成吉思汗产业的合法继承者。所以，一二二七年成吉思汗死后，拖雷监国，其势力远超被确定为汗位继承人的窝阔台，但一二二九年推选新可汗时，或许在耶律楚材的说服下，拖雷支持了窝阔台。三年后，拖雷死。及其子蒙哥获得汗位，拖雷被追赠庙号为睿宗。

兄蒙哥（1209—1259），庙号宪宗。拖雷长子。一二五一——二五九年在位。

作为拖雷的第四子，忽必烈继其祖父、伯父、父、兄之后走上了权力的顶端（1260—1294年在位），他开创了中国历史上的一个全新的时期。在成吉思汗政治遗产的继承者中，忽必烈可谓是其中最杰出的一位。

---

[1]《元史》卷一百一十五《睿宗》，中华书局，1976年版，第2887页。

以《录鬼簿续编》的记录为依据进行推测，罗贯中的生年当不晚于元英宗至治三年，即公元一三二三年（详见本书第二章）。因此，当其出生时，距离成吉思汗的时代相去已约百年，他大概只是在父祖的口耳相传中听到过成吉思汗的事迹，这个遥远的巨人其实是同他没有什么关系的，但是"一代天骄"所遗留的雄风，大概还能在帝国的各处被敏感的人们察觉得到。至于忽必烈的统治，却是到十三世纪末期才结束。但由于忽必烈之后元朝历代帝王的"短命而无建树"——从忽必烈死后直到元顺帝上台，中间一共经历了九个皇帝，其平均在位时间只有短短的4.3年[①]，而充斥其间的，几乎是无休止的阴谋、政变和篡弑——所以，到罗贯中开始记事的时候，元帝国纵横天下的雄风已然开始消退，成吉思汗的不成器的子孙虽然仍握着这个庞大帝国的最高统治权，但由于统治的不得力，帝国江山已经日薄西山。

罗贯中的前半生是在元朝度过的。元后期，帝国的最高权力走马灯似的更换，自英宗起，历经泰定帝、天顺帝、文宗、明宗、文宗复位、宁宗等朝，长不过数年，短则一月，皆短促似流萤般划过，到了一三三三年，元顺帝妥懽帖睦尔的时代终于来临了。

妥懽帖睦尔（1320—1370），是元朝统治中原的最后一位皇帝。元朝君臣给顺帝的庙号本是惠宗，因为到了一三六八年，朱元璋派徐达攻伐大都（今北京）时，他自知难敌，弃城逃走，顺天应命，所以得到了顺帝之称。在明朝的官方史料中，妥懽帖睦尔是昏聩而不称职的君王，丢失了祖先的江山，而蒙古人自己，倒未必如此低看他。元顺帝统治中原的时间长达三十五年（1333—1368），比世祖忽必烈在位的时间还多了一年，但是，元朝政权却又是在他手中失鹿中原败走漠北的。现在，

---

① ［德］傅海波、［英］崔瑞德编《剑桥中国辽西夏金元史》，史卫民等译，中国社会科学出版社，1998年版，第563页。

我们读读下面这段文字，或许可以加深对他的理解：

> 元顺帝在位的年代与明王朝兴起的时期大致相合。这位元朝的末代皇帝在当时的许多中文史料中和明初历史学家的笔下被形容为一个放荡淫逸的怪物，这种说法当然是夸大其词，但是很难断定其夸大的程度。有几位当时的作者赞誉他。但不管是哪一种情况，他在使元王朝足以夸耀一时的权力瓦解和消逝的那些事件中没有举足轻重的地位。成吉思汗是一位军事天才和具有雄才大略、超人毅力的领袖，但是，人们发现他的这个第七代孙子充其量不过是一个庸才而已。只要看看在他统治时期的历史得写一些更大的人物，得写主要由别人制造和遇到的问题，就足以说明一切了。[①]

妥懽帖睦尔失去了元朝的统治之基北退到蒙古草原后，又当了两年皇帝才死去。不过，这两年时间，已经属于史学家所称的"北元时期"。而在中原汉地，这已是明洪武帝朱元璋（1328—1398）登基的第三个年头。

自罗贯中出生到他长大成人的这段时期，元朝在各个方面的统治力已渐渐失控，各种内乱相继而起，由各路英豪陆续发动和建立的各种政权，如星火燎原之势飞速崛起，也就很快地掏空了帝国的血肉。在此过程中，目睹英雄逐鹿，你方唱罢我登场，罗贯中的整个人生，便无法不被时代的大势裹挟，其内心的真正志向，或许确如后来我们所能看到的关于他的生平记录的一鳞半爪，真是有过"有志图王"（明王圻《稗史

---

[①] ［美］牟复礼、［英］崔瑞德编《剑桥中国明代史》（上卷），张书生等译，中国社会科学出版社，1992年版，第13页。

汇编》)的不凡之想?

而日后建立明朝的朱元璋,在当时纷起的群雄中,还只是一个后来者。最初,他迫于生存,到濠州投身于郭子兴的革命队伍,只不过充任一名"十夫长"而已。这一年,是元顺帝至正十二年(1352),朱元璋二十五岁。

## 二、元末乱象及红巾军起

关于罗贯中出生的情形,完全不见于记载。但截至目前,并没有任何一种资料表明,生活在十四世纪的上半叶,处于蒙古人统治之下的罗贯中,能够像当时的极少数人一样获得统治者的青睐,可以使自己的志向略加伸展。在极为重视"根脚"的蒙古人眼中,无视罗贯中之流大概是最为正常不过的了。

元朝晚期,进入官僚机构有几个途径:多数低级官吏以衙门见习官吏的身份或儒学教官的身份任职,而被称为"官僚的摇篮"和"元统治阶级的大本营"的,却是由成吉思汗最亲信的三名功臣后代掌管的怯薛(宿卫)。来自征服集团的年轻人(也有一些汉人)首先会选择做怯薛或皇室的家臣。后来怯薛拥有1.3万名年轻人。这些怯薛成员享有"根脚"的称呼,意即他们拥有高于其他人的贵族出身。[1]

罗贯中后来在《三国志演义》中,之所以会将获得际遇垂青的故事描绘得跌宕起伏,余音绕梁不绝,应该与自身际遇不合时运大有关系。在这一时期,蒙古人在事实上执行了著名的"法律上的四等人制度",

---

[1] [德]傅海波、[英]崔瑞德编《剑桥中国辽西夏金元史》,史卫民等译,中国社会科学出版社,1998年版,第570页。

而这种秩序的实质是：

> 蒙古人试图通过颁布法律来创建一种与汉人的社会结构、社会意识形态的所有特征都相反的社会秩序。蒙古人、色目人、汉人、南人按种族集团分为四等，似乎并没有系统地正式宣布过。但是即使在对人数最多的第四等人征服之前，在忽必烈朝初期，各种机构的设置和为实施文官管理所作的各项规定，都已充分考虑了这些区别，并且从法律上加以强化。它们确实具有法律的效力，一直到一个世纪之后元朝灭亡为止。这些规定被歧视性地用于所有与国家有关的规范人民生活的各项事务中……[①]

但事实上，蒙古人的这种想法实施得并不成功。因为社会各阶层的划分被固化了，一些真正有能力的人由此产生了挫败感；官吏职业、地位的世代相袭，更是使身处被统治地位的人几乎丧失了晋升的可能性。所以，这种人为的划分显然地违反了历来统治的常规，元朝的国运不能久远，应该与此不无关系。

蒙古人和色目人形成了两个特权阶层，对于富有学养的汉人精英来讲，其命运遭际便受此影响甚巨。饱学的汉人儒士需要重新对他们的人生做出定位，否则就难以在这种环境中心态从容地生存下去。不过，有一个现象倒是值得我们注意：在不断地进行适应和调整的过程中，尽管被征服的汉族人失去了真正的权力，但也并非是我们所想象的，他们赖以维持比较高尚的生活的经济基础也被彻底摧垮了。汉人士大夫的确无

---

[①] ［德］傅海波、［英］崔瑞德编《剑桥中国辽西夏金元史》，史卫民等译，中国社会科学出版社，1998年版，第633—634页。

缘于高官仕途，但仍旧能够被百姓目为"地方社会的领袖"[1]。而理解了这一点，对于我们明晰元代汉族人的日常生活和他们后来的举措至关重要。

元代在很长一段时期内取消了科举考试，直到一三一五年才始告恢复，但是此后五十二年间（1315—1366），一共十六次开科取士，只录了一千一百三十九名进士（每届足额可取一百名，共可取一千六百名，却并未取足）。这个数字，只比同期文官总人数的百分之四略多一点。因此，科考对享有特权的贵族子弟的影响，是非常小的。

元朝开科举，对蒙古人和色目人的优待也十分明显，考生不多，所以供过于求；而对南人则异常不利，极多人应考，求大于供。根据一种不平等的规定，蒙古人和色目人虽在整个国度内人口比例为绝对少数，却同样瓜分了一半的进士名额，并且，他们所进行的考试难度和赖以判分的标准都较汉人和南人所参加的科考要低一些。但是，即便把蒙古人和色目人都算上，以年度平均下来，每一年内在全国范围中取得进士之阶的人数也只有少得可怜的二十三人。另外，元代科举作弊和欺诈行为十分严重，令许多自尊心强烈的汉人读书种子大感失望，因此通过科考改变命运的希望就显得十分渺茫。[2]

罗贯中的前半生，就生活在这样一个特殊的社会中。无数与他相类的读书人过着在前朝人看来或许并不正常的生活，他们必须在新的领域内寻找人生的出路，以度过自身或有更高追求的一生。但是，身处这种社会的局限之中，他们可以进行的选择无疑与已被扭曲了的官场形同两条枝蔓上的瓜果，既然难以媾和，那么，对前途的茫然和身心遭受的

---

[1] ［德］傅海波、［英］崔瑞德编《剑桥中国辽西夏金元史》，史卫民等译，中国社会科学出版社，1998年版，第635页。
[2] 同上，第524、570、640页。

困惑便随之而来。罗贯中们如果无法通过中举跻身于独木桥另一端的仕途，则可选的职业空间就异常逼仄了。这些选择无非包括：精研艺术、学术或经典作品，前提是整个家庭的收入能够负担这种长期赋闲的生活的一应开支；若非如此，就必须寻找可以糊口的工作，譬如充当职员、教师、医生，甚至算命先生，抑或更为等而下之的职业。还有一些人，干脆托身于寺庙寻求庇护，比如信奉佛教或道教。根据粗略估算，当时这些受过教育的人约有五十万人，再加上他们的家属，大概能够占到全部人口的百分之五。[1]

读书人虽然失落，苦闷，无出路，但是，这到底还不是酿致社会大动乱的最根本原因。所谓"元不贵士"，只是在政治上不加重用而已，士子们出仕之路壅塞，却也没有被堵绝归隐之途。尤其在江南地方，经济发达宽裕，山水葱茏优美，许多人便选择了在此归隐。如钱穆云："盖当时群士之退隐，非无意于用世，亦将以有待焉耳。然亦必有退隐之地，有屋有书，有田可耕，有山可藏，元虽不贵士，然其时为士之物业生活，则超出于编户齐氓甚远……故元代之士，上不在庙廊台省，下不在闾阎畎亩，而别自有其渊薮穴窟可以藏身。"

不过，若到战乱之年，时势板荡，隐居者果真可以超然物外，怡然自适？答案自是否定的。隐者之居，不过是无奈避世的一种手段罢了。在乱世之中，僧道耕读，医卜教学，皆为安身立命所计。而对于文学家来说，相比治平之世，他们在动荡的元末所看到的，所身历的，所恐慌和惊悸的，所收获的，自然有太多的不同。抑或正是基于这种观察与理解，罗贯中对同为乱世的三国大有感喟，由此促发了他综合万端、书写三国故事的动机。对于作品的形成而论，元末之乱恰好是使罗贯中成为

---

[1] ［德］傅海波、［英］崔瑞德编《剑桥中国辽西夏金元史》，史卫民等译，中国社会科学出版社，1998年版，第637、641页。

小说家的一个不容忽视的元素。

吴晗《朱元璋传》中，曾记载过元末名儒叶兑之事。

叶兑，浙江宁海人，曾在朱元璋建立政权的关键时刻，以布衣之身写信给朱元璋，论及当时天下的形势及军略步骤。据《明史·叶兑传》：

> 愚闻取天下者，必有一定之规模。韩信初见高祖，画楚、汉成败，孔明卧草庐，与先主论三分形势者是也。今之规模，宜北绝李察罕，南并张九四（士诚），抚温、台，取闽、越，定都建康，拓地江、广，进则越两淮以北征，退则画长江而自守。夫金陵古称龙蟠虎踞，帝王之都，藉其兵力资财，以攻则克，以守则固，百察罕能如吾何哉。江之所备，莫急上流。今义师已克江州，足蔽全吴。况自滁、和至广陵（今江苏江都），皆吾所有，非直守江，兼可守淮矣。张氏倾覆可坐而待，淮东诸郡亦将来归。北略中原，李氏可并也。今闻察罕妄自尊大，致书明公，如曹操之招孙权。窃以元运将终，人心不属，而察罕欲效操所为，事势不侔。宜如鲁肃计，鼎足江东，以观天下之衅。此其大纲也。

> 至其目有三。张九四之地，南包杭、绍，北跨通、泰，而以平江为巢穴。今欲攻之，莫若声言掩取杭、绍、湖、秀，而大兵直捣平江。城固难以骤拔，则以销城法困之。于城外矢石不到之地别筑长围，分命将卒四面立营，屯田固守，断其出入之路，分兵略定属邑，收其税粮以赡军中。彼坐守空城，安得不困？平江既下，巢穴已倾，杭、越必归，余郡解体，此上计也。

> 张氏重镇在绍兴。绍兴悬隔江海，所以数攻而不克者，以

彼粮道在三江斗门也。若一军攻平江，断其粮道，一军攻杭州，绝其援兵，绍兴必拔。所攻在苏、杭，所取在绍兴，所谓多方以误之者也。绍兴既拔，杭城势孤，湖、秀风靡，然后进攻平江，犁其心腹，江北余孽随而瓦解，此次计也。

方国珍狼子野心，不可驯狎。往年大兵取婺州，彼即奉书纳款。后遣夏煜、陈显道招谕，彼复狐疑不从。顾遣使从海道报元，谓江东委之纳款，诱令张昶赍诏而来，且遣韩叔义为说客，欲说明公奉诏。彼既降我，而反欲招我降元，其反覆狡狯如是。宜兴师问罪。然彼以水为命，一闻兵至，挈家航海，中原步骑无如之何。夫上兵攻心，彼言杭、越一平，即当纳土，不过欲款我师耳。攻之之术，宜限以日期，责其归顺。彼自方国璋之没，自知兵不可用，又叔义还称义师之盛，气已先挫。今因陈显道以自通，正可胁之而从也。事宜速不宜缓。宣谕之后，更置官吏，拘其舟舰，潜收其兵权，以消未然之变，三郡可不劳而定。

福建本浙江一道，兵脆城陋。两浙既平，必图归附，下之一辩士力耳。如复稽迟，则大兵自温、处入，奇兵自海道入，福州必不支，福州下，旁郡迎刃解矣。威声已震，然后进取两广，犹反掌也。①

此即《武事一纲三目》，所计议诸事，即如何去抵御元军，如何去平定张士诚、方国珍，如何攻取福建、两广，均在后来得以应验：

---

① 《明史》卷一百三十五《叶兑传》，中华书局，1974年版，第3915—3917页。

太祖奇其言。欲留用之，力辞去。赐银币袭衣。后数岁，削平天下，规模次第略如兑言。

此信虽谈元末军事，但排比不少三国故事，姑全文引之。可见英雄志士，明于形势者不在少数。而罗贯中后来为乱世三国著书，又恰逢元末世乱，自然留心时事，明断当前，岂能落后于时人见解？可惜后来隐入大历史的幕后，并不留名于当世。

至于叶兑其人，虽为国家统一计，写信为朱元璋谋划，为朱元璋所心服，却也深知进退，因此居家乡不出，一派隐士风范。

十四世纪上半叶，罗贯中的前半生所在的中国元朝，问题真是层出不穷。现在，当我们在追溯这些原因时，不无遗憾地看到：早在元顺帝北逃沙漠二十多年前，中国之乱就已经开始了。当时元朝政府所面临的自然形势十分严峻，瘟疫、饥荒、农业的减产、人口下降，接踵而来，可谓无一幸免。[①]天象方面，真是灾异连绵。根据H.H.拉姆《气候：过去、现在和未来》的记载，在十四世纪，至少有三十六个异常严寒的冬天，超过了有历史记载以来的任何一个世纪。

至正四年（1344）春，中国淮河流域灾患连绵，旱灾，蝗灾，继之以瘟疫横行。朱元璋父母及长兄、次兄皆病死。秋九月，十七岁的朱元璋入皇觉寺为僧。

而在黄河流域，同一年也暴发了严重的水灾。据《元史》记载"夏五月，大雨二十余日，黄河暴溢，水平地深二丈许"[②]，因此导致了黄河决堤：

---

[①] [德]傅海波、[英]崔瑞德编《剑桥中国辽西夏金元史》，史卫民等译，中国社会科学出版社，1998年版，第591页。
[②] 《元史》卷六十六《河渠三》，中华书局，1976年版，第1645页。

五月，北决白茅堤（今河南兰考东北）。

六月，又北决金堤。沿河郡邑，多半遭受水患。

水灾过后，又有旱灾，又有瘟疫蔓延，当时饥民总数达到一百万户，五百余万人。①

灾变发生后，这些人都在死亡线上挣扎。七年后，灾民们忍无可忍，导火索就被点燃了。

至正十一年（1351）四月，元顺帝诏开黄河故道，贾鲁被任命为工部尚书、总治河防使，开始了治河之役。参与其事的民工达到了声势浩大的十五万（含汴梁、大名等共十三路），此外，还有用以监督河工的庐州两万军（共十八翼）。根据贾鲁的治河方案，要开凿一条自黄陵冈南至白茅、黄固、哈只口，西至阳青村的水道，"凡二百八十里有奇"②，作为黄河新河道，然后塞南行之旧河道，使河水由新开凿的河道至哈只口入黄河故道，即东去徐州，合淮河入海。③但这些被强征来的奴隶一般的河工本就是遭受水患的难民，又受到治河官吏的欺诈和盘剥，工资和伙食被克扣，因此怨声载道。

准备起事的韩山童、刘福通深悉此情，便叫人散布童谣云："石人一只眼，挑动黄河天下反。"④又暗地里凿了独眼石人，于其背部刻字"莫道石人一只眼，此物一出天下反"，悄然埋在黄陵冈附近河道，等到河工当路挖出石人，人心便骚动起来。刘福通等人聚了三千人马，

---

① 韩儒林主编，陈得芝、邱树森等著《元朝史》（修订本），人民出版社，2008年版，第485—486页。
② 《元史》卷四十二《顺帝本纪》，中华书局，1976年版，第890页。
③ 韩儒林主编，陈得芝、邱树森等著《元朝史》（修订本），人民出版社，2008年版，第487页。
④ 《元史》卷六十六《河渠三》，中华书局，1976年版，第1654页。

"谓山童实宋徽宗八世孙，当为中国主"[1]，将其推奉为"明王"，"乃杀白马黑牛，誓告天地"[2]，约定日子起兵。不意消息走露，韩山童被擒杀。刘福通遂见机而作，提前兴兵，取得了一些战果，并且得到了黄陵冈河工的响应。监工的河官被杀掉了，接着，曾经被奴役的河工汇成了漫山遍野的反抗的浪潮，并与起义部队会合，不到一个月，起义军就膨胀到了五六万之众。[3]这些起事的人都头裹红巾为号，因此又称红巾军。

这是至正十一年五月的事。

这也是后来成为伟大小说家的罗贯中所处的元末战乱之始。

---

[1]《元史》卷四十二《顺帝本纪》，中华书局，1976年版，第891页。
[2]《明史》卷一百二十二《韩林儿传》，中华书局，1974年版，第3682页。
[3] 参见吴晗《朱元璋传》，岳麓书社，2012年版，第26页。

# 第二章 罗贯中之谜

## 一、最早的一则材料

在前文中,我们简略地谈到了罗贯中的时代。但是,关于其生平,在正史中却找不到任何记载。只是在明清两代一些文人遗存下来的笔记、文献中,我们陆续看到了罗贯中的名字。这其中,最为人所重者,为天一阁旧藏明蓝格抄本《录鬼簿续编》。该书著者为谁,未见题署,一些学者如柳存仁、曾永义、刘世德、浦汉明等,曾详作考订,认为在《书〈录鬼簿〉后》文尾署名"永乐二十年壬寅(1422)中秋,淄川八十云水翁贾仲明书于怡和养素轩"[①]的贾仲明便是。

但也有学者如陈翔华等,基于《续编》中"贾仲明小传"颇多夸饰之语,似不应为贾氏夫子自道,而认为《录鬼簿续编》实为明初无

---

① (元)钟嗣成、贾仲明《新校录鬼簿正续编》前言,浦汉明校,巴蜀书社,1996年版,第24、41页。

名氏作。①

此中，有"罗贯中"小传云：

> 罗贯中，太原人，号湖海散人。与人寡合。乐府、隐语，极为清新。与余为忘年交，遭时多故，各天一方。至正甲辰复会，别来又六十余年，竟不知其所终。

除去标点，共有五十六个字。这是我们目前所知关于罗贯中生平记录最早也是最详细的一则材料。指罗贯中为"太原人"之说，便源出于此。

在小传正文后，列有罗氏三部杂剧：

《风云会》（赵太祖龙虎风云会）
《连环谏》（忠正孝子连环谏）
《蜚虎子》（三平章死哭蜚虎子）②

现今，除了《风云会》完整地流传下来，其他两部剧已经散佚无存。

关于《录鬼簿续编》，兹介绍如下：

此为继元人钟嗣成（约1275—约1345，或略后）所著《录鬼簿》之后而补撰的增编本，其体例与正编一脉相承，所录内容为元末明初之戏曲家生平事迹、著作篇目。在这本戏曲目录类专书中，罗贯中是以杂

---

① 参见陈翔华《〈三国志演义〉史话》，国家图书馆出版社，2019年版，第42页。
② （元）钟嗣成、贾仲明《新校录鬼簿正续编》"罗贯中"条，浦汉明校，巴蜀书社，1996年版，第160页。需要说明的是，该书将小传中"各天一方"改为"天各一方"，现依原文改回。

剧家面目出现的，且在其中一共著录的七十一位作家中，名列第二位。而列于《续编》榜首的，便是《录鬼簿》之著者钟嗣成。

钟嗣成初撰完成《录鬼簿》，是在元至顺元年（1330），但初稿本现已不存，到了元统二年（1334）和至正五年（1345），作者又进行过两次修订。在戏曲目录类著作中，《录鬼簿》有开山之功，其流传至今的有多个版本，大略有简本、繁本、增补本之分，而其中，尤以明天一阁蓝格抄本为最善。此即包含了收录钟嗣成、罗贯中等七十一位作家信息的增补本。[1] 在研究元后期杂剧创作方面，这是异常重要的史料，被认为是海内孤本，"向所未见"[2]。

至于《录鬼簿续编》的成稿，是在承接正编的基础上进行的，其时间约在明洪熙元年（1425）。《录鬼簿续编》作者于八十余岁的高龄，不辞辛劳地记载了"活跃在十四世纪五十年代到十五世纪二十年代"的元明杂剧家的情况：除了七十一人和他们的八十本剧作外，卷末并附有七十八本剧作。后者因作者不明，皆列为无名氏作。[3]

与正编相类，续编的作者在撰写这部著作时，取用的多数材料来自作者亲知，且其中有不少重要史料为他书所稀见。我们由此可以判断：在罗贯中飘荡四海的一生中，他是很幸运地碰上了一位忘年交，并且在相别六十多年后，居然传奇性地出现在了他的著作中。这无论如何都是一桩令人振奋的事件。因为迄今我们所了解的事实是：关于罗贯中的各种记载，大都出自后世人的追溯性笔墨。而《录鬼簿续编》中的罗贯中形象，却是唯一由同代的且与罗氏有交集之人所绘制的。

---

[1] 倪莉《中国古代戏曲目录研究综论》，知识产权出版社，2010年版，第64、81、107页。

[2] 马廉《马隅卿小说戏曲论集》，刘倩编，中华书局，2006年版，第560页。

[3] （元）钟嗣成、贾仲明《新校录鬼簿正续编》前言，浦汉明校，巴蜀书社，1996年版，第22页。

不过,《续编》真正进入读书人的视野,已经是二十世纪上半叶的事了。据一九三六年十月赵孝孟所记:

> 《录鬼簿》二卷、《续编》一卷,原书为明蓝格抄本,每页十八行,行二十字,今藏宁波某氏,本天一阁故物,后归四明沈德寿。序前有"亚东沈氏抱经楼鉴赏图书印"、"五万卷藏书楼"、"授经楼藏书印"及"浙东沈德寿家藏之印"诸印章,世极罕见。民国二十年(1931)秋,赵斐云、郑西谛、马隅卿三氏访书宁波,得睹原书,至为惊喜。因商诸某氏假归,人各一卷,手自抄缮,尽一夜之力抄成。[①]

可知历来受到各种揣度的罗贯中氏之再发现,实赖赵斐云(万里)、郑西谛(振铎)、马隅卿(廉)等三先生之功。郑振铎另在一九四六年十月为此书著有长跋,他的记忆是在一九二八或一九二九年间发现此书,与赵文略有出入。

但现在的问题是,此《录鬼簿续编》所载戏剧家罗贯中,是否便与那在章回小说领域具有开辟之功的小说家罗贯中为同一人,学界的认知是不同的。

比如,鲁迅的意见:

> 此十年中,研究小说者日多,新知灼见,洞烛幽隐……自《续录鬼簿》出,则罗贯中之谜,为昔所聚讼者,遂亦冰解,此岂前人凭心逞臆之所能至哉!

---

[①] 马廉《马隅卿小说戏曲论集》,刘倩编,中华书局,2006年版,第548—549页。

鲁迅此论，见于《小说旧闻钞·再版序言》①，其写作时间为一九三五年一月二十四日。此时距天一阁旧藏明蓝格抄本《录鬼簿续编》的发现已经过去数年。

然则对于《录鬼簿续编》所载罗贯中生平信息的疑虑，自鲁迅而后却未冰消，因为《续编》所列罗氏著作只见杂剧，未及最能代表其平生功业的伟大小说——《三国志演义》。反对将这条资料所载之罗氏视为小说家罗贯中的学者，便以此为据提出了质疑。如杜贵晨曾在《近百年〈三国演义〉研究学术失范的一个显例——论〈录鬼簿续编〉"罗贯中"条资料当先悬置或存疑》一文中指出：

> 但是，现在我们缺乏资料说这位"太原罗贯中"与《三国演义》的作者"东原罗贯中"为同一个人的确凿的证明。为今之计，一种做法就只好是在《三国演义》研究中把《续编》"罗贯中，太原人"云云这条资料暂时悬置，待有进一步的证据再加论断；另从其已造成很大影响计，可本疑以传疑的原则，采用时作存疑性说明……②

所以，是否可以将这则《录鬼簿续编》所载之"罗贯中"小传引为撰著本传的第一条材料，便成了笔者在本章中必得解决的难题。

---

① 鲁迅《汉文学史纲要》（外一种），上海古籍出版社，2005年版，第123页。
② 杜贵晨《数理批评与小说考论》，齐鲁书社，2006年版，第270页。

## 二、蒋大器的记载

在准备撰写本传的数年中,笔者曾经无数次地思考罗贯中的一生,最大的感受便在于传主的不凡志向与天才失落的命运之间的错谬。但是,即便生不逢时,罗贯中仍然完成了中国第一部长篇历史小说《三国志演义》[1],从此开创了中国文学史上影响力最为深广的这一小说类型。从其生平信息丝毫不见于官方文献来看,我们可以知晓他是以布衣身份终老于世的。

关于罗贯中确为《三国志演义》作者之事实的最早记录,见于现存最早的《三国志演义》刊本即嘉靖壬午本之庸愚子序。序言作者虽题为"庸愚子",却又在文尾加盖"金华蒋氏""大器"两方印章,故知庸愚子即蒋大器。蒋大器为成化、弘治年间人,撰作此序的时间为弘治甲寅(七年,1494)仲春,比嘉靖壬午年(1522)——即目前学界所认可的该书的刊刻年代早了二十八个年头。根据此序推论,则弘治甲寅年或有《三国志演义》的一个刊本?但事实上,弘治甲寅刊本一直未曾发现。嘉靖壬午本便是《三国志演义》迄今所见最早、最完整的版本。[2]

---

[1] 《三国志演义》在中国小说发展史上拥有三个"第一":第一部长篇小说,第一部章回体小说,第一部历史演义小说。参见刘世德《三国与红楼论集》,中国社会科学出版社,2013年版,第41页。罗贯中之所以被称为"章回之祖",这是很重要的原因。

[2] 但此处需要厘清一个长期以来形成的误解,即在存世《三国》诸本中,嘉靖本是最接近罗贯中原作的版本或径为罗氏原作。柳存仁曾于1976年提出异议,认为在嘉靖本之前,尚有《三国志传》系统的刻本需要引起重视。因"此类《三国志传》之刻本,今日所得见者虽为万历甚至天启年间所刊刻,时间固远在嘉靖壬午本《三国志通俗演义》之后,然其所根据之本(不论其祖本为一种或多种),固有可

在目前我们所知的关于罗贯中的所有记载中,庸愚子序的写作年代虽距《录鬼簿续编》最近,却仍然晚出约七十年。但此序在罗贯中研究中,仍是独一无二的文字,殊为难得,因此,笔者将其最为紧要处抄录在下面:

> 语云:"质胜文则野,文胜质则史。"此则史家秉笔之法。其于众人观之,亦尝病焉。故往往舍而不之顾者,由其不通乎众人,而历代之事,愈久愈失其传。前代尝以野史作为评话,令瞽者演说,其间言辞鄙谬又失之于野,士君子多厌之。
>
> 若东原①罗贯中,以平阳陈寿传,考诸国史,自汉灵帝中平元年,终于晋太康元年之事,留心损益,目之曰《三国志通俗演义》,文不甚深,言不甚俗,事纪其实,亦庶几乎史。盖欲读诵者,人人得而知之,若诗所谓里巷歌谣之义也。书成,士君子之好事者,争相誊录,以便观览,则三国之盛衰治乱,人物之出处臧否,一开卷,千百载之事,豁然于心胸矣。其间亦未免一二过与不及,俯而就之,欲观者有所进益焉。②

---

能在嘉靖壬午以前。易言之,则目前为吾人所见之数种《三国志传》,其所保存《三国》小说之旧有形象,实当更在嘉靖本以前无疑"。在此基础上,他勾勒出《三国》版本演变的线索如下:"大约在至治本《平话》刊刻之后四十年左右,罗贯中颇有可能撰写《三国志传》,其后遂为其他各本《三国志传》之所宗……在此之后,始有《三国志通俗演义》出世……"柳存仁《罗贯中讲史小说之真伪性质》,刘世德编《中国古代小说研究》,上海古籍出版社,1983年版,第80、83页。另持相似意见的学者尚有澳大利亚马兰安,日本中川谕,中国周兆新、沈伯俊等。参见沈伯俊、谭良啸编著《三国演义大辞典》"关于《三国演义》的版本源流"词条,中华书局,2007年版,第735—738页。

① 即今山东东平一带。
② 朱一玄、刘毓忱编《三国演义资料汇编》,百花文艺出版社,1983年版,第269—270页。

据此我们可知：罗贯中是为《三国志演义》之著作者无疑也；其著作完成后，并没有即刻刊印出版，而是先以手抄本的形式流传，蒋大器本人当有幸看到过某一抄本；而在罗著出来之前，比罗氏更早的前人曾以野史传说创作令盲人演说的评话，但因言辞粗鄙错谬颇多而不入士君子之目罢了；至于罗氏新作，究竟在文字方面和靠近史实方面都远胜前人，因此传播甚广自不待言；另外，蒋大器还指出了罗贯中是"东原人"，这便是后来可与《录鬼簿续编》所称"罗贯中，太原人"这一说法分庭抗礼的"东原说"的形成之因。

如此，则落实到罗贯中的籍贯方面，蒋大器的说法与《录鬼簿续编》的记载并不相同，这是我们今天所看到的事实。时过境迁，我们无法追根溯源，否则大可以据此做出明确的结论了。但这却只能成为凭空的幻想。而在前者与后者形成的矛盾之中，是否还有一些信息是著者习知或者由于别的什么原因而被省略掉了？若非如此，在这则序文中，不会除了孤零零的"东原罗贯中"五字而不谈及罗氏半点生平。当然，如果仅仅因为这两则材料中存在矛盾而否认二者间所可能有的勾连，反倒再也简单不过。但这肯定不是最值得我们认同的做法。

中国的文学，自汉赋、唐诗、宋词以来，再到元曲，诸峰高耸，至于小说，最初并不登大雅之堂。无怪鲁迅会在《我怎么做起小说来》一文中作如是观："在中国，小说不算文学，做小说的也决不能称为文学家，所以并没有人想在这一条道路上出世。"[①] 而在罗贯中的时代，甚至远在其身后二三百年，长篇小说在一步步地发端、酝酿和进展中，著小说者却仍是一直受到时人鄙薄，如明胡应麟（1551—1602）《少室山房

---

① 鲁迅《南腔北调集》，《鲁迅全集》第四卷，中国文联出版社，2013年版，第402页。

笔丛》所云"今世传街谈巷语，有所谓演义者，盖尤在传奇杂剧下"，可见小说家在当时之不受重视，远较曲家为甚。也正因此故，自元末到清初，在关于小说家生平的描述方面，矛盾绝非一星半点。殊不相同的各类说法，乱花渐欲迷人眼，简直使人莫衷一是。

然而，这些充满了悖谬的材料是否全无确实之辞？事实恐非如此。因为无论任何反对者，都会大胆地取其一端而丢弃看似矛盾的另一端，但可以想象的情景却是，在这些彼此矛盾的材料中隐含的蛛丝马迹，或许就包含着事情的某一部分真相。这却是任何严谨的学者都无法否认的。有的学者如赵齐平、刘世德便敏感地注意到：尽管罗氏生前并无以小说"出世"之心，但在穷尽心力完成这部卷帙浩繁的巨著后，还是在书稿之上断然题写了自己的姓名。此亦可谓人之常情。再以"后学"二字论，所呈现的，无疑为著者之谦忱，"确乎很像罗贯中自己的口吻，尔后诸本署名则多冠以籍贯了"[①]。

在《三国志演义》异常复杂的版本源流中，明嘉靖壬午本为明司礼监所印，是一个刻制精工的官刻版本，其题署为：

晋平阳侯陈寿史传
后学罗本贯中编次

值得我们注意的是，此处题署并未与蒋大器的序言直接对应，大胆地题为"东原罗本贯中编次"。而蒋序在传递罗贯中的生平信息方面又如此有限，譬如罗氏的生活年代（生卒年）等等，从这里几乎看不出任何端倪，如果我们大胆揣度，能够得到的一个结论是：罗贯中生活的年

---

[①] 赵齐平《罗贯中》，山东大学文史哲研究所主编《中国历代著名文学家评传》（第四卷），山东教育出版社，1986年版，第213页。

代应该比蒋大器要早,至于这其中的时间间隔,二十年,三十年,甚至五十年,一百年,都是可以的。但这个结论,其实还是过于含混了。

另,此本中"晋平阳侯陈寿"的题署并不确切,正确的当为"晋平阳侯相"。"平阳侯相",即侯国之相,与县令相当。据《后汉书》:"县万户以上为令,不满为长。侯国为相。皆秦制也。"①可见"平阳侯相"之为"平阳侯"属下官员,与"平阳侯"差之远甚,但此处错误,不知道是因为什么造成的。而到了蒋序中,或因省略过多,更至错为"平阳陈寿",官名被误写为地名,可谓错上加错。"平阳"一地,在中国古代并非无名之所,多指今山西临汾,但陈寿却是四川人无疑。据《晋书·陈寿传》:"陈寿字承祚,巴西安汉人也。"②安汉,在今四川南充附近。

蒋大器为"东原罗贯中"之说的肇始者。始出于蒋序中的"东原"二字,成为后世人为罗贯中定籍的一个根本性的依据。至于"东原罗贯中"首见于《三国志演义》题署,则是嘉靖二十七年(1548)的叶逢春刊本。此后,这一题署又被一些《三国志演义》版本或署罗氏之名的其他小说著作所沿用。根据刘世德在《〈三国志演义〉作者与版本考论》中的统计,这些版本,今所见者,另有《三国志演义》十二种③、《水浒传》四种、其他小说(《隋唐两朝志传》《三遂平妖传》)四种。前后共计二十一种。

国内学者围绕"太原说"和"东原说"产生的巨大争议,已是一个延续了数十年的老话题,如要厘清争议的始末,必得一篇大文章来详加阐释,但也只能够摆出现状而已,却根本得不到确切的结论。现只能略

---

① 《后汉书》志第二十八《百官五》,中华书局,2007年版,第1034页。
② 《晋书》卷八十二《陈寿传》,中华书局,1974年版,第2137页。
③ 根据刘世德在《〈三国志演义〉作者与版本考论》中的统计,现存明刊本《三国》中,将罗贯中之名题籍为"东原"者,含叶逢春刊本在内,计有十三种,而明刊本《三国》现存者至少有二十九种之多。参见该书第22—23页。

述如下：

　　始据《录鬼簿续编》中"罗贯中"条记载而形成的"太原说"，是因《续编》作者不仅是罗贯中的同代人，且又自称是罗的"忘年交"，所以获得了后世多位学者包括鲁迅、钱玄同、郑振铎、傅惜华等的支持。孙楷第《中国通俗小说书目》（1933年初版，作家出版社1957年修订版）、赵景深《水浒传简论》（1948年版）、郭豫适《略论〈三国演义〉》（1959年版）即依此立说。

　　另，新中国成立以来几部比较权威的文学史和小说史，如刘大杰《中国文学发展史》（古典文学出版社1957年版）、游国恩等主编的《中国文学史》（人民文学出版社1964年版）、中国社会科学院文学研究所编写的《中国文学史》（人民文学出版社1979年版）、北京大学中文系编写的《中国小说史》（人民文学出版社1978年版）等均据《续编》认同"太原说"。

　　而因蒋大器为《三国志演义》嘉靖壬午本所作序文中首次出现的"东原罗贯中"而形成的"东原说"，为后起之各版本陆续题署后，到了二十世纪八十年代，渐为人所重。刘知渐、王利器、刘华亭、杨海中、杜贵晨等学者在这方面做了不少探索性的工作。

　　此后两说分庭抗礼。

　　李修生、刘世德、孟繁仁等均持"太原说"。刘在二十世纪九十年代著有详细的辨析长文。近年来，还陆续有学者著文，就罗贯中籍贯进行辩说，如沈伯俊先生《你不知道的三国·罗贯中的籍贯究竟在哪里》、王增斌《"东原"、"太原"、"东太原"、"南太原"详考——兼论罗贯中籍贯"东太原说"之误》等等，但种种争议，仍是聚讼纷纭之状，因而此论题迄无定论。

　　显然，在有关罗贯中籍贯的记录方面，我们是完全被动地领受了两种不同的说法。这其中或有一丝一毫张冠李戴的可能，也会被另一方紧紧地抓住不放，但是，笔者并无意在这方面继续纠缠，因为二者之间，虽各有理节，但也各有其简略处。在此情形下，笔者认为：籍贯之类对传主固属重要，但观罗贯中其人行止作为，又实在不是一位守土终老之人，因此，谈论其故里，也只能视为一个学术命题罢了。而目下距离罗贯中的时代何其遥远，我们既无法听到他的乡音以便对他的由来做出准确的判别，又无法找到能够说服各方的原始户籍记载以为佐证，即便前些年引起了很大关注的几本罗氏家谱[①]，也因其各有争议而未形成可靠的结论，那老老实实地承认这种现状，将罗贯中定位于中国"元明之际的一个北方人"（籍在太原或东原），当是我们目前所能作出的最为客观的表述。这是笔者的第一选择。

## 三、职业小说家

能够用以证明罗贯中是为《三国志演义》作者的那些材料，除了谈

---

① 这几本家谱，主要集中于山西清徐、祁县两地。力主"太原说"的孟繁仁曾在二十世纪八九十年代先后发表《罗贯中试论》《〈录鬼簿续编〉与罗贯中种种》《〈题晋阳罗氏族谱图〉与罗贯中》《太原〈罗氏家谱〉与罗贯中》等一系列论文，除继续强调《录鬼簿续编》记载之可信外，最主要的考证便是根据实地考察搜集到的太原清徐县《罗氏家谱》的世系名录，并把"故土性"作为旁证进行伸展，使"太原说"的影响有所扩大。但孟文发表后，陆续遭到驳难，沈伯俊《关于罗贯中的籍贯问题》除对《录鬼簿续编》记载的权威性提出质疑外，还认为用"故土性"来解释罗贯中的籍贯以及孟繁仁采传说为证的方法并不足取。世纪之交，陈辽发表《太原清徐罗某某绝非〈三国〉作者罗贯中》一文，针对孟繁仁等对清徐《罗氏家谱》的解读，进行了详细辨析，并否定了孟繁仁等人的观点。至于祁县发现的《罗氏家谱》，同样出于年代错位等差误而被指谬。参见陈辽《三本〈罗氏家谱〉否定两个假罗贯中》，载《社会科学研究》2003年第1期。

及这部著作本身之外,对于作者生平的涉猎,均极罕见。

譬如,明高儒《百川书志》①,是最早著录《三国志演义》书目的文献(明嘉靖十九年,即 1540 年),但对其生平却除了指出其为明人外,其余并不着一字:

> 《三国志通俗演义》二百四卷。晋平阳侯②陈寿史传,明罗本贯中编次。据正史,采小说,证文辞,通好尚,非俗非虚,易观易入,非史氏苍古之文,去瞽传诙谐之气。陈叙百年,该括万事。③

或者谈人论事颇有乖谬,使人不可尽信,如明杨尔曾《东西两晋演义序》:

> 一代肇兴,必有一代之史,而有信史,有野史,好事者蒐取而演之,以通俗谕人,名曰演义,盖自罗贯中《水浒传》、《三国传》始也。罗氏生不逢时,才郁而不得展,始作《水浒传》以抒其不平之鸣。其间描写人情世态,宦况闺思,种种度越人表,迨其子孙,三世皆哑,人以为口业之报。④

---

① 《百川书志》,高儒撰,高氏后人订补。高儒,字子醇,号百川子,涿州人。生卒年不详,约生活在明正德、嘉靖年间。见(明)高儒、晁瑮《百川书志 晁氏宝文堂书目》卷前《百川书志解说》,上海古籍出版社,2021 年版,第 3 页。
② 此处,仍少一"相"字。
③ (明)高儒、晁瑮《百川书志 晁氏宝文堂书目》卷六《史志三·野史》,上海古籍出版社,2021 年版,第 78—79 页。
④ 朱一玄、刘毓忱编《三国演义资料汇编》,百花文艺出版社,1983 年版,第 232 页。

令人疑惑的是，论者谓罗氏子孙"三世皆哑，人以为口业之报"之类说法，却是所在多有，直如亲见，似乎论不及此，便不足以尽述罗著之遗毒。而细察其本末，我们在明代田汝成所作《西湖游览志馀》卷二十五，看到了这则像是道听途说的记载：

> 钱塘罗贯中本者，南宋时人，编撰小说数十种，而《水浒传》叙宋江等事，奸盗脱骗机械甚详，然变诈百端，坏人心术，其子孙三代皆哑，天道好还之报如此。[1]

根据鲁迅在《小说旧闻钞》中的注释，罗贯中"子孙三代皆哑"之说，始见于此。但到了后来，这类说法却被越传越广。如明代王圻《续文献通考》卷一百七十七，除了罗贯中的姓、名、字与上述略有不同之外，其余文字，几乎完全援引：

> 《水浒传》，罗贯著。贯字本中，杭州人，编撰小说数十种，而《水浒传》叙宋江事，奸盗脱骗机械甚详。然变诈百端，坏人心术，说者谓子孙三代皆哑，天道好还之报如此。[2]

如我们所见，这里谈论罗贯中的人，既在谈《三国志演义》，又兼议《水浒传》，甚至不论《三国》，专谈《水浒》。即此一端，我们便可知罗贯中之作为一个小说家的影响力了。因为这两部书，实是中国长篇小说史上开山的著作，其各自对于中国小说事业的引领之功，是无可替

---

[1]（明）田汝成《西湖游览志馀》，陈志明编校，东方出版社，2012年版，第477—478页。

[2] 朱一玄、刘毓忱编《三国演义资料汇编》，百花文艺出版社，1983年版，第228页。

代的。但明清两代,《水浒传》屡被查禁,属于与官方对抗的反书。罗贯中真作了此书而受到诅咒,便在预料之中。

关于《水浒传》的著者情况,比《三国志演义》还要复杂一些,现在学界一般认为是施耐庵创作了《水浒传》。但根据一些早期材料的记载,罗贯中与《水浒传》渊源之深,确是不容否认的事实。当然,笔者引用这些材料,是希望对罗贯中创作小说的成就予以客观、完整的呈现,而罗氏生平的复杂性,也势必由此而加剧了。罗贯中是否有独力创作《三国志演义》和《水浒传》两部古典小说巨著的可能,现在已经无法做出清晰的判断,但罗氏除享有《三国志演义》的著作权外,又曾介入《水浒传》的创作,却在上引之外,至少还见载于明高儒《百川书志》:

《忠义水浒传》一百卷。钱塘施耐庵的本,罗贯中编次。宋寇宋江三十六人之事,并从副百有八人,当世尚之。周草窗《癸辛杂志》中具百八人混名。[①]

明郎瑛(1487—1566)《七修类稿》卷二十三:

《三国》、《宋江》二书,乃杭人罗本贯中所编。予意旧必有本,故曰编。《宋江》,又曰钱塘施耐庵的本。昨于旧书肆中得抄本《录鬼簿》,乃元大梁钟继先作,载宋、元传记之名,而于二书之事尤多。据此尤见原亦有迹,因而增益编成之耳。[②]

---

[①] (明)高儒、晁瑮《百川书志 晁氏宝文堂书目》卷六《史志三·野史》,上海古籍出版社,2021年版,第79页。
[②] 朱一玄、刘毓忱编《三国演义资料汇编》,百花文艺出版社,1983年版,第226页。

同书，卷二十五：

> 史称宋江三十六人，横行齐魏，官军莫抗，而侯蒙举讨方腊。周公瑾载其名赞于《癸辛杂志》，罗贯中演为小说，有替天行道之言。今扬子、济宁之地，皆为立庙。据是，逆料当时非礼之礼，非义之义，江必有之，自亦异于他贼也。但贯中欲成其书，以三十六为天罡，添地煞七十二人之名，又易尺八腿为赤发鬼，一直撞为双枪将，以至淫辞诡行，饰诈眩巧，耸动人之耳目。是虽足以溺人，而传久失其实也多矣。

及，天都外臣（汪道昆）万历十七年（1589）《水浒传》[①]序：

> 故老传闻，洪武初，越人罗氏，诙诡多智，为此书，共一百回。[②]

明李贽万历三十八年（1610）《忠义水浒传》序：

> 施、罗二公，身在元，心在宋；虽生元日，实愤宋事。[③]

可见在各类明人文献中，罗贯中作为一个职业小说家的成就早已众所瞩目。无论《水浒传》是为罗作，抑或施、罗合作，对于罗氏来说，

---

[①] 此版本为《水浒传》迄今所见最早的完整刊本。
[②] 朱一玄编、朱天吉校《明清小说资料选编》，南开大学出版社，2006年版，第273页。
[③] 同上，第276页。

其文学贡献都不容抹煞。《录鬼簿续编》作者以八十高龄忆前尘,对罗贯中可谓推崇备至,其中当不仅仅是因为罗氏的杂剧创作。因为罗氏的《风云会》虽传世,却并不十分出色,或其后来散佚无存的两部戏,竟是难得的佳作?但在《续编》中,三剧并行,本该优胜劣汰,却致佳作独失,这似乎很难说通;则此罗贯中真正的能量释放,或在另一时空?

如同任何一个曾经繁盛的文学门类一样,元曲一脉,作家如林,实在难以尽数。在这个领域,罗贯中相对晚出,并非先行者角色。他开始写作的年代,已是元杂剧第三期(元末至正时代,1341—1367 年),作家作品都相对寥落,与元杂剧黄金时代(元杂剧第一期,即蒙古时代,自元太宗窝阔台灭金算起,到至元十三年灭宋止,1234—1276 年)[①] 的巅峰盛况已不可争胜。或许是有鉴于对自身才情的了悟,罗贯中在写了不多的几部杂剧之后,便从戏曲创作领域急流勇退,从此开启了自己作为职业小说家的漫长生涯,终成一代巨匠?这种猜测向我们勾勒的便是一位伟大文人作为写作者的一生。《录鬼簿续编》虽无一言及此,但该书之晚出、"孤本"、"抄本"等事实,也似乎在以无声的方式为我们对于这段历史的领悟作出注解。

明洪武一朝,朱元璋不仅屠戮功臣,而且定下"寰中士夫不为君用"[②] 一条,以严刑峻法惩治拒不出仕的知识分子。另外,他还屡兴文字狱杀人,其所禁忌的范围十分广泛。据吴晗《朱元璋传》,这位明太祖杀功臣,杀官吏,兴文字狱,"杀了十几万社会上层的领袖人物"[③]。

---

① 参见王国维《宋元戏曲考》,《王国维文学论著三种》,商务印书馆,2001 年版,第 137 页。
② 《明史》卷九十四《刑法二》,中华书局,1974 年版,第 2318 页。
③ 吴晗《朱元璋传》,岳麓书社,2012 年版,第 179 页。

所谓"一案之发,株连过万;一字之冤,殃及全宗",足证明初文字狱,多属牵强附会,捕风捉影。而洪武三十一年(1398)朱元璋死后,严苛的文字钳制也并未结束。继之而起的五十来年中,由于明朝政权交替复杂,先后就有两次大规模的夺位之争:先是燕王朱棣以武力推翻建文帝,是为明成祖,后来又有英宗、代宗的复辟与反复辟之争,因此,在此期间,许多文人或因直接参与了政权纷争,或因站错了立场,或因言语之失,而死于非命。[①]所以在长达百年左右的文化禁锢中,若论身心受此高压的文人尚有余勇谈论罗贯中的著作,恐非事实。

众所周知,《三国志演义》广泛涉及了正统与篡逆问题,抨击狼子野心之徒,在明初自然是犯了大忌。而明成祖朱棣(1360—1424)其人,残忍嗜血,在这方面不亚于其父,史载其"疾诽谤特甚","人或言及国事,辄论诽谤,身家破灭",他既可以处死拒不承认自己正统地位的著名大儒方孝孺[②](1357—1402),又怎能容忍《三国志演义》这样谈论正统与否的著作风行于世?《录鬼簿续编》创作之时,朱棣虽死,但其严酷政治之风尚在人间存有余悸,《续编》作者当不会刻意涉险。因为载录罗氏小说而使皇权疑忌,一则作者本人可能会被牵连,二则罗氏后人或罗氏手稿之保存者,在法网恢恢之下便更加难以隐迹,如此,则罗氏之毕生心血又如何不被禁灭而能传之后世?

况《续编》体例,本以戏曲为重,只兼及诗文、乐府隐语或笔记野史类著作,至于小说一类,体裁迥异,在当时鲜少识者。[③]惟今人是因《三国志演义》影响之深广,对罗贯中的这位忘年交不知其创作了

---

① 参见王前程、张蕊青《罗贯中的著作权能否定吗——也谈〈三国演义〉的作者问题》,载《三峡大学学报》(人文社会科学版)2006年第6期,第29页。
② 《明史》卷一百四十一《方孝孺传》,中华书局,1974年版,第4019页。
③ 参见苏恚《〈录鬼簿续编〉中"罗贯中"条再议——兼谈〈风云会〉与〈三国演义〉》,载《内蒙古民族大学学报》(社会科学版)2004年第2期,第40页。

这么一部巨著深表"震惊",但这只能视为今人之看法。历史是无法完全倒推的,且不说当时信息传播之艰难复杂,《三国志演义》从成书到正式刊刻所历有年,即便就是刊刻及时,也必然有一个逐步流传、扩大其影响的过程。或谓以抄本之风行亦可使全民皆知,但这显然大不合常理。

自至正甲辰年,《续编》作者与罗贯中复会分手之后,一去六十多年断绝音问,以至对这位忘年交后来的行止不甚了了。可知二人复会匆匆,此后即各奔道路。罗贯中既"与人寡合",印证其"湖海散人"情状,则推想其不愿俯仰世俗,所以隐于江湖,埋头书案,终老于虚拟的纸上帝国,并不十分虚谬。《续编》作者熟悉的既是六十余年前的罗贯中,则记录于书中的三部杂剧,大半出于罗贯中的早期创作。至于罗氏后来的生平,撰者或因完全不知,便再无记录之可能。但基于《风云会》一剧所体现出来的作者创作力的薄弱,我们便大可明白,罗氏之作为剧作家确非出色,否则其名望当不仅见载于《续编》之笔墨。

如此一来,我们便不得不思考,《续编》作者之所以对罗贯中大力推崇,除了因罗氏年长之外,或谓与其具备了已为《续编》作者所识别的文学才华关系极大,尽管罗氏的这种才华并不通晓于时人。罗贯中在小说领域的耕耘已经充足地表明了他的天赋所在。作为一个年幼的同道,《续编》作者在同他相知、相识之时既已有感于他的志向、才略,且在此后六十多年里又能够保持这种记忆而不泯灭,足见这段交游对他的启示力之非凡。若非如此,则长达六十多年的时光之磨蚀,已经有足够的理由将这段忘年之友谊磨蚀殆尽。我们不能断定二人"复会",亦即"永别"之日,罗贯中是否已经开始着手《三国志演义》等书的创作,但罗氏之高才博学,却已足使年仅二十来岁的《续编》作者倾倒,后来对罗贯中长达一生的记忆,真可谓刻骨铭心。

《三国志演义》成书后不见于任何记载的历史，先后持续近百年，又岂惟《录鬼簿续编》一书独不载？但是，蒋大器作于弘治七年（1494）的序言，却又使我们看到了《三国志演义》在民间所激起的影响力的声浪。到了嘉靖年间，来自最高层的高压政策一旦松弛下来，此书便及时地冒出水面，迅速风行社会。《三国志演义》嘉靖壬午本，非止我们目前所见之最早版本，也是我国现存最早的长篇小说。

现在，罗贯中的一切作为已经详细地记录在了他留存于后世的所有文本之中，整体看来，这是一笔异常丰富的精神遗产。以这些有限的材料记载，我们可知罗氏度过了职业小说家的一生，其生平著述颇繁，《三国志演义》只是其代表性巨制。另，在目前署名为罗贯中著作的仍旧存世的小说中，除了《水浒传》，还包括《隋唐两朝志传》《残唐五代史演义传》《三遂平妖传》等书。此类小说，或被称与他人合著，或疑为罗氏编次云云，总之，尚与罗氏有诸多牵扯。但是，本书讲说的重点却不在这里。因为历来研究者已经求助于罗贯中的作品太多，至于他的生平，却除了那寥若晨星的记载，便似再也无话可说了。

由于时间的不可移易，一个后来者并不可能完整地回溯前人的一生，因此对于过去的影像，总是充满了各种怀疑。在过去的数年中，基于罗贯中故事中的各种混乱，笔者常常为此感到不安，但这却是由于时间的错位形成的固有问题。如果追根溯源的话就觉得无理可讲，我们总不能处处埋怨时人不识英雄。至于传主本人，倒像是一个独立艺术家一样，有着神秘的肖像和伟大人物无视自我的一些特质。罗贯中在其生前，如同一个浪子般独行一世，虽胸怀广大，但却不合于时，到他死后数百年，这种褒贬参半的形象似乎也没有多少改变。以我们如今所见之与罗氏同期人对他的记载如此之少，更是加深了这种印象。

## 四、扑朔迷离的身世

关于罗贯中之生平,鲁迅曾以当时可以目见的一些相关材料为据,推测其简况。详见《中国小说史略》第十四篇《元明传来之讲史》(上):

> 贯中,名本,钱唐人(明郎瑛《七修类稿》二十三田汝成《西湖游览志馀》二十五 胡应麟《少室山房笔丛》四十一),或云名贯,字贯中(明王圻《续文献通考》一百七十七),或云越人,生洪武初(周亮工《书影》),盖元明间人(约1330—1400)。所著小说甚夥,明时云有数十种(《志余》),今存者《三国志演义》之外,尚有《隋唐志传》《残唐五代史演义》《三遂平妖传》《水浒传》等;亦能词曲,有杂剧《龙虎风云会》(目见《元人杂剧选》)。然今所传诸小说,皆屡经后人增损,真面殆无从复见矣。①

之后随着《录鬼簿续编》被发现,除了罗氏籍贯被修正和其著作部分增加了两部杂剧(即现已失传的《蜚虎子》和《连环谏》)外,鲁迅先生的这个推测也没有再做新的补正。目前,学界之所以推测罗贯中的生卒年约在一三三〇——一四〇〇年间,其出处便在此。

如同《三国志演义》先以抄本流传的命运一般,《录鬼簿续编》也以抄本孤兀出世。现今我们所知,在元曲研究中,《续编》是为重要的

---

① 鲁迅《中国小说史略》,《鲁迅全集》第十七卷,中国文联出版社,2013年版,第98页。

文献，可与之互证的同类著作，至少还包括《太和正音谱》《脉望馆钞校古今杂剧》等。此书对于罗贯中作为杂剧家的身份记载并不容置疑，自郑振铎等三先生从宁波访书成功，从而改变其尘封的命运以来，研究罗贯中的学者也很少对这一点发生疑问。迄今为止，九十余年过去了，在罗贯中生平研究中，可与《录鬼簿续编》"罗贯中条"有同等分量的资料再未发现。那么，现在的问题是：若论罗氏其人，是否便真的存在两个罗贯中？

抑或四个罗贯中？

四个罗贯中的说法，源自关于罗贯中籍贯的四种争议。目前除了"太原说""东原说"以及多位明代文人所记载的"钱塘说"（"杭人说""越人说"）外，还另有"庐陵①说"，其依据是明代长篇小说《说唐演义全传》的题署，该书题为"庐陵罗本编"。但因为此书是一个"晚出的、伪托的作品"，一般并不认为它是罗贯中所作，所以此说影响不大。

但"庐陵说"只是加剧了罗贯中之谜，却还算不上使其更加无解。在罗贯中籍贯之争中，当代学者还曾提出过"慈溪说"。其依据是，一九五九年在上海发现了元代著名理学家赵偕的文集《赵宝峰先生集》，在其卷首有一篇至正二十六年（1366）十二月十三日的《门人祭宝峰先生文》，署名者三十一人，其中有名"罗拱""罗本"者，分别排列在名单中的第四名及第十一名，而二人与赵宝峰均为慈溪人。因此近人如王利器、周楞伽、李灵年等提出新说，认为此"慈溪罗本"即小说家罗贯中②，另据门人年齿排序，可以推知其生年在一三一五年左右。因慈溪罗本表字或为"彦直"，故周楞伽认为"贯中乃是他作杂剧和小说时所

---

① 今江西吉安。
② 参见陈曦钟等著《中国古代小说研究论辩》，百花洲文艺出版社，2006年版，第15页。

用的别号,等于今人的笔名"①。

慈溪罗本的发现,在罗贯中生平研究史上,或许很难一语以概之。在罗氏生平资料极度匮乏的情况下,这一条确切的行迹记载不失为一条新的线索。不过如果细究,慈溪罗本与小说家罗贯中的形象,却又不无矛盾之处。因为根据现有的一些材料,这位慈溪罗本颇有家藏,与小说家罗贯中留给我们的湖海之士、天涯浪子的形象有所出入。②

戴良(1317—1383)《九灵山房集》中,收有一首七律,诗名《寄罗彦直》:

> 画舫高斋起涧阿,米家书画贮来多。
> 清明时至自舒卷,俗客不来谁啸歌?
> 千里故人嗟我老,一时交友奈君何。
> 只应别后增惆怅,频写新诗待雁过。

家有画舫高斋,又有溪涧流水,可见慈溪罗本家资丰饶,远胜于一般百姓人家。另外,此罗本家中,还多植美竹,有厅堂即以"竹所"为名。戴良曾为其撰《竹所铭》,小序云:

> 慈溪罗彦直,以家多美竹,颜其堂曰"竹所",征余铭之。

与慈溪罗本时有过从的戴良,为元明之际的名诗人,其籍浙江浦江,其号"九灵山人"。元末,戴良曾北上齐鲁,访求豪杰,意欲奋发

---

① 周楞伽《关于罗贯中生平的新史料》,《〈三国演义〉与中国文化》,巴蜀书社,1992年版。
② 参见刘世德《〈三国志演义〉作者与版本考论》,中华书局,2010年版,第49—51页。

有为，却卒无所遇。"洪武六年（1373）始南还，变姓名，隐四明山。"但在朱元璋的罗网之下，终究难逃一劫，为太祖"物色得之"。洪武十五年（1382），戴良被召至京师，因以老病辞官不受，惹怒了朱元璋。十六年（1383）四月，暴卒，《明史》称其惧祸自裁。[①]

戴良曾以诗歌《岁暮感怀》记录了自己的隐居（不啻为避祸而逃亡）生活：

> 移家东海上，汨没度危时。
> 草市腥江鲍，民居杂岛夷。
> 衣冠随俗变，姓字畏人知。
> 保己无深计，翻言命可疑。

恐惧、犹疑，惶惶不可终日。但这确实是朱元璋加诸明初一代文人身上的严峻现实。当洪武之世，罗贯中如名重一时，则其命运便大体不出此类。即便可以侥幸延续性命，亦断难保持身心之从容。据《明史》所载："朝廷取天下之士，网罗捃摭，务无余逸，有司敦迫上道，如捕重囚。"[②]朱元璋希望做到野无遗贤，因此士子、文人们要想高卧山林，彻底逸出这位大皇帝的视野，则似乎只剩下其名不显于世这一种可能了。而以戴良《书画舫宴集诗序》为证，这位慈溪罗本却并不"与人寡合"，且其既为当地土著，经济优越，非为寂寂无名之辈。其书画舫，便是身为东道主的罗本彦直与当时文人士子交际往返、诗酒酬唱之所。据《书画舫宴集诗序》记述的这次宴会，至少有十四人之多。

如此，则罗贯中之生平就愈加扑朔迷离。不只其籍贯纵贯中国南北

---

[①] 《明史》卷二百八十五《文苑一·戴良传》，中华书局，1974年版，第7312页。
[②] 同上，第3991页。

（晋、浙、鲁、赣），其生年、家世也多有错落，令人恍惚难辨。但若深论事情的真相，或又不致如此。因为元杂剧家，故籍在北者甚多，又北人之中，以大都为最，次为平阳（今山西临汾）。至元中叶以后，剧家则悉为杭州人，"中如宫天挺、郑光祖、曾瑞、乔吉、秦简夫、钟嗣成等，虽为北籍，亦均久居浙江。盖杂剧之根本地，已移而至南方，岂非以南宋旧都，文化颇盛之故欤？"①。所以，关于罗贯中籍贯记载的舛乱之处，最有可能与这条由北入南的南迁线路有关：

> 当时以太原及其南边平阳为中心的今天山西省，是文化最发达的地区之一。以杂剧为代表的金元时期戏剧与说唱等文艺形式多兴起并兴盛于此，而在太原和平阳更是杂剧作者辈出。另外……《三国志平话》的结尾是刘渊兴汉，而刘渊当时即定都平阳。亦即《平话》于空间上是终于平阳的，这与当时平阳乃至山西地方戏剧、曲艺兴盛的文化背景应当不无关系。当时以刘知远与薛仁贵等山西籍英雄为主人公的故事曾大量产生并广为流传，不久甚至传到了遥远的南方各地。
>
> 再说东平，元初蒙古人占领了华北一带后，对蒙古人统治取合作态度的汉人将领严实、严忠济父子曾于此开设幕府，建立了半独立的地方政权。严氏父子对文化兴趣浓厚，理解深刻，苦于战乱的读书人因而多会聚东平，以求庇护。譬如金末元初最著名的诗人元好问是太原人，他就曾流寓东平。东平因而成了蒙古人治下的中国文化据点，杂剧作者中也有不少东平人，譬如以作有许多水浒剧而闻名的高文秀便是其中之一。

---

① 王国维《宋元戏曲考》，《王国维文学论著三种》，商务印书馆，2001年版，第140页。

到 1279 年元灭南宋统一了中国后，这些北方的文化人与杂剧作者即大量南迁，而且尤多移居南宋旧都杭州，以致杂剧中心也由前期的大都转移到了后期的杭州。这些北方来的文化人被当时南方人称作"北客"，对南北文化交流作出了巨大的贡献，其中当然也有许多山西人乃至东平人。当时中国统一，南北大运河重新开航，他们源源不断地沿运河南下杭州，而东平就位于由大都至杭州的大运河中段，是运河上的一个重要中转站，因而自然成了北客南迁的必经之地。譬如白仁甫是元曲四大家之一，《录鬼簿》说他是真定人，但其实他原籍山西隩州[1]，金亡后流寓河北真定，元灭南宋后继续南下，最后定居南京，是典型的北客。罗贯中的经历或也与之相仿。[2]

果真如是，则罗贯中的情况便与当时元中叶之后的剧作家毫无二致，其祖贯之地，是在北国，便如《录鬼簿续编》所云，本为"太原人"。后来，罗氏辗转山东东平一带，或逗留有年，因此会留影于此，造成其为"东原人"之说。再后来，便顺运河南下，至于钱塘（杭州一带，位于钱塘江边的慈溪亦可归入此类）。其所取路线，便为当时最常见的由北向南迁徙路线。在人的移动中，物自然随之而移动，包括曲艺、戏剧、说话等文化脉络亦随之得以传播。三国故事本多产于北方，但因为这股文化移民潮的涌动，便连同其他许多故事一起沿此路线传及南方，并迎来了新的发展。印证于罗贯中笔下《三国志演义》的产生，或许，这便是一种最大的可能。此说看似随意，并无原则，但却更为符合当时

---

[1] 今山西河曲一带。
[2] ［韩］金文京著《〈三国演义〉的世界》，邱岭、吴芳玲译，商务印书馆，2010年版，第126—127页。

的社会状况。①

现在，我们若以涉及罗贯中的早期记载为依据，所能得出的，至多就是这个结论。自元末战乱以来，南方吴越一带仍为国内富庶之地，远在北方的元大都之所以对称霸江南的张士诚、方国珍等人一味姑息，概因北方食粮，急需南方供给罢了。对于根脉在北的罗贯中来说，这种客处南方的身份既与当时的时代相合（元朝的统治者蒙古人本就是习惯于迁徙的游牧民族），又颇类于三国时代刘备集团由北到南的闯荡天下、四处寻找立足之基的"图王"之举。或许，罗贯中的人生意愿与写作志向就是在这种足迹遍布大江南北的浪迹中形成的。而在完成由北到南的迁徙之后，其人仍当保持了一种浪游般的、周游各地的习性。尽管，由于缺乏具体的依据，我们无法将他人生的各个节点完整地展示给读者诸君，但是将留影在正史之外、文人墨客的笔记和闲谈中的点滴记录和他后来的创作联系起来看，罗氏的核心肖像自当是一个"遍游四海"的文人。只是，较之以完全职业化的写作者，他的意趣之中多了些入世的热血罢了。现在，既然所有提及罗贯中的材料，尤其是构成笔者此书的几个关键素材链条——《录鬼簿续编》、《三国志演义》嘉靖壬午本庸愚子序、明王圻《稗史汇编》等对于罗贯中的记载都闪烁其词，模棱两可，似乎很难将其连缀为一体，其中便似大有玄机。

## 五、罗贯中的生年推测

但是无论如何，小说家罗贯中生当元顺帝之世，殁于明洪武年间，

---

① ［韩］金文京著《〈三国演义〉的世界》，邱岭、吴芳玲译，商务印书馆，2010年版，第126—127页。

以其生年轨迹看，大体可视为元顺帝妥懽帖睦尔和明太祖朱元璋的同时代人。即便因为材料记载的缺漏而不能完整地将其生平行事加以连缀，我们仍可以做出这样的判断，除非我们可以证明所有记下"罗贯中""罗本"这些字眼的人，抑或所有署名"罗贯中""罗本贯中"的小说版本都在不约而同地作伪、撒谎。但这显非事实。

现在，我们便以《录鬼簿续编》出来之前鲁迅的推测做一个引子，结合《录鬼簿续编》更进一步的记载，来对罗贯中的生平做一个推论。这其中最为紧要处，是为"至正甲辰（1364）复会"和"别来六十余年"二语，我们据此可以判断，在这对忘年交中孰长孰幼。既已相别六十余年，追忆者即写作者自然为忘年交之中年幼的一方，否则届时年长者已逾百龄，以常理度之，不可能再写书了。进一步讲，既为忘年之交，则涉及交往的双方在订交、复会时，幼者至少当应成年，长者则在中、老年均可。这样的话，过六十年再计，则长者逾百岁仙游，幼者当不小于八十岁，否则当年与长者订交时年龄就太小了。

所以，以此为据，则无论《录鬼簿续编》作者为谁，都能推出至正甲辰二人复会之年，此人当已年过二十为宜。《续编》虽未谈及二人相识于何年，但以复会之期《续编》作者的年齿判断，则我们完全可以假定：在此前其人年满十八岁时，与罗贯中订交，即其生年若为元代至正三年（1343），则至正二十年（1360）时，其年齿恰为十八岁。二人复会，则是又历四年之后的事了。世乱纷纷，四年光景，也当得起"复会"一说。当然，如果我们认同贾仲明为《录鬼簿续编》作者，则以其"永乐二十年壬寅（1422）中秋淄川八十云水翁"的题署，可以反推出贾氏生年亦为元代至正三年（1343）。到至正甲辰年，两位忘年交复会，贾仲明年仅二十二岁。可见无论《续编》作者为谁，结论是相差无几的。

依据《续编》中"忘念交"一语推测，也可确知：在二人之中，作为其中年长一方的罗贯中，其年齿至少当长于《续编》作者二十岁，否则便难称"忘年"。而如年龄相差太大，那订交也是无从谈起的①，所以，以此年龄差作为起点来推导罗氏生年，则我们可知，罗贯中当不晚于元英宗至治三年（1323）出生。

至于罗贯中的卒年，目前是无法稽考的。不过，如果我们基于罗氏一生著作繁多之事实，似不应为一个生年短促的人所能够完成，所以暂按其享寿七十岁以上做假设，则罗贯中的卒年自然是在入明以后的洪武年间，甚至远及洪武末。

明太祖朱元璋，前后在位共三十一年。其统治结束时，已至公元一三九八年。如罗贯中恰于元英宗至治三年（1323）出生，其后半生又贯穿了整个洪武之世，则罗氏享寿为七十五岁——这个假设与鲁迅先生所推相差不远。至于小说家罗贯中或为慈溪罗本，生年再往前推五到十年，也在这个范围之内，与此说并不矛盾。

---

① 参见赵齐平《罗贯中》，山东大学文史哲研究所主编《中国历代著名文学家评传》（第四卷），山东教育出版社，1986年版，第206页。

# 第三章 有志图王者

## 一、罗贯中所处的时代

元末大乱,红巾军起,此时尚处于中国元朝治下的全体人民的生活都将被改变。

现在,如果我们来把罗贯中的生活做一个分期,则从他出生到红巾军起事的至正十一年(1351),应当算作他人生中的第一个阶段。这一个时期,罗氏生命的主要职责应该是读书、漂流和谋生(或许有过参加科考的想法,但不见于任何记载),他之所以能够著述长篇巨著,至少是在这个时期中打下了文字的功底。从至正十一年,一直到元顺帝北撤、朱元璋建立明朝(1368),是他生命中的第二个时期,现存的明人记录说他"有志图王",有的文献中记载他创作有杂剧,等等,都是他这个时代的行事。在他人生的积累中,这一时期的重要性是不言而喻的。在这个时期的尾声,他可能就开始创作小说了。从洪武元年(1368)

直到他去世，或就是到洪武晚年甚至末年，应当是他隐居著述的时期。这三个时期综合起来，便是他完整的一生。

在他生命的三个时期中，第一个时期是无法描述的，因为除了几个争讼难定的籍贯，几乎就没有别的记载了。如果完全排除了推测笔墨的话，则罗贯中就像是从石头缝里跑出来的孙猴子似的，我们不能完全确定他生于太原、东平或者干脆就诞于吴越的山水之间，自然也就无法绘制他童年和少年生活的一星半点。但是，有一些虚构类的文学作品，大胆地将罗贯中的出身设置为富裕的商户或士绅家庭，这是有可能的，却不是唯一的。他事实上也不排除出身于儒户的可能性[①]，但可惜的是，同样没有人可以给我们提供这样的佐证。

作为对四等人制度的补充，蒙古人实行颇为复杂的户计制度。这种制度执行的要点是将国内的所有民众（蒙古人及其属民）以一定的职业按户进行划分，尤其重要的是，为了保证职业传承的延续性，对于被征服的人口，以在统治者看来轻重有别的方式加以分类，借此标明了各种特殊的技艺和生产功能。有的学者[②]曾经统计出了八十三种户计的表格。这种机械化的设计是硬性的、世袭的，也是短视的，个人的成就完全不被考虑，从原则上看来，所有人的位置都被指定了。所以，生活在这一时期的多数人，对于个人命运的这种特定的安排，大都有过一种无可奈何的复杂的感受吧。

---

[①] 儒户是蒙古人根据耶律楚材的建议，于1238年在户计制度中特别增设的，而在此前，由于他出面争取，蒙古人已经为儒士阶层免除了赋役。事实证明，这一户籍类别的划分给儒士们的生存处境带来了好处，因为直到元朝结束在中原的统治的130年间，这一规定一直是起作用的。参见［德］傅海波、［英］崔瑞德编《剑桥中国辽西夏金元史》，史卫民等译，中国社会科学出版社，1998年版，第638—639页。

[②] 黄清连《元代户计制度研究》，"国立"台湾大学文学院，1977年版，第197—216页。

对于罗贯中来说，在二十岁之前所经历的一切，不一定能够整体性地塑造他此后一生中的宏大理想。他不一定会像我们后来预测的那样，在弱冠之年就可以预见自己湖海飘荡的一生，但是无论出身如何，他还是接受了一个人在青少年时期所可能接受的那些儒学教育，并且对中国已有的复杂而漫长的历史产生过兴趣。即便仅仅从有条件去接受良好的教育这方面看来（远不止于识文断字这个水准），他也不大会拥有像明朝开国皇帝朱元璋那样的悲惨身世——幼时一无所有，被迫不断地迁徙以求生存。他之所以能够如此，大约是因为他的家境除了应付日常所需之外，尚有余裕可以供应他的学资。

如前文所述，将罗贯中指为"太原人"的《录鬼簿续编》之作者，是与罗贯中同时代的人。在这则材料中，除了道出罗贯中的籍贯外，又明明白白地留下了如下信息：

罗贯中的号——湖海散人。

罗氏性情——与人寡合。

罗氏早年的笔墨——擅长"乐府、隐语"，且所作"极为清新"。

著者与罗贯中的交集——二人为"忘年交"，后因"遭时多故，各天一方"。在至正甲辰年（1364），二人曾"复会"，但此后一别，再未相见。

这则罗贯中小传的记录年代，是二人别后六十余年，即一四二五年左右。但著者对罗贯中后来的行踪不甚了了，因此小传的最后称："竟不知其所终。"

关于罗贯中的同代人，后来建立明朝的朱元璋之出身，在《剑桥中国辽西夏金元史》一书中，有较为细致的描绘：朱元璋之前的家族两代人，是被元朝政府定为匠户之一的淘金户。所以，朱家本是职业淘金人，原先住在今江苏南部（靠近现在南京一带），因为无法保证交出足量的金砂给政府，又逃避不了这种户籍划分及所要承担的义务，因此只能拼命租种田亩，以农产品来易金以代。但受政府保护的黄金商人垄断了市场，使金价高涨，朱家人租种的田亩不足以交租，因此举家逃往长江以北的淮河地区。但是，作为外来户，他们同样需要承担各种盘剥和被抓捕甚至被判刑的风险。从朱家身处的绝境，我们能够看到这种制度的极度不合理，从经济上来看，也是极不明智的。[1]

值得我们为之庆幸的是，罗贯中的出身可能使他免于这样的灾难。

但罗贯中的早年如何度过，境况如何？依据现存的关于罗贯中的几条简陋的笔记材料，我们找不到一丝答案。基于元末中原大乱的形势来看，我们只能做出这样的判断：罗贯中之从北方辗转抵达杭州的时间当不晚于至正十一年（1351）。因为，一三五一年，红巾军起事，"延及今日的安徽河南湖北各处，将南北的交通截断，于是盐徒张士诚乘机占领东南产米的地区，海盗方国珍则阻止了向北的海运"[2]，若罗氏离开北方的时间过晚，一来交通之阻塞势必无尽地加大其南下的风险，二来他在南方的立足根基必然更浅，大不便于日后人生的开展。因此，总体来说，从十四世纪四十年代初开始，直到红巾军起事的至正十一年（1351），罗贯中受于祖荫、父荫的生活大致就结束了，他应当早已步出家门，到社会上去，要慢慢地接触广阔的人间了。

在这个时期的最初几年，人民积怨的情绪虽未到达爆发的顶点，但已在悄然积累，距其引爆之日，已经为期不远。如果罗贯中的足迹此时正辗转于北中国——如晋、冀、豫、鲁等地，那他所目睹的景象，下面这首诗可以替他描绘：

---

[1] ［德］傅海波、［英］崔瑞德编《剑桥中国辽西夏金元史》，史卫民等译，中国社会科学出版社，1998年版，第658—659页。

[2] 黄仁宇《赫逊河畔谈中国历史》，九州出版社，2015年版，第195页。

屋倒人离散，风生水浪滔；
周围千里外，多少尽居巢！

或者：

河南年来数亢旱，赤地千里黄尘飞；
麦禾槁死粟不熟，长镵挂壁犁生衣。①

"长太息以掩涕兮，哀民生之多艰。"真是天降灾异啊。河南地面，在灾荒中死了一半人。田野荒芜了，蒿藜疯长着，超过了膝盖长。官道上既无多少行人，便成了狐兔等小动物的天下。现在，当我们假定罗贯中在这样的时候踏上了一条飘零之路，那我们完全可以想象，他的足迹必然在以下一些区域因为道路不通而受阻，这些区域包括：

济宁路（治今山东巨野）的单州（今山东单县）、虞城（今河南虞城北）、砀山（今安徽砀山）、金乡（今山东金乡）、鱼台（今山东鱼台西）、丰（今江苏丰县）、沛（今江苏沛县）、任城（今山东济宁）、嘉祥（今山东嘉祥），曹州（治今山东菏泽）的定陶（今山东定陶）、楚丘（今山东曹县东南）、成武（今山东成武），大名路（治今河北大名南）的东明（今山东东明东南），东平路（治今山东东平）的汶上（今山东汶上）②，等等，均为黄河水灾泛滥之地。

---

① 上引分别为高志道、廼贤诗，均见于（清）顾嗣立编《元诗选》，中华书局，2021年版。
② 韩儒林主编，陈得芝、邱树森等著《元朝史》（修订本），人民出版社，2008年版，第485—486页。

至正四年（1344），黄河在白茅堤决口后，向东倾泻而下，千余里的狭长地带变为一片水乡泽国，河水泛滥之处，"民老弱昏垫，壮者流离四方"①，因此义军一起，便坐收万千兵源。这次大规模的水患发生后，不仅广泛地影响了民生，而且对元朝经济冲击很大。因为元政府财政，实有赖于漕运和盐税多焉，其中，盐税占据政府总收入的比例，高达百分之八十。而元代南方的粮食、丝绸、奢侈品，又大半通过漕运水道运达。由于河水携带大量泥沙溢入运河河道，使大运河不能通航，"将坏两漕司盐场，妨国计甚重"②，所以到至正九年，当贾鲁提出治河方略后，很快就得到了元顺帝和右丞相脱脱的批准，并于至正十一年五月开始施行，同年十二月完工。

黄河治理成功后，新道被固定在山东半岛之北，原本充满淤泥的运河河段或加以疏浚，或绕道而过。水患解除了。③

但，本是利于国计民生的开河之役，由于其择时不当，尤其是"用错了方法"：在此人心沸腾的年岁中，把十五万愤恨难安的劳工，自其家乡强制性地征调而来，使其集中一处，因此被韩山童、刘福通抓住了机会，发动起义成功。工程结束，河工也没有得到妥善安置，除少数返乡外，多数竟成了义军的主力。④而这种潜在的风险，早已被批评脱脱的保守派人士所指出过了。但不幸的是，因为执行过程中的一些纰漏，变乱终于成为现实。

红巾军起事后，真有星火燎原之势。不过个把月时间，各路英豪彼此呼应，队伍就壮大起来了。颍州（属安徽）被刘福通攻取。韩山童虽

---

① 《元史》卷六十六《河渠三》，中华书局，1976年版，第1645页。
② 同上。
③ ［美］牟复礼、［英］崔瑞德编《剑桥中国明代史》（上卷），张书生等译，中国社会科学出版社，1992年版，第60页。
④ 柏杨《中国人史纲》，浙江文艺出版社，2020年版，第590页。

被捕遇害，但其妻杨氏与子韩林儿逃脱——韩林儿，便是后来被刘福通等人扶立的小明王。

朱元璋在建立明政权之前，曾有相当长时期尊奉小明王，采用龙凤纪年，但在他根基大定，取得政权后，却尽毁一切证据，对这一段历史又讳莫如深了。

至正十一年六月，刘福通占领朱皋，攻破罗山、上蔡、真阳、确山，分兵进攻舞阳、叶县等处。同月，江浙左丞孛罗帖木儿为方国珍所败，元帝遣使诏谕方国珍。

八月，萧县李二及彭大、赵均用等攻陷徐州。李二号芝麻李，亦以烧香聚众起义。

蕲州（属湖北）罗田人、布贩徐寿辉与黄州麻城人、铁工邹普胜等起义，以红巾为号。十月，占领蕲水（属湖北）为国都，称帝，国号天完，建元治平。①

从这一年起，与以往的农民起义既相承续又有着很大不同的元末农民大起义便正式开始了。早已千疮百孔的元政权为了扑灭起义军，也曾做过巨大的努力，试图挽回局面，并且至少在至正十四年（1354）年底，在主政的右丞相脱脱的亲自率领下，再度控制了局势，各路义军的叛乱活动几乎被摧毁。张士诚被围困于高邮城内，只差元军致命一击便告瓦解。

但恰在这时，朝中政敌因忌脱脱权重，开始指责脱脱围而不攻，并以延误军机为由向顺帝上书弹劾。顺帝或错以为叛乱已经在事实上得以平息，因此出于一种鸟尽弓藏的心理，突在此时免去脱脱一切职务，进而将其流放。最终，脱脱被鸩死。

---

① 这几节纪事，参考了吴晗《朱元璋年表》，《朱元璋传》，岳麓书社，2012年版，第214页。

此后，元朝在军事和政治上的主动权便彻底丧失了，元政府再也无法依靠中央的力量组织一支完整的部队来对付它的敌人。

烽火硝烟，群雄逐鹿，成吉思汗时代的赫赫武功终成悬浮在元朝君臣心头的虚幻梦影。

## 二、罗贯中居吴越

现在我们看来，是在整个中原的百姓都希望安居乐业而不得的十四世纪五十年代初，在风起云涌的元末农民大起义所带来的暴动、破坏性的刺激中，在大江上下、塞通南北的一种普遍性的紧张、焦虑和苦闷中，罗贯中结束了他一生中第一个时代的生活。对于这社会尚存的一点寄托也该失去了，因为反抗者与被反抗者的对立，殃及无数的凡夫俗子，也殃及无数的自视不凡的志士、斗士，也殃及无数清高的读书的种子。其间有无数的流血和屠杀事件，麻木着人们的视听神经，但也有无数的热血的人，终究要选择一个合适的时机起来，参与并企图改变这乱极了的社会。而苟全性命于乱世的书生罗贯中，就是在这一种特殊的环境中，要慢慢地入世，要慢慢地发声了。

如果说，罗贯中在三十岁之前有可能出生于，或较长时期地逗留于中国的北方，则自十四世纪五十年代起，他的整个生命便应当寄居于吴越的山水间了。虽谓寄居，只是从他的根脉来自北方而论，如果我们主要依据了明代人的说法，则他似乎是一个杭州土著。因为关于罗贯中的行迹，被后世人记录最多的，并非是他的故土"太原"或"东原"，反倒是这吴越之地。仅以此论，我们把罗氏一生行事的重心放到杭州也无不可。况且，即便是捕风捉影的说法，他也屡屡被人传说在杭州留了他的后裔，此事可以作为他久居于越地的旁证。所以，到了他生命中的第二期，他或许便已治家业于此了。

关于元朝杭州的情形，威尼斯商人马可·波罗在他那部闻名全球的《马可·波罗行纪》中有过异常生动的描绘：

> 杭州的街道和运河，都相当广阔，船舶和马车载着生活日用品，不停地来往街道上和运河上。估计杭州所有的桥，有一万两千座之多。连接运河两岸主要街道所架的桥，都有高级的建筑技术，使桥身高拱，以便竖有很高桅杆的船只可以从下面顺利通过。高拱的桥身并不妨碍马车通行，因为桥面在很远的地方，就开始垫高。它的坡度逐渐上升，一直升到拱桥的顶点。
> 
> 杭州城内有十个巨大的广场和市场，街道两旁的商店，不计其数。每一个广场的长度都在一公里左右，广场对面则是主要街道，宽四十步，从城的这一端直通到城的那一端。运河跟一条主要街道平行，河岸上有庞大的用巨石建筑的货栈，存放着从印度或其他地方来的商人们所带的货物。这些外国商人，可以很方便地到就近的市场上交易。一星期中有三天是交易日子，每一个市场在这三天交易的日子里，总有四万人到五万人参加。
> 
> 杭州街道全铺着石板或方砖，主要道路的两侧，各有十步宽的距离，用石板或方砖铺成，但中间却铺着小鹅卵石。阴沟纵横，使雨水得以流入运河。街道上始终非常清洁干燥，在这些小鹅卵石的道路上，车如流水马如龙一样地不停奔驰。马车是长方形的，上面有篷盖，更有丝织的窗帘和丝织的坐垫，可以容纳六个人。

从二十六公里外的内海所捕获的鱼虾，每天被送到杭州。当你看到那庞大的鱼虾数量，你会想到怎么能卖完。可是，不到几小时光景，就被抢购一空，因为杭州的居民实在太多。

通往市场的街道都很繁华，有些市场还设有相当多的冷水浴室，有男女侍者分别担任招待。杭州人不管是男是女，终年都用冷水沐浴。他们从小就养成了这个习惯，认为冷水对身体有益。当然，也有热水浴室，不过专供外国人使用，因为外国人不能忍受那冰一样的冷水。杭州市民每天都要沐浴，沐浴的时间，大都在晚饭之前。

另外还有艺妓区，艺妓之多，使我吃惊。她们衣服华丽，粉香扑鼻。艺妓馆设备豪华，并有许多女仆侍候她们。另外一个区域，则住着医生和卜卦算命的星相家。

杭州主要街道的两旁，矗立着高楼大厦。他们的住宅建筑华丽，并且雕梁画栋地装饰起来。他们很喜欢这种装饰，花在绘画和幻想的建筑上的钱，确有可观。男人跟女人一样，皮肤很细，外貌很潇洒。不过女人尤其漂亮，眉目清秀，弱不胜衣。她们的服装都很讲究，除了衣服是绸缎做的外，还佩戴着珠宝，这些珠宝价值连城。[①]

马可·波罗生活于一二七五——一二九二年的中国元朝，时在忽必烈时代。因此，上文所记载的景象距离罗贯中的时代至多不过半个世纪。以元朝国祚之短促，似是在须臾间见证了时光的流星划过，但文中熙熙攘攘的人众，至罗贯中客居至此时尚呼吸可闻。

---

① 此处译文，引自柏杨《中国人史纲》，浙江文艺出版社，2020年版，第579—580页。

对罗氏来说，这是他默默耕耘却必然要在未来大放异彩的一个时期。没有这段时期的劳作，他的生命便与无数沉沦的其他生命没有半点区分。有了这种劳作，而且，幸赖于某种命运的垂青，他的著作写出并得以永传后世，则他的名字终于留了下来。

关于罗贯中的职业，或者说他经济的来源问题，我们在此不能提供准确的答案，但按照他的终生布衣的身份，以及后来作有杂剧的记录，他有很大的可能性曾一度以剧作家身份置身于书会以谋生计。根据郑振铎的推测，罗贯中或是最后一位书会先生？仅靠创作小说或许无法谋生，但身为杂剧作者，在当时作为文化中心的杭州，自当有安身立命之资。罗贯中之作为文人，以剧作家身份行世，在戏剧发达的元代，本来再也平常不过，即便是到了十四世纪五十年代，元杂剧原已开始凋落的时候。罗贯中是踏着它的尾韵而来的，他的造诣固然是已经不可与"关（汉卿）、马（致远）、郑（光祖）、白（朴）"之一流的剧作家相比了，但他终归是"元代杂剧作家中有力的一个殿军"[①]——在顾学颉所著的《元明杂剧》中，对于罗氏之作为剧作家有一段赞誉，说是他"结束了这一戏剧的黄金时代"。这种评价，与我们对于罗氏戏剧的印象自然有些出入，但与更多的无名作者相比，他毕竟也是有戏剧作品传世的。

元朝戏剧的发达虽与多种因素有关，但知识分子沉沦下僚的命运挫败感显然构成了他们转换人生出口的一个主因。随着这些无缘入仕的知识分子的加入，元杂剧的创作队伍在整体上得到了提高，作为白话文学之支柱的戏曲因此而达到了鼎盛。故，王国维《宋元戏曲考》曾云：

---

① 顾学颉《元明杂剧》，上海古籍出版社，2011年版，第100页。

元初名臣中，有作小令套数者，唯杂剧之作者大抵布衣，否则为省掾令史之属。蒙古色目人中，亦有作小令套数者，而作杂剧者则唯汉人（其中唯李直夫为女真人）。盖自金末重吏，自掾史出身者，其任用反优于科目。至蒙古灭金，而科目之废垂八十年，为自有科目来未有之事。故文章之士非刀笔吏无以进身，则杂剧家之多为掾史，固自不足怪也。沈德符《万历野获编》及臧懋循《元曲选序》均谓蒙古时代曾以词曲取士，其说固诞妄不足道。余则谓元初之废科目，却为杂剧发达之因。盖自唐、宋以来，士之竞于科目者已非一朝一夕之事，一旦废之，彼其才力无所用，而一于词曲发之，且金时科目之学最为浅陋，此种人士，一旦失所业，固不能为学术上之事。而高文典册，又非其所素习也。适杂剧之新体出，遂多从事于此，而又有一二天才出于其间，充其才力，而元剧之作遂为千古独绝之文字。①

除了这些显见的事实，有的研究者还注意到了，在这个时期，杂剧家的身份要比白话小说的作者更为自信，也更幸运一些。他们用以直面社会的，是真名实姓，而很少用名号来隐晦其名。②一些与这些杂剧家志同道合的人，譬如元代钟嗣成、明代朱权就分别撰写了《录鬼簿》和《太和正音谱》这样的戏曲目录专书（当然也应当加上或为贾仲明作的《录鬼簿续编》），来传播和颂扬他们的成就。一向神龙见首不见尾的罗贯中氏的名讳，能够见载于《录鬼簿续编》一书，自当与其时剧作家所

---

① 王国维《宋元戏曲考》，《王国维文学论著三种》，商务印书馆，2001年版，第140—141页。
② 李玉莲《中国古代白话小说戏曲传播论》，山西教育出版社，2005年版，第73页。

享有的社会地位高于小说家有很大关系。

　　元杂剧的流行，与当时大量传播的散曲也是密切相关的，甚至在某种程度上讲，元杂剧便是由散曲构成的。散曲，是为诗词之余绪，因此杂剧便一变而为剧诗、剧曲，与正统的诗词很是接近了，这也是其地位较小说为高之一大原因。①《录鬼簿续编》作者称道罗贯中的"乐府、隐语，极为清新"，其中乐府便指的是散曲。隐语，类于今日的谜语，是古代文人抖搂小聪明的一种法子。在元末明初甚至更多的时候，许多文人似乎都痴迷于此道。

　　《三国志演义》中也有一些这样的段落，与《录鬼簿续编》中所记录的罗贯中形象十分相符。譬如在嘉靖本第一百四十一节《黄忠馘斩夏侯渊》，曹操兴兵路过蓝田，去蔡邕庄，便有此一节：

　　……时董祀在任所牧民，止有蔡琰在庄。琰闻操至，忙出迎接。操至堂，琰起居毕，侍立于侧。操偶见壁间悬一碑文图轴，起身观之，问于蔡琰。琰答曰："此乃曹娥之碑也。昔和帝朝时，会稽上虞有一师巫，名曹旴，能娑婆乐神。五月五日，醉舞舟中，堕江而死。其女年十四岁，绕江啼哭，十七日不歇声，跳入波中。后五日，负父之尸，浮于江面。里人葬于江边。后上虞令度尚奏闻朝廷，表为孝女。尚令邯郸淳作文，镌碑以记其事。淳年十三岁，文不加点，一笔挥就，立石墓侧。先人闻知去看，时夜黑，以手摸其文而读之，索笔题八字于其背后。后人镌石继打，故传于世，是为先人遗迹。"操读八字云："黄绢幼妇，外孙齑臼。"操问琰曰："汝解此意否？"琰曰：

---

① 李玉莲《中国古代白话小说戏曲传播论》，山西教育出版社，2005年版，第73页。

"虽先人所遗之迹,妾不知其意。"操回顾众谋士曰:"汝等解否?"众皆低首。于内一人挺身而出,答曰:"某已解其意。"操视之,乃主簿杨修也,见管行军钱粮,兼理赞军机事。操曰:"卿且勿言,容吾思之。"操乘马行三里,忽悟省,笑问修曰:"卿试言之。"修曰:"此隐语也。'黄绢',乃颜色之丝也。色傍搅丝,是'绝'字。'幼妇'者,乃少女也。女傍少字,是'妙'字。'外孙',乃女之子也。女傍子字,是'好'字。'齑臼',乃受五辛之器也。受傍辛字,是'辤'(辞)字。总而言之,乃'绝妙好辤'之四字也。此是伯喈赞美邯郸淳之文,乃绝妙好辤也。"操大惊曰:"正合孤意!"①

但除了在小说中的发挥,罗贯中的"乐府、隐语"无存。因此,唯一留下来的剧作《风云会》,"实可为吾人研究罗贯中文字之起点"②。此剧的完整文本见于抄本《古名家杂剧》(明脉望馆校藏),现在收录它的有《古本戏曲丛刊》四集影印本及《元曲选外编》排印本(中华书局,1959年)等多个选本。全剧共四折一楔子,其四个题目正名,分别是:

伏降四国咨谋议
雪夜亲临赵普第

---

① 罗贯中《三国志通俗演义》,刘世德主编《罗贯中全集》(壹),三晋出版社,2011年版,第382—383页。据该书《凡例》,收录于此的罗贯中著《三国志通俗演义》所采用的底本,为上海涵芬楼影印明嘉靖年间刻本,二十四卷,二百四十则。因罗贯中《三国》原貌现已觅不可得,而在存世诸刻本中,以嘉靖本最早,因此,本传中凡涉及罗贯中《三国》文本,在无特殊说明时,均引此书为例。
② 柳存仁《罗贯中讲史小说之真伪性质》,刘世德编《中国古代小说研究》,上海古籍出版社,1983年版,第75页。

君相当时一梦中

今朝龙虎风云会

  剧中的核心事件是"叙宋太祖为其将帅所爱戴，因而奠立新朝事"，其中心人物为宋朝的开国君臣赵匡胤和赵普，类如《三国志演义》中的刘备和诸葛亮。除此以外，该剧中还写到了赵匡胤与曹彬、郑恩等人的结义兄弟关系，令人仿佛看到了三国故事中刘关张桃园三结义的影子。但是无论如何，我们需要客观地面对此剧的得与失。在元杂剧一脉，它的文字"典雅可诵"，与《录鬼簿续编》中谈到的罗贯中极为清新的文字风格比较符合，除此之外，我们却也必得承认剧作家此时的才华不足，"全剧事实殊多，人物纷繁，结构也甚散漫"①，恰恰印证出罗氏完成它的年代要比那部成熟、大气的小说巨著早了一些年。所以，我们推测这是罗贯中在他尚混迹于江湖以待来日时的一个创造。罗贯中在写它时，笔力尚未完全成熟，因此此剧与伟大的长篇小说巨著《三国志演义》完全不可同日而语。

  柳存仁在《罗贯中讲史小说之真伪性质》中，曾经以此剧为标本，对戏剧家罗贯中做出评价如下：

> 愚尝细读此剧，知除少数例外，其文字之句法表达，动词，副词，甚至若干名词，多可在《水浒传》中觅求。《三国志演义》中之英雄豪杰，此剧中亦颇有之，然此类英豪，乃历史上之人物，写作或讲叙时固可以有其共同之根据，不必定属相袭，吾人于此亦不必断言如秋霜烈日。以剧本结构言之，此

---

① 郑振铎《中国文学史》，团结出版社，2011年版，第606页。

剧情节章法似颇粗糙，且尚不免俗套与呆板化。贯中或非出色当行之剧作者也。①

而在另外一些学者那里，《风云会》所受的批评更重，被认为是"为新兴汉族上层统治者需要而作"，具体理由是："作为一部历史剧，《风云会》通过赵匡胤建立北宋王朝过程的描写，把他塑造成一个顺应天理、躬行仁政的君主。为此，这部剧作充分肯定赵匡胤以宋代周的合理性，对'陈桥兵变'这一有悖'仁义'的历史事实，又极力强调其黄袍加身的被动性，从而突出了赵的仁君风范。"②但是，这种指摘的前提，是把《风云会》这类"创作详情已不易确考"的作品断然地归到了明杂剧的序列里，这却是草率而没有依据的。

将罗贯中视为元杂剧作家中"有力的一个殿军"的顾学颉没有如此低看这部剧，他读出了罗氏在此剧中所写下的元末百姓心中那种普遍的情绪，这也是受到异族欺凌的人常有的情绪。他认为该剧创作于元末。尽管是一部"纯粹的历史剧"，但结合剧作者所处的时代，以及罗氏亲身参加过元末起义的履历（指罗贯中参张士诚幕府事）来看，他认为该剧在字里行间还是有所指的。

如该剧第一折：

[混江龙]见如今奸雄争霸，漫漫四海起黄沙。递相吞并，各举征伐。后汉残唐分正统，朝梁暮晋乱中华。豺狼掉尾，虎豹磨牙；尸骸遍野，饿殍如麻；田畴荒废，荆棘交加；军情紧

---

① 柳存仁《罗贯中讲史小说之真伪性质》，刘世德编《中国古代小说研究》，上海古籍出版社，1983年版，第75—76页。
② 戚世隽《明代杂剧研究》，广东高等教育出版社，2011年版，第59页。

急,民力疲乏。这其间,生灵引领盼王师,何时得蛮夷拱手遵王化,我只待纵横海内,游览天涯。①

罗氏在此剧中传递了一种信息,使我们大致可以相信他的思想在此时即与此后进行小说创作时一脉相承。它们共同赞颂了明君贤相和建功立业的将士,并尽可能多地着墨于这些理想人物,赋予其社稷和苍生之念。从这些迹象我们大致也可以看到,他作为创作者的一生中,那最为浓重的一笔已将在未来的某一天掀开了,而现在这种代表着孕育的时刻,是他通向一个伟大的小说家的必要的征程。尽管,有此剧的小小铺垫并不足以证明他有能力完成后来的皇皇巨著,但是,《风云会》的不够成功,却使我们有了足够的空间可以认真地观察一个作家所走过的道路和他生命中所孕育的各种可能。

我们当然有理由相信,《风云会》的写作是伴随着元末的大动乱而形成的。顾学颉所读到的此剧之中所蕴含的那种情绪,正好切合了创作者所置身的乱世的氛围。在十四世纪五十年代初的中国元朝,因为红巾军及其他各路义军的兴起,国家便从此无宁日了。

关于义军初起之后的国之形势,我们不妨来看看下面的记录:

> 至正十二年,徐寿辉部将陆续攻破汉阳、兴国府、武昌、安陆府、沔阳府、江州、岳州、袁州、瑞州、徽州、信州、饶州、杭州。
>
> 二月,郭子兴等起兵于濠州。元丞相脱脱攻徐州,克之。芝麻李败死,彭大、赵均用奔濠州。

---

① 罗贯中《风云会》,刘世德主编《罗贯中全集》(叁),三晋出版社,2011年版,第476页。

朱元璋于此年闰三月初一，投郭子兴部下为兵。

答失八都鲁率军占襄阳，察罕帖木儿、李思齐率军攻起义人民，元政府各授以官。

至正十三年，朱元璋略定远，下滁州。①

在罗贯中生命中的这一段时期，起义军的烽火越烧越旺，反元的队伍越来越庞大了。到至正十三年（1353），罗贯中的年龄至少已经三十岁了。苏北张士诚在正月起义，很快就攻占了泰州、兴化、高邮，称诚王，国号大周，建元天祐。②至此，日后争战于江南的三大势力（朱元璋、张士诚及陈友谅汉政权的前身天完帝国）的事业基础都已开始奠定了，但作为中央集权的元政府，却不得不面对国之乱象大开的不堪局面，自此往后的十多年里，"军情紧急，民力疲乏。这其间，生灵引领盼王师，何时得蛮夷拱手遵王化"的呼声一日高过一日。

但是国土漫漫，作为一介书生的罗贯中，又有何处可依呢？作为江浙行省的首府，杭州在至正十二年（1352）的七月受到了彭莹玉等领导的一支天完义军的袭扰，被攻破了。元江浙行省的官员纷纷逃窜，参政樊执敬自杀。③虽然红巾军并未在杭州站稳脚跟便被迫撤出，但罗贯中安居东南之梦眼见得也成了泡影。红巾军提出了"摧富益贫"的奋斗口号，把世世代代受压迫、受剥削的底层的民众发动起来了。革命之势不可当，有志图王者纷纷，仍然浸泡在杂剧创作中的罗氏是否便是在这种时候开始修正了自己的生命追求，试图起来做一番功业呢？

---

① 吴晗《朱元璋传》，岳麓书社，2012年版，第31、215页。
② 《明史》卷一百二十三《张士诚传》，中华书局，1974年版，第3692页。
③ 韩儒林主编，陈得芝、邱树森等著《元朝史》（修订本），人民出版社，2008年版，第498页。

杂剧《风云会》如果说写在此时或者此后的十多年里，那种企盼"四海晏清"的情绪是可以与现实的一切进行对应的。的确，有的学者便认为，《风云会》的创作发生在元代至正后期，其时间当不会晚于至正二十四年（1364），即《录鬼簿续编》作者与罗贯中复会之年。因为二人在这次别后即未曾会面，但《续编》作者在其"罗贯中"小传中记录了这部剧作，可见当时罗氏已经完成它的可能性很大。元末大乱凡二十年，前后期发生很大变化。大乱伊始，百姓生活濒临绝境，因此"多乐从乱"，铤而走险，是谓"杀尽不平方太平"；但到了后期，群雄割据，征伐未已，饱尝乱世之苦的人们皆渴求安定，呼吁"真主"出世，以早日结束争战。[①]而罗贯中正是借助了剧中人的言论道出自己的胸臆，"我只待纵横海内，游览天涯"，只是他这一生中，是否还可以等到这样的时候？

## 三、有志图王

关于罗贯中"有志图王"的记载，见于明王圻《稗史汇编》：

> 文至院本、说书，其变极矣。然非绝世轶材，自不妄作。如宗秀罗贯中、国初葛可久，皆有志图王者；乃遇真主，而葛寄神医工，罗传神稗史。今读罗《水浒传》，从空中放出许多罡煞，又从梦里收拾一场怪诞；其与王实甫《西厢记》始以蒲东邂会，终以草桥扬灵，是二梦语，殆同机局。[②]

---

① 参见李灵年《罗贯中》，周钧韬主编《中国通俗小说家评传》，中州古籍出版社，1993年版，第17—18页。
② 朱一玄、刘毓忱编《三国演义资料汇编》，百花文艺出版社，1983年版，第229页。

上引"宗秀罗贯中"所含"宗秀"二字，有人疑为"宋季"之误。又，南宋灭亡是在一二七九年，或曰罗贯中生当南宋之末？如此，则元末明初之说在此处便行不通了，所以此语实有不可解之处。至于"国初葛可久"中的葛可久，则为元人，其本为医学家，生于一三〇五年，卒于一三五三年。依此记载，罗贯中的年齿当与葛不相上下，只是罗被置前，似又较葛为年长，或生于一三〇〇年左右？则至元灭，罗贯中的年龄已近七十，与《录鬼簿续编》中的"忘年交"之说倒也相合，只是罗与《续编》之作者二人年齿悬殊较大，相差了四十余年。但细究其中"别来又六十余年，竟不知其所终"之说，又觉不可解。试想，罗氏若在元灭前的"至正甲辰年"（1364）与《续编》作者复会时已为年过花甲的老人，则别后数个春秋，便至古稀之年，以当时人之普遍寿龄，其存世之日尚能久乎？又何来"六十余年"之说？所以，二人虽为"忘年交"，但年龄差仍是更近于二十岁的下限方于理相通。

　　而关于罗贯中"有志图王"之说，若确属实情，则其便免不了被看成是一个野心勃勃的人，但在《录鬼簿续编》著者眼中，罗氏却是一副"与人寡合"的落拓不羁面目。罗贯中号为"湖海散人"，而"湖海"之称，所指更像是一个周游四海、无意于政争的职业文人形象，与图谋大业者多少有些落差。不过关于罗氏之性情，究系一向如此，还是在积极用世不成之后有一个转化，我们却是不便于断然判定的。在杭州一带同样被裹挟进农民起义的浪潮之后，罗贯中正是血气方刚的年龄，以他在《三国》创作中所显露的史家意识，我们或可判断，他对史事的关注和对时势的敏感均应超于常人，即便他暂时并无任何具体的行动，我们也不能说他会对这非同寻常的世乱保持完全的镇定。当然，如果我们能够再稍微了解一些当时的局势，便当明白，"有志图王"一语，在元末遍地烽烟的大乱局中，丝毫都不新鲜。当时心怀此志的人何其多焉，或者敢于口吐此狂言的人何其多焉。所谓"天下者，非一人之天下也""皇帝轮流做，明年到我家"，既可能是许多人心中的妄想，也可能便是起事者内心深处不可告人的情结，前者妄人妄语，后者却是要付诸行动的。

在罗贯中生活的元末明初，自至正十一年起，十多年间，天下虽仍是蒙元的天下，但国家乱象丛生，先后称孤道寡的"帝王"就有：

韩山童——一三五一年，韩山童、刘福通裹众起义，韩山童自称宋徽宗八世孙，称明王；

徐寿辉——一三五一年，于蕲水称帝，国号天完；

张士诚——一三五三年，于苏北起义，后称诚王、吴王；

韩林儿——一三五五年，刘福通迎立韩林儿（韩山童之子）为帝，号小明王，国号宋，建都亳州，建元龙凤，三年后，刘福通攻破汴梁，定为国都；

陈友谅——一三六〇年，陈友谅杀其主徐寿辉，自立为帝，国号大汉，都江州；

明玉珍——一三六二年，明玉珍在四川称帝，国号夏。

在一个治世中，这种称王霸业之举是不可能存在的。但是现在，当元朝在各种复杂的问题面前开始露出它控制力的薄弱的时候，当各种草莽英雄奔走江湖，开始他们毕生中的壮举的时候，当方国珍、刘福通、芝麻李、徐寿辉、郭子兴、张士诚、朱元璋、陈友谅等人都开始投入到元末起义军阵营的时候，元政权固然暂时尚未彻底崩溃，但经过这一次次的冲击、一波又一波的折腾，元气也已经大伤。

元朝财政到了顺帝时，由于对官僚、贵族的过度赏赐和宫廷里无度的挥霍，本来已经入不敷出了。早在至正十年（1350）年底，为了摆脱财政危机，元政府就准备采用事后看来是毫无前途的权宜之计，即通过大量印发新钞①来解决经济问题。一三五一年，首批即印行了价值二百万锭的纸钞，政府就以此来支付劳工费及材料费用，但遗憾的是并没有财源做后盾，由此便在事实上形成了通货膨胀的局面。战乱频仍，再加之以庞大的军费开支，百姓的生活便被压垮了。

> 堂堂大元，奸佞专权。开河变钞祸根源，惹红巾万千。官法滥，刑法重，黎民怨。人吃人，钞买钞，何曾见？贼做官，官做贼，混贤愚，哀哉可怜！②

这首红巾军大起义爆发后，坊间广泛传唱的《醉太平》小令，便是元朝那捉襟见肘、哀哉可怜的社会生态的写照。

在我们的视野中，罗贯中不是以一个元朝遗产的继承者的身份出现的，但作为一个从元朝统治下走过来的读书人，他无论赞同与反对，都必须得直面那些后来影响他一生的各种事件，包括国家的广阔无边和一步步逼来的战乱，包括蒙古人雄风的失落和民间对于过上一种正常的生活的盼望。他生命中的一大部分区域，是由蒙古人天然划定的，至于他后来选择了创作小说道路的动机，似乎与对元朝的反对是有关系的。有些学者早已敏感地注意到了：

> "三国"传统的形成时代中，可能经历到例如十二世纪金

---

① ［德］傅海波、［英］崔瑞德编《剑桥中国辽西夏金元史》，史卫民等译，中国社会科学出版社，1998年版，第581页。
② 这阕小令，不知何人所撰，收录于（元）陶宗仪《南村辍耕录》卷二十三，齐鲁书社，2007年版，第307页。

国占领北方中国、十三世纪蒙元王朝建立以及十四世纪元代终结这一系列创伤性事件。遭到社会政治体系放逐的失路之英雄，对于法律约束的否定，以及通过毅力与义气完成伟大业绩的事迹，或许在这种历史危机时刻下显得格外引人瞩目，人们会把正统的政治权威和异类的起义造反政权混淆起来。①

这种见解，对于我们走近罗贯中那难以解开的身世之秘不无帮助。在他身上，那种强烈的关切史事的动力，应该是拜动荡、失落的时代和悲剧性的命运感所赐。

谢无量在他的著作《罗贯中与马致远》中谈到此节时，也有如下的见解："中国民族有一种好自尊大的习惯，他们看得异种人是可轻贱的，说到'夷狄'二字是很不屑的。一旦这种可轻贱很不屑的人物，拿到宰制他们的主权，他们心理上的痛苦，也就不言而喻了！但是他们的痛苦，无论如何，必要发泄出来；就是不能爽爽快快直接地宣布，也要隐隐约约间接地流露。事实上只有利用小说戏曲一类的工具，来写他们的愤懑。以他们所处的环境，有两种思想，是容易发生的：第一种是积极的武力奋斗的思想；第二种是消极的厌世悲观的思想。他们想到中国被异族并吞的缘故，是因为武力不振，所以要提倡武力奋斗。他们想到'夷狄乱华'，事无可为，又只得厌世悲观。那时候平民文学家，能代表第一种思想的，就是罗贯中……"②

但是，我们认为罗贯中是在他的小说开始写作之前，随同这浩浩荡

---

① ［美］梅维恒主编《哥伦比亚中国文学史》，马小悟、张治、刘文楠译，新星出版社，2016年版，第683页。
② 谢无量《中国六大文豪·罗贯中与马致远》，《谢无量文集》第六卷，中国人民大学出版社，2011年版，第458—459页。

荡的起义者的队伍先入了世，他最初的无法避居世外，其源头只在于，他绝非一个纯粹的只知案牍劳作的书生罢了。他乐于建功，有无穷的志向，自然也因此而生出了无穷的烦恼。我们如果结合其创作看，在他的《三国志演义》里，似乎充斥了无数的此类思想，则可知他的思想倾向实在颇有点"图王"的意味。但观罗贯中其人，虽资兼文武，却总不失书生意气，仍是读书人情怀，则我们揣度其心中之"王"，又与朱元璋、张士诚、陈友谅等人不同，而更近于当时刘基（伯温）一类人物。因为从后者的行事，擅于运筹帷幄、娴于韬略兵机来说，我们很容易想到诸葛亮，而诸葛亮，却要算得上是罗贯中最为敬重的人物了。

更有的学者，认为罗贯中所作杂剧《风云会》中的赵普和《三国志演义》中的诸葛亮一样，是作者创作中的实际主角："于此亦可参悟罗贯中的人格理想，他并非'有志图王'，而是要做诸葛亮、赵普那样运筹帷幄、决胜千里的书生型英雄。"[①]

乱世之中，凡奋发之士皆思振作有为，实非罗氏一人而已。可惜的是，或许出于时运乖舛，罗贯中的这一志向并未得到真正的伸展，所以才有效仿孔子作《春秋》之举。这种看法，在明人蒋大器为其《三国志演义》所作的序那里，我们能够看得分明：

> 夫史非独纪历代之事，盖欲昭往昔之盛衰，鉴君臣之善恶，载政事之得失，观人才之吉凶，知邦家之休戚，以至寒暑、灾祥、褒贬、予夺，无一而不笔之者，有义存焉。吾夫子因获麟而作《春秋》。《春秋》，鲁史也。孔子修之，至一字予者褒之，否者贬之。然一字之中，以见当时君臣父子之道，垂

---

① 张仲谋《罗贯中》，何满子主编《十大小说家》，上海古籍出版社，1989年版，第46页。

鉴后世，俾识某之善，某之恶，欲其劝惩警惧，不致有前车之覆。此孔子立万万世至公至正之大法，合天理，正彝伦，而乱臣贼子惧。故曰："知我者其惟《春秋》乎！罪我者其惟《春秋》乎！"亦不得已也。孟子见梁惠王，言仁义而不言利；告时君必称尧、舜、禹、汤；答时臣必及伊、傅、周、召。至朱子《纲目》，亦由是也。岂徒纪历代之事而已乎？[1]

如此说来，则罗贯中的志向便是实现了的。

## 四、罗贯中与张士诚政权[2]

罗贯中的"图王"之志，在清代顾苓的《塔影园集》卷四《跋〈水浒图〉》中，我们所看到的是另外一种解释：

> 罗贯中客霸府张士诚所，作《水浒传》，题曰《忠义水浒》。后之读其书者，艳草窃为义民，称盗贼为英杰。仲尼之徒不道桓、文，贯中何居焉？《孟子》曰："诵其诗，读其书，不知其人，可乎？是以论其世也。"至正失驭，甚于赵宋，士诚跳梁，剧于宋江，《水浒》之作，以为士诚讽谏也。士诚不察，而三百年之后高杰、李定国之徒闻风兴起，始于盗贼，归于忠

---

[1] 朱一玄、刘毓忱编《三国演义资料汇编》，百花文艺出版社，1983年版，第269页。
[2] 本节关于张氏政权发展及覆亡的叙述，除《元史》《明史》外，还主要参考了《剑桥中国明代史》（上卷）、韩儒林主编《元朝史》（修订本）、吴晗《朱元璋传》、《剑桥中国辽西夏金元史》，以及展龙《元明之际士大夫政治生态研究》等著作。后面引文除特别注明外，皆出于此五书，不再另行作注。

义，未必非贯中之教也。①

张士诚（1321—1367），泰州白驹场亭人②（今属江苏省盐城市大丰区），本为操舟运盐的盐民，因受富户欺凌及"苦于官役"，于至正十三年（1353）正月，会同其弟士义、士德、士信及李伯升等共十八人起义，杀死了曾经欺辱他的人，之后招募众多盐民，起兵反元，先后攻下泰州、兴化、高邮，一时军威大盛。

之后，张士诚称诚王，建国大周。

但树大招风，到至正十四年（1354）九月间，便引来了"号称百万"（实为四十万军）的元兵前来围剿。元右丞相脱脱亲自统军。如果说元政府到此时还相信他们对于这种弥漫性的反抗行动具有最高的控制力，或许也是对的，因为这次高邮之役，元军"旌旗累千里，金鼓震野，出师之盛，未有过之者"③，张士诚自然难以与敌。到十一月间，高邮被围得水泄不通，"城中几不支，日议附降"（《庚申外史》）。如果张士诚的命运就此完结，罗贯中后来投入张士诚幕府的事情也将化为乌有。但事情的蹊跷之处就在于，元朝人突然掘走了自己顶梁的柱石，元顺帝由于猜忌脱脱权重，便借有人诬告之机，以"劳师费财"的借口免了他的统军大帅之职。

脱脱无端受此厄运，只好奉命交出兵权，被押送西行。最终，脱脱死于小人之手，被毒死在吐蕃境内。

但元帝这次临阵换将，犯了兵家大忌。大军突然无主，一时四散，张士诚乘机反攻，大败元军，随之迎来了他此生中最大的命运转机。而

---

① （清）顾苓《塔影园集》，李花蕾点校，华东师范大学出版社，2014年版，第115页。
② 《明史》卷一百二十三《张士诚传》，中华书局，1974年版，第3692页。
③ 《元史》卷一百三十八《脱脱传》，中华书局，1976年版，第3346—3347页。

经过这次波折，元军对于起义者的压倒性优势不复存在，从此只能依靠地主武装来对义军作战了。各路起义军由此得以复振。

后来，又经过了十余年的争战，一个新的明政权取代了元，成了中原大地的新的主宰。

等到这一切都完结之后，我们才有机会平心静气地看到：和许多强大的政权最终丧亡是相似的，元朝之败的根本原因也不是来自它的敌人，而更应该从它的自身找到原因。宋濂等人认为：

> 议者往往以谓天下之乱，皆由贾鲁治河之役，劳民动众之所致。殊不知元之所以亡者，实基于上下因循，狃于宴安之习，纪纲废弛，风俗偷薄，其致乱之阶，非一朝一夕之故，所由来久矣。不此之察，乃独归咎于是役，是徒以成败论事，非通论也。设使贾鲁不兴是役，天下之乱，讵无从而起乎？[1]

这种看法不无道理，因为贾鲁治河，出于国计民生，堪为后世法，为百年利，其患在"元之政不足善河工之后耳"[2]。

关于元朝覆亡事，《剑桥中国辽西夏金元史》的理解与我们的看法略有不同：

> 对于元朝垮台的主要因素及一系列原因，将来肯定还要有长时间的研究与争论。但我们也要记住，从任何意义上说，元朝在历史上都不是盲目力量的牺牲者。1368年，元朝是被一个意识上极端、道德上激进的革命运动赶出中国的。反抗

---

[1] 《元史》卷六十六《河渠三》，中华书局，1976年版，第1654页。
[2] 孟森《明史讲义》，中华书局，2009年版，第23页。

者们以坚定不移的决心，进行了艰苦的斗争，付出了不懈的努力。他们利用14世纪五六十年代元政府一切明显的弱点，从而使自己看到了一个和平安定的中国的前景。元朝政府本身也曾有机会去获得这种远见，但它却令人不解地没有这么做。如此看来，元朝的最终倒台是因为明朝的开创者决意要它如此。

其实，只要对照历代兴废之事，我们便可以明确地知道，在晚期统治者的无能、贪婪、荒淫方面，元顺帝未必就是最彻底的一位。至少在至正元年（1341），在第一次任用脱脱为右相期间，他支持"脱脱更化"，颇似有一番振作。这一时期，推行了一系列励精图治的改革新政，包括：恢复了被伯颜停掉的科举，减免了百姓所欠缴的田赋，放松了不许汉人南人骑马养马的禁令，平反冤假错案，置宣文阁，开设经筵，请著名学者进宫讲经授课，改革选任官吏的制度，设局纂修辽金宋三朝的史书，从而使朝政为之一新。[①]而这一时期的脱脱之被中外"翕然称为贤相"[②]，与元顺帝确是大有关系的。

黄仁宇也认为，顺帝事实上是有权能的政客，"适于生存，富于弹性，愿意将就妥协，擅长利用一个人物或一种机构去平衡另一人物或因素……他对臣下的谏劝接纳与否，也不追究进谏人，我们想象以当时宫廷处境之艰难，妥欢贴睦尔（妥懽帖睦尔）只能将就现实。他固然没有领导能力，可是要不是他的机警圆滑，也绝难在位如是之久"[③]。

而罗贯中究竟是在什么时候加入了张士诚幕府？我们完全可以想

---

[①] 朱耀廷《蒙元帝国》，第260页；黎东方《细说元朝》，第233页。
[②] 《元史》卷一百三十八《脱脱传》，中华书局，1976年版，第3343页。
[③] 黄仁宇《赫逊河畔谈中国历史》，九州出版社，2015年版，第191页。

象,就在脱脱被元帝免官,张士诚奇迹般地逃脱了一次濒临覆灭的危机之后。这是至正十五年(1355)以后的事。从这一年开始,一直到至正二十三年(1363)张士诚独立为吴王之日,大批士人基于各种原因加入了张士诚阵营。后来被传为罗贯中之师的施耐庵或许便在此前后与罗相识。

关于罗贯中为施耐庵门人的说法,首见于明胡应麟《少室山房笔丛》卷四十一《庄岳委谈下》:

> ……元人武林施某所编《水浒传》,特为盛行;世率以其凿空无据,要不尽尔也。余偶阅一小说序,称施某尝入市肆,绅阅故书,于敝楮中得宋张叔夜《禽贼招语》一通,备悉其一百八人所由起,因润饰成此编。其门人罗本亦效之为《三国志演义》,绝浅陋可嗤也。[①]

还有一份争议较大的《施耐庵墓志》,在涉及施、罗关系时也持此说。此文出于明王道生之手:

> 公讳子安,字耐庵。元末赐进士出身,官钱塘二载,以不合当道权贵,弃官归里,闭门著述,追溯旧闻,郁郁不得志,赍恨以终。公之事略,余虽不得详,可以缕述;公之面目,余虽不得见,仅想望其颜色。盖公死之年,七十有五,而余尚垂髫。及长,得识其门人罗贯中于闽,同寓逆旅,夜间炳烛畅谈先生轶事,有可歌可泣者,不禁相与慨然。先生

---

① 朱一玄、刘毓忱编《三国演义资料汇编》,百花文艺出版社,1983年版,第231页。

之著作，有《志余》、《三国志演义》、《隋唐志传》、《三遂平妖传》、《江湖豪客传》(即《水浒》)。每成一稿，必与门人校对，以正亥鱼，其得力于罗贯中者为尤多。呜呼！英雄生乱世，或可为用武之秋，志士生乱世，则虽有清河之识，亦不得不赍志以终，此其所以为千古幽人逸士聚一堂而痛哭流涕者也。先生家淮安，与余墙一间，惜余生太晚，未亲教益，每引为恨事。去岁，其后人述元先生移柩南去，与余流连四日。问其家世，讳不肯道；问其志，则又唏嘘叹惋；问其祖，与罗贯中所述略同。呜呼！国家多事，志士不能展所负，以鹰犬奴隶待之，将遁世名高。何况元乱大作，小人当道之时！先生之身世可谓不幸矣！而先生虽遭困顿，而不肯卑躬屈节，启口以求一荐达。闭户著书，以延岁月，先生之立志，可谓纯洁矣。(墓志只此，下已剥蚀。)

(据胡瑞亭《施耐庵世籍考》转录，民国十七年十一月八日《新闻报》)[①]

关于施耐庵的生平，其舛误和不可考的成分似还大于罗贯中。鲁迅在《中国小说史略》中谈及《水浒传》时，疑施耐庵为托名："现存之《水浒传》实有两种，其一简略，其一繁缛……又简本撰人，止题罗贯中，周亮工闻于故老者亦第云罗氏，比郭氏本出，始著耐庵，因疑施乃演为繁本者之托名，当是后起，非古本所有。后人见繁本题施作罗编，未及悟其依托，遂或意为敷衍，定耐庵与贯中同籍，为钱塘人(明高儒《百

---

[①] 朱一玄、刘毓忱编《三国演义资料汇编》，百花文艺出版社，1983年版，第229—230页。

川书志》六），且是其师。"①胡适的《水浒传考证》也有类似的推测之语，认为施耐庵大概是"乌有先生""亡是公"一流的人，是一个假托的名字，很可能是明中叶"一个文学大家的假名"。

鲁迅和胡适之言，使我们加大了对罗、施关系的质疑。

张士诚据吴长达十余年。至正二十三年（1363）九月，张士诚自称吴王。次年正月，朱元璋也自称吴王。天下两吴不并立，到至正二十七年（1367），张士诚就覆灭了。这些事发生的时候，罗贯中的年齿在三十岁到五十岁之间，正是一生中最为紧迫地想要建功的时期。但遗憾的是，张士诚本非雄略之主。虽"设学士员，开弘文馆"纳士，却不知如何用士，所谓"士有至者，不问贤不肖，辄重赠遗，舆马居室，无不充足"，"动以金帛啖诱将士"，使贤者一眼即可见"士诚不足与有为"。至于在"身衣天下至美，口甘天下至味"之种种诱惑下而形成的"士之嗜利者，多往趋之"，"士大夫咸声随影附，争游其门以自效"，"凡不得志于前元者，争趋附之，美官丰禄，富贵赫然"，也只是一种热闹反常的繁荣表象罢了。我们知道胸有大志者皆重实质而虚表象，留助张氏既然无益于事，便只能另作他选。譬如高邮人马世杰，曾仕于张士诚，任浙东道宣慰使司，因感其不能有为，自身抱负无实现之机，便投靠了朱元璋，曾感叹："蝇不附骥，不能致千里；人不得所依，独能发名成业乎！"②

种种迹象都显示出来，罗贯中在张氏政权中的时间并不久长，而且才郁不得展，他大概因此而困苦过。我们从罗氏身份神秘而不为人周

---

① 鲁迅《中国小说史略》，《鲁迅全集》第十七卷，中国文联出版社，2013年版，第112页。
② 参见《明太祖实录》卷二五"吴元年九月己酉"条，钱谦益《国初群雄事略》卷七《周张士诚》，戴良《九灵山房集》卷一三《送董郎中序》，瞿佑《归田诗话》，苏伯衡《苏平仲文集》卷一二《温州卫中左所千户马公墓碑》等。

知推断，他滞留于张士诚阵营，无论仅仅是客居赋闲，还是直接参赞军机，其时长当不会超过十年（1355—1364）。否则，即便人事扰攘，以张士诚占据东南长达十余年的基业，也已在时间的洪流中留下了深长的擦痕，其手下能人将士，留名者亦众。最短当不会少过其中三年，否则他在刀戈峥嵘之际获得的经验尚不足以支撑他对于"战乱"二字之领悟。只是在反复的摇摆之间，他毕竟不能完全安于这种看似一团泡影的功业，终于选择了脱离张士诚阵营的樊笼。

总之，罗贯中并非愚忠之人，尽管他在自己创作小说的时候，会欣赏各类有奇才又能各为其主的谋士，哪怕所从非人。譬如袁绍帐下的田丰、逢纪之类即是。他一一生动地描绘了他们对这个不成器的主公的忠心。这些毕生未曾一展雄才的才略之士之所以能够赢得罗贯中的同情，应该与书写者自身的遭逢不无关系。

当罗贯中年轻的时候，尤其是从至正十五年（1355）开始到十七年（1357）年底，短短的数年时间，张士诚的势力处于前所未有的扩张时期，形势变得对他十分有利。元帝将脱脱从阵前解职，可谓戏剧性地挽救了张士诚的命运。张士诚牢牢地控制了苏州、杭州和长江以南其他六个人烟稠密的府城，为他后来的飞黄腾达打下了牢固的根基。而现在我们明白，在这三年中，张士诚所取得的成就，得力于那位最能干的弟弟张士德甚多。在张士诚手下诸将中，张士德无论气略节操还是胸怀抱负，均最为杰出。张士诚后来盘踞十一年的苏州就是张士德攻下的，时在至正十六年（1356）三月。非但如此，他还在前一个月攻下了常熟，这是他自至正十五年年底奉命带兵渡过长江以后夺得的第一个大城市。后来，在他的强有力的领导下，常州以东的一些州府陆续被攻克，他的战斗部队也南进到浙江北部。至正十六年夏天快要结束的时候，他甚至带兵攻进了杭州，尽管不久后就被迫撤出了。但是，由于他的作用，张士诚的割据性政权变得十分重要。

　　令人遗憾的是，张士德壮志未酬身先死。至正十七年夏，在张士诚与朱元璋交锋的时候，张士德不幸被俘，被解到南京，宁死不屈，最后在狱中绝食而死。①朱元璋曾经想利用他使张士诚屈服或合作，但倔强的张士德在狱中给他的兄长写了一封密信，其要点就是反对此事，并说如果是命运安排如此的话，宁可投降元王朝。而罗贯中以其后来的行止表明：他同样并未成为朱明政权的合作者。张士德或是出于某种倔强而不屈的性子（藐视使他成为俘虏的人），罗贯中则大半是在形势逐步明朗以后洞悉了朱元璋的性情使然。有的学者就曾经表述过这样的观点：在罗贯中所撰写的《三国志演义》中所弥漫的那种悲观情调，与其说是针对蒙古人的骇人残暴，毋宁说是对准白手起家的专制君主朱元璋。②

　　罗贯中的生年，或与张士诚相仿，在张士诚崛起的时候，他加入其中，为其事业的伸展或多或少出了一些力气，至于他在此期间所生出的用世的理想等等，或许有些微的实现。但是在张士德死后，整个张士诚阵营中，除了一两位将军之外，多数人都干劲不足。一些鼠目寸光的人开始迷恋于物质的享受，而不愿意花大力气去逐鹿天下，这些人中，最主要的就是张士诚自己。如《剑桥中国明代史》记载：

　　　　他从一个热情的、活跃的、火气很冲的年轻人变成了一个四十岁就悠闲自在地寻欢作乐的人，希望别人替他维持日常政务。他可能比他的某些政敌——包括自我毁灭的元政权在

---

① 关于张士德的这些故事，亦可参见《明史》卷一百二十三《张士诚传》，中华书局，1974年版，第3694页。
② 浦安迪曾指出：清代徐渭仁较早地提出了这种见解，另赵聪《中国四大小说之研究》、王利器《罗贯中与演义》中也有相似的表述。参见［美］浦安迪《明代小说四大奇书》，沈亨寿译，生活·读书·新知三联书店，2015年版，第365页。

内——更有可能等待时机，而这种耐心可能会使他把帝位逐鹿到手。可是，他的主要对手不允许他那样奢侈无度。朱元璋是一个着了迷的至善至美的追求者，一个有干劲的当家人，总是想猎取大的目标，因而他最后能够抛弃他的红巾军身份，并得到了同样想指导他达到最后目标的儒士智囊团的信赖。

但是尽管如此，在脱脱死后，朱元璋正在储蓄和发展势力的时候，张士诚的扩张仍没有停止。至正十七年（1357）年末，他在经过反复的权衡之后走上了投降元朝的道路，摇身一变，成为元朝的太尉，开始扮演一个元政府的貌似忠诚的奴仆角色。这次投诚使他的地位更加稳固下来，其所掌握的权力渗透到了长江以北，甚至远达山东。作为回报，他每年由海路向大都运送漕粮十一万石[①]。当然，与元代漕运体系畅通时相比，这个数目是很小的，但即便如此，对于远在北方的名义上的统治者来说，仍极为重要。张士诚狡猾地利用了元政府对于"给养"的这份渴求心理，从中获得了很大的好处：

> 其中最大的好处是他的新社会地位在汉人社会——特别是精英阶层——的观照中被赋予的合法性。他的变节行为没有瞒过他们的眼睛，然而此后在他手下做官或者与他的官员交往就不那么危险了。他们也还抱有这样的希望：他可能接受精英阶层的指导，可能按照他们的标准进行治理，并且支持儒家和文人学士的理想。事实上他也做到了这一点，做得比当时中国的任何其他地区性政治领袖——不论是保皇派或者叛乱分子中的

---

[①] 《明史》卷一百二十三《张士诚传》，中华书局，1974年版，第3694页。

领袖——都要好得多。富庶的东南受战乱之祸的影响比较少,吸引了全中国四面八方的文人学士精英阶层。苏州、杭州和长江三角洲其他富庶的城市都享受着一种舒适、考究甚至奢侈的生活,而中国其他地方则大半在痛苦中煎熬。

张士诚与元廷的关系复杂多变,几度反复之下,也使人心离散。张氏起事以来,两度称王,除起兵之初称诚王外(后降元,改为太尉),到至正二十三年(1363)又称吴王,不再向元政府进贡,断绝了与元朝的关系。而就在张氏二度称王后,一些曾服务于张政府但并未将其看作长期依赖对象的士人便陆续辞去。如杨基(1326—1378)、鲁渊(1319—1377)等人。另据都穆《南濠诗话》记载:

> 张士诚据有吴中,东南名士多往依之。不可致者,惟杨廉夫一人。士诚无以为计,一日闻其来吴,使人要于路,廉夫不得已,乃一至宾贤馆中。时元主方以龙衣御酒赐士诚,士诚闻廉夫至,甚悦,即命饮以御酒。酒未半,廉夫作诗云:"江南岁岁烽烟起,海上年年御酒来。如此烽烟如此酒,老夫怀抱几时开?"士诚得诗,知廉夫不可屈,不强留也。

杨廉夫,即杨维桢,为活跃于吴越一带的当世名诗人。据孙小力《杨维桢年谱》:杨维桢与张士城麾下文武,均颇有交往,但自张氏自立吴王,便拒绝与吴政权相往还。[①]

张士诚为什么最终失败了?原因自然是多方面的,但张士诚的怠

---

① 孙小力《杨维桢年谱》,复旦大学出版社,1997年版,第272—292页。

于政事和所用非人,却使他的政权失去了根本性的上升动力。张士诚最初确实建起一个严厉的、依法办事的政府,但后来松懈下来了。其幼弟张士信和女婿潘元绍并非合适的执掌政务者,但张士诚却对他们委以重任。此二人渎职于其位,既贪婪又弄虚作假,因此将军队的士气和政府的法纪都毁掉了。张士诚麾下,本来便罗织了不少只知邀官求爵、浮华不实的好利之辈,自张士德殁后,受托掌权的张士信又重用黄敬夫、蔡彦文、叶德新等辈,因此事事蒙蔽,政事日非。至于张士诚麾下的野战部队,这时则主要由徐义、李伯升、吕珍三人统领,此三将军,被称为吴的"爪牙"。但这些人多无统军之能,以致军队纪律涣散,如一盘散沙。史载,张士诚的将帅们每逢攻战之时都会装病,以此索取财物赏赐。战事若不顺,他们就会弃阵地于不顾。因为战败,乃至丧师失地,也不会受到大的惩处。过后不久,复用为将,"上下嬉娱,以至于亡"[1]。

据《明史纪事本末》记载,早在朱、张之战前,徐达就曾对朱元璋说过这样的话:"张氏骄横,暴殄奢侈,此天亡之时也。其所任骄将如李伯升、吕珍之徒,皆龌龊不足数,惟拥兵将为富贵之娱耳。居中用事,黄、蔡、叶三参军辈,迂阔书生,不知大计。"[2]后来事情的发展,果不出徐达所料。

在这种情况下,我们能够想象到罗贯中所抱持的理想的破灭。他与周围的享乐的、破败的空气甚不调和。我们多次从《三国志演义》观察罗贯中的志向,因此能够知道罗氏的胸臆广阔,不大会相信他是那种纯为利禄而来的士人,所以,在这样日日的叹息中,应该坚持不了多久,罗贯中也就该离开了。

张士诚的故事,最后是以惨烈的悲剧告终的,这是至正二十七年

---

[1] 《明史》卷一百二十三《张士诚传》,中华书局,1974年版,第3694—3695页。
[2] 《明史纪事本末》卷四《太祖平吴》,中华书局,2015年版,第66页。

（1367）的事。但朱元璋早在至正二十五年年末，便开始发动了对张士诚的攻势，以求最后解决双方之间的长期争端。在此前两年，朱元璋采用了刘基之谋"士诚自守虏，不足虑。友谅……地据上流，其心无日忘我，宜先图之。陈氏灭，张氏势孤，一举可定。然后北向中原，王业可成也"[①]——在鄱阳湖大战中倾尽全力，彻底战胜了陈友谅，取得了他在建立明政权的征途中的最关键的一次胜利。张士诚本该利用这次天赐良机乘隙行事，可惜的是，如朱元璋、刘基、徐达等人预见，他却没有长远打算，硬是把机会白白错过了。历史总是有惊人的相似性，等到日后罗贯中拿起笔来绘制三国群英像时，我们从踟蹰于战阵危机前却临机不决的袁绍、刘表等人身上，何尝看不到张士诚的身影？

朱元璋胜利后，张士诚的厄运随之降临。明军采取了"剪其羽翼"的策略，先占据江北、淮东的张士诚地盘，之后再占领江南地区之城镇，形成对吴的核心区域苏州的包围，最后才对苏州进行攻击。在这场决战拉动帷幕之时，徐达受王命为大将军，至正二十五年（1365）十二月攻取泰州，至正二十六年（1366）四月攻克高邮，张士诚与朱元璋十余年的拉锯之局至此开始改观。紧接着，徐达攻下淮安、濠州、宿州、徐州等地，淮东便全入朱元璋版图。张士诚的吴军，此时便只能蜷缩于长江之南。吴军先前偌大的地盘，最终像被蚕食一般，一府一府地落在了朱元璋之手。

到了至正二十六年年底，朱元璋的军事计划推进得很顺利，张士诚节节败退。当浙江北部的湖州在十二月八日投降之时，杭州的吴军守将看清了形势，在一周后便随之而降了。明军紧接着开赴苏州，在十二月二十七日完成了对苏州的包围。

---

[①] 《明史》卷一百二十八《刘基传》，中华书局，1974年版，第3778页。

苏州之围长达十个月。这一场最后的决战之所以延续了这么久，与张士诚的顽强抵抗有关，因为这一次，他决意不降，无论来自明军一方的将帅们如何指天立誓，均不为其所动。在这次生死之战中，他亲自领军突围，可惜功败垂成。明军方面，在徐达统筹下，包括常遇春在内的九位将军协同作战，每人分别封锁一段城墙，经过惨烈的攻坚，终于把张士诚的防御彻底摧毁。明军在此期间于城外筑起了连绵不断的土工事，将全城团团困住，为恐吓敌方，"他们从特别建造的土台上把割下的人头、腐烂的尸体和其他东西都投向城内。燃烧的箭头和火箭都用来搞火攻，更标准的火炮则用来轰打城墙"。到至正二十七年十月一日，苏州被攻陷后，张士诚的群妾由其养子点火，集体于装满可燃物的云楼内焚身而亡，而后，嫡妻自杀。有两个幼子匿于民间，后不知所终。[1] 败亡无路的张士诚壮烈地自缢于宫中主殿，但被砍断了绳索而暂时活了下来，稍后便被囚往南京。但数日后，誓不归降的他仍然选择了自缢于囚室，时年四十七岁。

罗贯中或因为离开张士诚较早，所以他并未看到这位昔日吴王的末路，也无法一掬同情之泪，但是，从此事后来造成的震动来看，我们相信罗贯中是了然了一切的。乱世之中，胜王败寇，本来也没什么好说的。但是，无论是直接经历，还是间接地知道了这些故事，对于他今后转入写作领域之时的发挥，很难说没有什么影响。表面看来，张士诚是败在了朱元璋之手，但事实上，他的垮台，只是一个典型的死于安乐的故事。

而对身处战乱的百姓来说，无论如何，战争所带来的残酷性都算得上是一种天不悯人的悲剧。他们被动地接受了这种残酷，有时甚至玉

---

[1] 《明史》卷一百二十三《张士诚传》，中华书局，1974年版，第3696页。

石俱焚。罗贯中或者没有亲见这样惨烈的一幕，否则，他对于战争的描绘，当可趋向于揭露这种残忍，从而使整部著作，具有更加人性的成分。当然，他在写作《三国志演义》的时候，未尝没有思忖及此，譬如嘉靖本"卷之十八"——《诸葛亮七擒孟获》写到火烧藤甲军时，就曾经对即便是敌对的要降服的一方也流露出这种情绪：

> 第十六日，魏延引败残兵，来与乌戈国藤甲军对阵。兀突骨骑象当先，头戴日月狼须帽，身披金珠缨络，两肋下露出生鳞甲，眼目中微有光芒，手指魏延大骂。延拨马便走，后面蛮兵大进。魏延引军转过了盘蛇谷，望白旗处而走。兀突骨统引兵众，随后追杀。兀突骨望见山上并无草木，料无埋伏，放心追杀。赶到谷中，遇见数十辆黑油柜车。蛮兵报曰："此是蜀兵运粮道路，因大王兵至，撇下此车而走。"兀突骨大喜，催兵追赶。蛮兵争竞取之，将出谷口，不见蜀兵，只见山上横木乱石滚下，垒断谷口。兀突骨令兵开路而进，忽见前面大车小辆，装载干柴，尽皆火起，兀突骨大惊，慌忙退兵，听得后军大喊，报说谷口已被干柴垒断，车中原来皆是火药，一齐烧着。兀突骨见无草木，心不大慌，犹令寻路而走。只见山上两边乱丢火把，火把到处，地内药线皆着，就地飞出铁炮。满谷中火光乱舞，但逢藤甲，无有不着；无铁炮之处，粮草之车尽皆爆开，内有硫黄焰硝引火之物，那火光往来飞舞，将兀突骨并三万藤甲军，烧的互相拥抱，死于盘蛇谷中。孔明在山上望下看时，只见蛮兵被火烧的伸拳舒腿，太半被铁炮打的头脸粉碎，皆死于谷中，臭不可闻。孔明泣泪而叹曰："吾虽有功，必损寿矣！"这国之人，不曾走了一个。左右将士，

无不凄怆。①

但《三国志演义》终归不是什么反战小说，它是深刻地描绘政治军事方面的斗争和历史风云的小说，如果说要求它对我们有什么人性的启迪，未必与它的本意相符。

张士诚当年治下的领土，到一三九三年进行户口调查时，已注籍的约一千零三十万人。这个时候的罗贯中是否仍然活着并且仍生活在吴越一带，难有确论，但鉴于为数不少的文献都记载罗贯中为"越人"，则他起居于此当有很长一段时期，否则后世人不当留下他或是祖居于此的印象。但是，他又的确是客居，由"客伪吴"一语可证。好在，张士诚与日后立国权重时的朱元璋不同，对不肯为自己效力的人不会赶尽杀绝。但是，即便如此，他还是难逃败亡的厄运。因为张士诚最后的顽强抵抗，朱元璋对苏州特别怀恨，侥幸活下来的苏州人民从此便背上了异常沉重的赋税。

## 五、至正甲辰年

至正甲辰年（1364），已是元顺帝在位的第三十二个年头，再有四年，庞大无极的元政府统治中原的历史便要真正落幕了。这一年，至少已为中年的罗贯中与年仅二十岁出头的《录鬼簿续编》之著作者相遇在中国的南方。我们现在可以清楚地知道，距离这次相遇六十年之久，后者以八十高龄完成了这部在戏剧目录史上极具文献价值的书——《录

---

① 罗贯中《三国志通俗演义》，刘世德主编《罗贯中全集》（壹），三晋出版社，2011年版，第488页。

鬼簿续编》，罗贯中以其强烈的影像出现在写作者的视野之中。著者尽可能全面地回忆了罗贯中的籍贯、性情等等，并且以世事莫测的笔调记录了他们此后六十年的不曾相遇。

令人遗憾的是，罗贯中自此后不知所终，而这次相遇，也就构成了我们在六百余年后认识这位伟大文人的最早的资料。在后者漫长的追忆中，罗贯中被称为与其有忘年之交的好友，令我们可以想见的是，二人相遇时，年长的罗贯中已经颇经受了人生的种种风尘，至于《续编》著者，当时初涉社会，对于生命的理解远不及中年文士罗贯中深刻，因此在回忆中，他保持了对罗氏的一贯推崇。罗贯中则是性情孤高，后期又或许因为埋头著述，近于刻意地埋名避世，与许多文坛同道的交往也就断绝了。但命运的吊诡之处却正体现在这里。才高却又与人寡合的罗贯中正是因为后者的记录，方出现在了无数后人的视野之中。到了《续编》作者撰写这则小传的年代，当年的小友也已年迈，而较其年长远甚的罗贯中此时自然已去世有年。著者无限的叹惋之声，他又能听到多少呢？

而此时是公元一三六四年的中国元朝。在这个时候，章回小说并未真正兴起，那将要开创这一体例的人或许正在暗暗发奋。至于盛极一时的元杂剧，也已渐趋衰落了。当时整个中国的土地上似乎都笼罩着那种战乱之年的烽火。在中国南方的杭州一带生活的人们，由于割据者张士诚的好士之风，虽受烽烟波及，但总算比其他许多地域的日子都要好过一些。仅仅根据《录鬼簿续编》中"罗贯中"小传之记载，我们未知二人复会于何方。但《续编》涉及了此际贾氏的交游记录——如记汪元亨，"至正间，与余交于吴门"；记邾仲谊，"交余甚深，日相游览湖光山色于苏堤、林墓间"；记陆进之，"与余在武林会于酒边花下"——可知其时《续编》作者的活动范围是在吴越间，罗贯中与其匆匆复会之地，大概率当在苏州或杭州一带。①

前此一年发生的鄱阳湖大战中，陈友谅军被击垮，其本人中流矢死，友谅子陈理突围奔回武昌，到了一三六四年，陈理也投降了，陈氏建立的汉政权遂亡。张士诚联合陈友谅抗击朱元璋的最佳时机已失，他接下来要做的，便是只能以己独力与朱元璋进行最后的决战。这时的张士诚与元朝在谈判不成后也决裂了，愤愤然似有义勇之慨。

因此，在笔者正在展开的至正甲辰年，实质上正处于大战的前夜。是年小安定，但张氏大厦将倾，鹤唳风声，罗贯中却身影飘忽。让我们深可叹息的是，世事婆娑，究竟到哪里去安放一张文人的书桌呢？要探索罗贯中在至正甲辰年的思维轨迹是艰难的，但是借助《续编》作者的目光，我们多少能够探测到罗氏在大战前夕的二三心迹。寓居越地多年，但生平抱负几无伸展之机。他的身世也与出于青田名门的刘基大为不同，作为北客，罗贯中在南方的根基并不深厚，至于与张士诚政权的一些牵连，或许对经济生活略有补益，使其能够在战乱中获得粮米笔墨之资，但除此之外，似乎也不能做任何他想了。

朱元璋自立为吴王，建百官，也在至正甲辰年。所以，现在看来，这一年，倒像是上苍对此"小小人间"的一个划界。三十七岁的"真主"（即朱元璋）已然彰形无疑，张士诚虽逐鹿之心未死，但无缘于王业的罗贯中却俨然已取归去之态。自这一年往后，朱元璋事业根基更稳，三年后，张士诚被执，吴灭，稍后，方国珍降。到一三六七年九月间，朱元璋所据有的疆土，大体上就包括了全中国最为富庶繁盛、人烟最稠密的地区，即今之湖北、湖南、河南东南部及江西、安徽、江苏、浙江等

---

① （元）钟嗣成、贾仲明《新校录鬼簿正续编》前言，浦汉明校，巴蜀书社，1996年版，第26页。

地。①是年，徐达受朱元璋派遣统率兵马北伐，次年八月进入大都。北伐大军临城之际，闰七月，元帝逃逸，出奔上都，元朝在中原的统治历史就结束了。而朱元璋早在元帝北逃前半年多，即至正二十八年的正月，在应天即今南京称帝建国，国号大明。

这整个历程，一年一度，罗贯中应当都无比敏感地瞧在眼中。先是目睹大元江山破败得不成体系，再目睹天下群雄渐渐败于朱元璋之手，朱明政权要取大元江山于群雄之手的事实已昭然若揭。在此之前，虽天下事未定，但若罗贯中退出张士诚幕府的时间较早，加之张氏对士人宽宏，罗氏或有一段隐居著述的光景。但谈到罗贯中创作小说，更大的可能是在至正甲辰年之后。前引明王圻《稗史汇编》、清顾苓《塔影园集》等，可大致归纳罗贯中在一三五三——一三六四这十余年间的生命轨迹：是先有图王之志，或参与张士诚政权，待日后看清群雄争战形势，感觉天命有归，因此曾站在敌方阵营的罗氏便只能回归本源，是谓"书生有路，创作无涯"，一代小说宗匠就这样确定了后半生的事业重心——传神稗史。罗贯中是明于形势者，日复一日地看着朱元璋大事将成，张士诚终将败绩，而自己却又无力助其挽回，遂作小说，终为纸上虚妄之言——这确已是罗氏不得已的选择了。

总之，在至正甲辰年里，中年的剧作家、一个曾经"有志图王"的书生已在感世伤怀但绝不外露，而年轻的《录鬼簿续编》之作者，或游戏红尘或与前辈交游往还以积累自己的人生资本。罗贯中在这种偶然的相逢中看到了新旧替换的迹象，一个旧的人间必然过去，而新人们必然融入新的人生谋取各种机运。罗贯中或许已确定了安身之所，但更有可能无法完整地想象：在至正甲辰年之后，他的人生将何往？但他也不至

---

① 吴晗《朱元璋传》，岳麓书社，2012年版，第79页。

于完全沉闷无为地随波逐流。等到若干年之后，天下大定，但接踵而来的对于文人士子的镇压使无数人感到心中的凄苦之时，其人虽然隐迹山野或市巷中，却也能够意识到上苍赐予人类的命运是古今类同，并无多少进步——实质上，在朱元璋统治时期，对读书人来说，更有窒息感，是一种不可想象的退步。而罗贯中在这时写书，倒可以寻到心中深藏不露的动机。他发愤著述或在这一时期，而完成《三国》这部代表性巨著也大致便在洪武年间。

我们可以猜知的，在元末大乱的那些纷繁镜像里，并没有蕴含罗贯中所想表述的全部。三国志士尚存于后代唇齿之间，但明初严酷的政治却像要消泯士子们的口风。在现实的人生中并没有多少人们乐见的出口，那么把心迹寄予古事中，便不失为一个美好的选择。譬如，谢应芳《龟巢稿》卷一二《与孝章殷君书》中，便曾叹息乱世退隐山林、自得其乐的耕读生活：

> 士生斯世，固乐于得时行道，然有命焉，非力可致。当此之时，苟能有一亩之宫，可以栖息，卖金买书，教子共读，客至沽酒，剧谈古今，真乐事也。

但作为一个深切地希望入世以建功业的人，毕竟心中的怅惘之感难除。现在我们知道，罗贯中即便在离开张士诚后，也并未投奔朱元璋阵营。他终究未与朱元璋交集，或因在当时，他已然表现出对于世事的失望罢了。而就在他的汲汲于功名之志或许断绝的这个时刻，他与《续编》作者匆匆一会，旋即分别的至正甲辰年，《明史》中明确提及，朱元璋就曾经特设文武二科取士之令。六年后，即洪武三年（1370）八月，特设科举。且因中国初定，令各行省连考三年，又以官多缺员，举人俱免会试，赴京听选。这是对元代科举不兴的反拨。读书人似乎迎来了他们的春天。因此，对于罗贯中绝迹于一切仕途，我们便需要得到适当的解释。譬如认可贾仲明为《录鬼簿续编》作者的罗尔纲就认为：

> 罗贯中是个高才博学的人，如果他不是曾参加过与朱元璋为敌的农民起义，这正是封建时代读书人千载难逢的机会，尤其是在元代遭受压抑的文人扬眉吐气的时机，何至反深闭固藏起来，连忘年交的贾仲明时经五十八年竟不知道他的生死下落。贾仲明是明成祖朱棣在燕邸时的文学侍从，甚为宠爱，后居于兰陵（今山东峄县）。罗贯中与他断绝音问，也说明了彼此所走是截然相反的道路。我认为王圻说他"有志图王"，因为遇到了朱元璋才罢手，又有传说他曾经"客霸府张士诚"，都不能说是没有根据的。①

如果说罗贯中是因为曾经参与张士诚政权，而成为朱明政权的一个不合作者的话，我们还可以退一步说话，即便朱元璋正在事业攀升、并未完整地显现其雄猜一面的时候，始终抵触他的政权、拒绝出仕者数量也颇多，毕竟时世板荡，"士之出处进退，不可以不谨"。况"人生百年，遭此厄会，偷生为幸，何意功名乎"？

如秦裕伯，河北大名人，曾仕元，官至福建行省郎中，因遭元末世乱弃官，避居上海，张士诚据平江，曾派人往招，拒之不出。一三六七年，朱元璋命中书省檄起之，同样固辞未出。王子成，也曾仕元，为庆元路录事判官，及方国珍为行省左丞分治庆元，即辞官隐去。朱元璋下

---

① 罗尔纲《水浒传考证》，（明）罗贯中《水浒传原本》，贵州人民出版社，1989年版，第9页。

浙东，欲聘为己用，亦推辞不就。辞曰："为我谢元帅，属时多故，幕府不有异材不足与共济，我素迂，加以衰老，即强为元帅起，无益万分毫，幸勿复来。"①终究还是没有出仕。

而此时的朱元璋，与后来登基立国后的面目尚自不同。据《明史·太祖本纪》，我们可以看到朱元璋在渐渐坐稳了江山后，是如何一次次地向功臣举起屠刀的：

洪武十二年（1379）十二月，将右丞相汪广洋贬海南，赐死。②

十三年（1380）正月，诛左丞相胡惟庸，其党御史大夫陈宁、中丞涂节等皆伏诛。③坐胡惟庸案，死者甚众。

二十三年（1390）夏四月，吉安侯陆仲亨等坐胡惟庸党下狱。五月乙卯，赐太师韩国公李善长死，陆仲亨等皆坐诛。作《昭示奸党录》，布告天下。④

二十五年（1392）八月丙子，靖宁侯叶昇坐胡惟庸党诛。⑤

二十六年（1393）二月，凉国公蓝玉被诛。鹤庆侯张翼、普定侯陈桓、景川侯曹震、舳舻侯朱寿、东莞伯何荣、吏部尚书詹徽等皆坐诛。己丑，颁《逆臣录》于天下。三月壬戌，会宁侯张温坐蓝玉党诛。⑥

二十七年（1394）十一月，颖国公傅友德坐事诛。十二月，定远侯王弼坐事诛。⑦

---

① 孙作《沧螺集》卷三《东郊草堂记》，赵汸《东山存稿》卷七《孝则居士程君可绍墓表》，《明史》卷二百八十五《王逢传》《秦裕伯传》，苏伯衡《苏平仲文集》卷五《王子成传后序》。
② 《明史》卷一《太祖本纪》，中华书局，1974年版，第34、38页。
③ 同上，第34页。
④ 同上，第47页。
⑤ 同上，第50页。
⑥ 同上，第50、51页。
⑦ 同上，第52页。

二十八年（1395）二月，宋国公冯胜坐事诛。①

杀功臣之外，朱元璋对官吏管束十分严苛，士人做官战战兢兢，动辄得咎，除遇到事端而形成的大规模杀戮外，或因琐细小错，或干脆只因触皇帝的霉头也会招来严刑责罚。因此，官员每日上朝出门，便与妻子诀别，傍晚安全返回，便要互相庆贺又多活了一日。洪武七年（1374）时，茹太素便控诉说："才能之士，数年来幸存者百无一二。"②总之是杀得太多了。有的人做官做怕了，不想时时担心不测之祸，便要辞官归里，没想到又犯了朱元璋的忌讳，认为是大不敬，同样得受死刑。对拒不出仕者，朱元璋也狠下心来诛杀，可称开了这方面的先河。封建帝王的集权发展到这时候，已容不得一点反驳和不驯顺。如有贵溪儒士名夏伯启者，叔侄二人断指不仕，有苏州人才姚润、王谟，均受征不至，皆被诛杀抄家。③

当然，这些都还是后话。在至正甲辰年，罗贯中与《续编》作者的偶然复会，看起来对他的命运并无什么大的影响。但是笔者现在写作此传，却不能不以此时划界。因为作为对他前半生的观察，至此已经完结。此后，终其有生之年，再也没有可以确证的文字写下他的影踪。他的今后事迹的记录，至少得等到近百年之后，才在后世人迷离恍惚的追溯中开始显形。但所有的这一切，尽管在很久之后可以被我们慢慢地了解，对当事人来说，却并无丝毫意义。因为身尚在局中，至于未来如何，此后的人生中将经过多少微妙曲折的转换，当时一概不知。而上苍赋予人莫测的命运，却说不定正是造就他的现实人生的最好的契机。

身处乱世之中，罗贯中作为社会观察者的角色终究会显露出来，但

---

① 《明史》卷一《太祖本纪》，中华书局，1974年版，第52页。
② 同上，卷一百三十九《茹太素传》，第3987页。
③ 同上，卷九十四《刑法二》，第2318页。

在事情开始的时候，他也只能像大多数身处社会最底层的人一样，睁着一双疑窦丛生的眼睛，盯着这个巨无霸般的国家的某一个小小的局部。他准备讲述的那些故事早已被传诵多时，因为国家战乱无已，所以他后来终于讲出来的那些故事，也像是对整个社会的注解一般，贯穿着他的整个人生。尽管，依据现在极少的文人笔记的记载，我们能够简略地道出他介入社会及彻底转向职业写作的轮廓，但关于他走上写作之路的备细，却并没有任何材料可以准确地描绘。在他随着时代俯仰的前半生，社会的大震荡已经袭击了这个庞大帝国的每一寸土地，风起云涌的生活并不容他悠游卒岁缓慢度日，他即使有诸葛亮那样高卧隆中的想法，也没有任何迹象证明他曾经完整地获得了同样的契机。现在我们看《三国志演义》一书，至少有大半部书像是在为孔明一个人作传，但是终罗贯中一世，他不管有再大的雄心也毕竟没有做到像诸葛孔明那样。

不过，从他深味诸葛一生的悲剧来看，我们又何尝不可以从他的著作中读到他的心声。自《三国志演义》开始流传，文人罗贯中的形象就不只是他一个人的形象。作为一个说故事的人，他是承继者更是开创者的形象融合了他所讲述的故事中的许多人的影子。既然他有意无意地将自己的面孔深藏在了凡人俗世之中，那我们当无可怀疑，他本就是这些凡夫俗子的一分子。但对一个写作者来说，比他现实生命蕴含更多寓意的作品既已蒙称不朽，那他自然不失为一个伟大的人。关于前者，无须过多解释，而关于后者，从罗贯中在人物塑造上的用力来说，也能够看得分明。或可说，他本就自许过一番壮伟人生，只是因为没有在时代的风云变幻中找到一个合适的舞台而退居其次了。但从他的作品所选的内容和采取的宏大结构我们也足可知道，他的胸怀一直就没有降下来。他之所以选择作讲史的小说，其中当有深意存焉。

# 第四章 三国之史事[1]

## 一、董卓之乱

现在我们所谈论的三国,严格地来讲,即曹操奠基、曹丕始创之魏国,刘备创立之蜀汉[2],孙坚、孙策、孙权父子三代共创之吴国。其各自的建国年代,分别为:

二二〇年,曹丕通过禅让形式取代东汉政权,是年改元,称魏黄初元年,前后延续四百多年的大一统王朝——汉朝遂告灭亡。

二二一年,蜀中讹传献帝被害,于是刘备称帝,国号汉,改元章武。

---

[1] 本章叙三国史事,主要参考了《三国志》《后汉书》《资治通鉴》及《汉晋春秋通释》、马植杰《三国史》、[日]内藤湖南《外国人眼中的中国人:诸葛亮》等著作。
[2] 蜀汉,只是后世之俗称,当时刘备建国,仍称"汉",是为延续汉祚之意,后世史学家称此为季汉。

同年，孙权降魏，被封为吴王。但到了次年，便不奉曹魏正朔，而"改元黄武，临江拒守"①。

如此一来，到二二二年，便出现了三个年号，即魏黄初三年，蜀汉章武二年，吴王黄武元年。三国之形，于此年已成事实。

但吴国的真正建立，则要等到二二九年，以孙权正式称帝为准，吴人将孙权此举称之为"正尊号"②。是年，改元吴大帝黄龙元年，蜀汉遣使祝贺，双方会盟平分天下。

不过，若以三国政权各自建立完成方可称之为三国之始，却只能算是一种狭义上的理解。后代史学界及民间所认可的广义的三国概念，至少还需要提前三十多年，即从后汉末期的汉中平元年（184）开始算起。正是这一年爆发的黄巾起义，揭开了汉政权灭亡的序幕。

罗贯中创作《三国志演义》，"据正史，采小说"，在大的关节处，颇具史家意识。因此，中平元年，正是罗氏叙事的真正起点：

> 却说中平元年甲子岁，巨鹿郡有一人，姓张，名角。一个兄弟张梁，一个兄弟张宝。角，初是个不第秀才，因往山中采药，遇一老人，碧眼童颜，手执藜杖，唤角至洞中，授书三卷，名《太平要术》咒符，以道为念："代天宣化，普救世人；若萌异心，必获恶报。"角拜求姓名，老人曰："吾乃南华老仙。"遂化阵清风不见了。
> 
> 角得此书，晓夜攻习，能呼风唤雨，号为"太平道人"。中平元年正月内，疫毒流行，张角散施符水，称"大贤良师"。请符救病者，无有不应：令患者亲诣座前，自说己过，角与忏

---

① 《资治通鉴》卷六十九，岳麓书社，2009年版，第812页。
② 《三国志》卷四十七《吴主传》，中华书局，2006年版，第673页。

悔，以致福利。角有徒弟五百余人，云游四方救病。次后徒众极多，角立三十六方，分布大小方者，乃将军之称也。大方万余人，小方六七千，各立渠帅，讹言："苍天已死，黄天当立；岁在甲子，天下大吉。"令众以白土写"甲子"二字于各家门上；及郡县市镇，官观寺院门上，亦书"甲子"二字。青、徐、幽、冀、荆、扬、兖、豫，其八州之人，家家侍奉大贤良师张角名字。角遣大方马元义，暗赍金帛，结交十常侍封谞、徐奉以为内应。角与弟梁、宝商议云："至难得者，民心也。今民心已顺，若不乘势取天下，诚为万代之可惜！"梁云："正合弟机。"一面造下黄旗，约会三月初五一齐举事。遣弟子唐州，驰书报封谞。唐州径赴省中告变。帝召大将军何进调兵，先擒马元义斩之，次收封谞等一干人下狱。

张角闻知事发，星夜起兵。张角自称"天公将军"，弟宝称"地公将军"，弟梁称"人公将军"，召百姓云："今汉运数将终，大圣人出，汝等皆宜顺天从正，以乐太平。"四方百姓，裹黄巾从张角反者四五十万。逢州遇县放火劫人，所在官吏望风逃窜。何进奏帝："火速分头降诏，令各处备御，讨贼立功。"一面差中郎将卢植、皇甫嵩、朱隽各引精兵，分三路讨之。[①]

而黄巾之乱之所以爆发，又与桓、灵二帝失政带来的社会恐慌心理大有关联，当时正直的清流派知识分子受到禁锢，分别发生于桓帝末年和灵帝初年的两次党锢之祸，使当时海内的有为之士几乎被一网打尽，朝堂之上宦官专权，正义的声音微弱不闻，因此张角兄弟能够借助民怨

---

① 罗贯中《三国志通俗演义》，刘世德主编《罗贯中全集》（壹），三晋出版社，2011年版，第2页。

顺势而起。后来，黄巾之乱虽被很快镇压下去，但在剿灭黄巾的过程中，各种地方势力也各自因功而获得了快速成长。

不过数年时间，汉政权对全国局势的控制力便丧失殆尽。

黄巾初起这年，三国故事的几位主角（有史料记载其确切生年的），以长幼为序，其年龄分别如下：

曹操（155—220）三十岁；

孙坚（155—191）三十岁；

刘备（161—223）二十四岁；

鲁肃（172—217）十三岁；

孙策（175—200）十岁；

周瑜（175—210）十岁；

庞统（179—214）六岁；

司马懿（179—251）六岁；

汉献帝刘协（181—234）四岁；

诸葛亮（181—234）四岁；

孙权（182—252）三岁；

陆逊（183—245）二岁……

到了中平六年（189），汉灵帝于四月间驾崩，政局随之发生了更大震荡。先是少帝刘辩继位，何太后听政，宦官蹇硕谋立陈留王协，被大将军何进杀死。到了八月，何进诛杀宦官的计谋败露，复被宦官张让等设计杀死，袁绍、袁术等人趁机闯进宫中，尽诛宦官。九月，本应何进召而来的董卓奔入雒阳（洛阳），擅行废立，刘协遂取代少帝，被立为天子。十一月，董卓自立为相国。袁绍、袁术等出奔，一去渤海，一入南阳。曹操也被迫东逃至陈留。

年仅九岁的汉献帝沦为董卓的傀儡，从此汉王朝就是徒有其表了。

天下扰攘，皇室多事，不知所从。一八九年的年号也被改来改去，分别为灵帝中平六年，少帝光熹元年、昭宁元年，献帝永汉元年，最后又改回中平。因为反对董卓，关东州郡纷纷起兵，在很短的时间内，组成了讨卓联盟，袁绍被推为盟主。汉末天下大乱、群雄割据的大幕就此拉开了。汉天子虽名位尚存，但已无天下之实。

在此同时，汉天下被一点点地分割，一些有野心、有实力、有头脑的割据者在连天烽火中飞速壮大，而几个志存长远的政治家，也便在他们中间一个个地诞生出来，在彼此战与和的博弈中逐日、逐年地得到磨炼。直到三十年后，多数诸侯已在乱纷纷的争夺战中一个个地倒掉，天下势力被重新分布，三国格局最终形成。

其中仍然不乏伟大的人物想要使天下再度回归一统，可是由于三方胶着之势，终于在短期内不能成功。在中国整个历史长河中，这是唯一一个以三国之实并存于华夏的时期。又因为大分裂之局是由董卓之乱所彻底开启的，所以，现在也有一些学者将群雄合力伐董卓的初平元年（190）定为三国历史的真正起点。

但遗憾的是，讨伐董卓的盟军内部并不团结，除曹操等少数人外，多数部队各怀鬼胎，踟蹰不前，因此这次征伐并没有削弱董卓的势力，反使董卓"以山东兵盛"，动议将都城迁出雒阳（洛阳），西就长安。虽然群臣反对，但因为董卓的蛮横独断，迁都之事还是很快就付诸实施了。数百万百姓被驱赶，军队在后面声声催逼，人马践踏，加上饥饿和抢掠，很多人死去，沿途堆满了尸体。雒阳（洛阳）的宫殿、官府和百姓的住宅也都被焚毁。方圆二百里，转瞬间人烟尽灭，鸡犬不闻，如同人间地狱。[1]

---

[1]《资治通鉴》卷五十九，岳麓书社，2009年版，第692页。

董卓又命吕布发掘历代皇陵和公卿及以下官员的墓地，搜罗奇珍异宝。

以残暴不仁治理天下，做事几乎无所顾忌的人，虽然依凭武力在一时之间也获得了很高的权力，却总是不能长久。董卓从窃取最高权力到事败伏诛，仅仅短短的两年多时间。当时，他的残忍已经到了顶点，动辄杀人，刑罚被到处滥用，且手段极其苛酷。他曾经诱降北地反叛来的数百人，在大臣们参加的宴会间就行起刑来，先割掉叛者舌头，或断其手足，或挖去眼睛，或用大锅煮，未死者就在座位间跌足翻滚，参加宴会的人皆战栗不已，手中的筷子或汤匙掉到地上，而董卓却能冷血旁观，饮食自若。其威权所及，使跟从他的将领也变得小心翼翼，因为言语稍一有失，立即性命不保，血溅当场。

但董卓虽残暴，却也不无自知之明。他深知自己的性情易招来祸患，所以对吕布信宠有加，并且发誓待以父子之情。不过，滑稽的是，道理虽明，矫正却难，董卓仍然刚愎，偏激，性不忍事，吕布稍令其不满，便即刻翻脸。有一次，因为一点小小的不快，"卓拔手戟掷布"，吕布因此怀恨。愚蠢的董卓却无洞察，又令其守卫中阁。

吕布没有抵抗住美色诱惑，与董卓婢女私通，因此心中恐慌。司徒王允早在密谋诛卓，所以暗地里对吕布采取拉拢手段，吕布将自己差一点就死于董卓戟下的实情告之。王允见时机成熟，遂坦言欲诛董卓，邀吕布为内应。此时之吕布，因将卓认作"义父"，心中顾虑不安。王允遂称："君自姓吕，本非骨肉。今忧死不暇，何谓父子？掷戟之时，岂有父子情邪！"[1] 闻听此言，吕布心中便再无挂碍。

朝廷的黄门侍郎荀攸与议郎郑泰、何颙等人也都已经看到了董卓的

---

[1] 《资治通鉴》卷六十，岳麓书社，2009年版，第701页。

末路，曾私下谋划，将其视为"一匹夫耳"①，并且准备安排人将其刺杀。这次行动虽因消息泄露而失败，郑泰逃奔袁术，何颙、荀攸也被收监，但王允、吕布和仆射士孙瑞等人却用计诛杀董卓成功。这其中荀攸本为一代奇才，虽与何颙同被董卓关进监狱，何颙忧惧自杀，荀攸却言语举止如常，适逢董卓被杀，荀攸便被释放回家。后来，荀攸成了曹操的主要谋士。

初平三年（192）四月，董卓终于死在王允与吕布的合谋之下。死后，肥胖的身体流了满地油脂，看守尸体的官吏制作了一个灯芯，安放在董卓的肚脐眼中点燃，自夜亮到天明，持续了很长时间。

因除去董卓有功，王允被朝廷任命为录尚书事，吕布为奋威将军、持节、仪同三司，封温侯，二人同掌朝政。

但王允虽有智慧除去董卓，却并无政治手腕，此后在对董卓之余部的善后事宜上措置不当，因此激起了董卓部下将校的反抗。将军李傕等人听从了贾诩的计谋，收拢部队攻击长安，虽攻了八天仍未攻下，但在这时，恰逢吕布军中有人造反，到六月初一这天，叛者就将李傕等人的部队引导入城了。

李傕等人纵兵劫掠，吕布在城中与之作战不能胜，所以带领骑兵数百人逃出长安。王允顾念献帝，决心殉国，短短数日后，连同妻子儿女，一起被杀死。汉献帝落入了李傕等人手中，更加成为身不由己的木偶皇帝。

九月，李傕被任命为车骑将军，兼司隶校尉、假节，郭汜被任命为后将军，樊稠为右将军，张济为骠骑将军。四人都被封侯。李傕、郭汜、樊稠执掌朝政，张济出屯弘农。

---

① 《三国志》卷十《荀攸传》，中华书局，2006年版，第195页。

同年十月，为联结荆州刺史刘表作为外援，李傕、郭汜等人便任命刘表（142—208）为镇南将军、荆州牧，封其为成武侯，假节。①

## 二、荆州与益州

刘表坐镇的荆襄一带"东通吴会，西连巴蜀，南极湖湘，北控关洛"，形势十分险要，是争天下者势所必夺的关键。后世学者蔡方炳（1626—1709）将其称为"天下之要害"。多年之后，当北方局势稍稍安定下来，曹操便兵锋南指，直趋荆州。

但在汉初平元年（190），年已四十九岁的汉末名士、"八顾"之一、时任北军中侯的刘表刚刚被朝廷任命为荆州刺史时，天下大乱刚刚开始，一些日后方才真正抬头的英雄其时羽毛未丰，尚无暇他顾，刘表便在荆州名士蒯良、蒯越等人的辅佐下，得以从容地发展自己的势力。

初平二年（191），袁术也曾觊觎荆州，因此联合孙坚，使孙坚偷袭刘表州郡。但因孙坚轻敌冒进，中流矢而身死，军队败回，袁术也就无法战胜刘表。至此，南方势力在短期内已对荆州构不成大的威胁。时逢北方多务，因此像刘表这样只能在太平年代里坐到三公之位的人也侥幸地成为乱世中的一方诸侯。及至被任命为荆州牧，刘表获得了更大的政治资本。此后经过十年生聚，保境安民，建立学校，安定无事的荆州便成为众多学士的避难之所。

年仅十余岁的诸葛亮大约是在初平三年（192）到兴平二年（195）之间随同叔父诸葛玄来到荆州的，建安二年（197），叔父死后，诸葛亮

---

① 《三国志》卷六《刘表传》，中华书局，2006年版，第128页。

便躬耕于南阳①,隐居却不避世。就在陇亩之间,日后的"卧龙"孔明,慢慢地确立了自己的志向。

到建安五年(200),刘表攻占先前叛出的长沙,又向南攻取了零陵、桂阳,北边占据了汉川,"地方数千里,带甲十余万"②,势力达到了鼎盛。

建安六年(201),在北方已经难以立足的刘备南下来到荆州,刘表以上宾之礼待之。

到了这一年,日后将对三国局势产生深远影响的两个人物已经同在荆州,但当时诸葛亮仅仅二十一岁,比他年长整整二十岁的刘备也还暂时并不知道世间有孔明这样的人存在。作为一个年纪尚轻的有志之士,诸葛亮在耕读之余,一直在暗暗地观察时机。等到刘备感觉到了"日月若驰,老将至矣,而功业不建"③,因此在刘表处"慨然流涕"之时,诸葛亮在隆中草庐中仍以悠然之态抱膝而长吟。

但除了崔州平、石广元、徐元直、孟公威等少数友人,诸葛亮的大志并不为更多的人所知。

荆楚之地,藏龙卧虎,刘表近水楼台,却不能一一用之,所以虽然可以在一定时期内称雄江汉,但等到真正的对手到来时,无论是年已老迈的刘表本人,还是在其死后承其衣钵的幼子刘琮,除了束手就缚,都已别无良图。荆州易主后,果然成了天下争夺的焦点。

曹操当时已经独占鳌头,孙权虽年幼,但因承继父、兄基业,据有江东,所以自然不容小觑。曹操早有一统江山之念,而孙权听了鲁肃等人的话,也有吞噬荆州,全占长江,以为帝王之资的打算。当时,刘备

---

① 据《汉晋春秋》记载:亮家于南阳之邓县,在襄阳城西二十里,号曰隆中。
② 《三国志》卷六《刘表传》,中华书局,2006年版,第129页。
③ 同上,卷三十二《先主传》,裴注引《九州春秋》,第523页。

正在悄然崛起，但与曹操和孙权相比，刘备此时的处境更为微妙多变。

总之，三方势力角逐，搅动时代风云，遂使荆州在相当一段时期中再难安宁下来。

在刘表治下，荆州本是一方可以养民的土地，若以此论，则刘表功莫大焉。但天下动荡，刘表仅仅出于自守之愿而见机不决，志向不张，虽然拥有鼎立资本，但却无所抉择，没有更大的作为，显然不是理想的荆州之主。

荆州发展到鼎盛之时，袁绍和曹操相持，袁绍曾派人求助，刘表应允，但援军始终不到，而他也不帮助曹操。从事中郎韩嵩、别驾刘先都竭力劝说："如今两雄相持，天下之重在于将军。将军若想有作为于天下，等他们相斗到两败俱伤时，便可以起兵。如果无此心，也应该选择归附一方。但怎么能拥十万重兵，安坐而观望呢？这样，双方的怨恨必定都集于将军一身，想要始终保持中立是不可能的。"

到了建安十二年（207），曹操北征乌桓，刘备又劝刘表趁机袭击许县，但刘表同样不予采纳。后来曹操征北回归，刘表听闻，始有悔意，对刘备说："没有听你的意见，失去了一次大好机会。"但百折不挠的刘备并不以此为意："现今天下分裂，战事连绵，机会随时都有，哪里会有终极呢？若能应之于将来，那这次失误也就算不得多大的遗憾了。"

机会确实来得很快，但却已经与刘表无涉。刘表在次年就病死了。似乎在倏忽之间，新的历史篇章翻开，刘表的遗产被分割得七零八落，子孙后代流离失所。刘表泉下有知，怕也不能不反思自己的一生吧。

但在汉末、三国时期，像刘表这样的人，真是所在多有。这些人无一例外地，都遭遇社稷倾覆，身死败亡了。而当时真正的智略杰出之人，无不善于审时度势，因此能够在很大的程度上拨乱反正，影响着，并且一再地改变着时局。在这些人中，曹操、孙氏父子三人以及日后得到诸葛亮辅佐的刘备,都是经过大浪淘沙之后渐渐站定脚跟的少数,在天下形势渐渐分明之时,这三方势力也就逐个地稳定下来,在短时期之内,是无论何人都不能撼动的了。

但是,在这个结果出现之前,天底下想当皇帝的人又何止一个两个。像董卓,已经挟持了天子,其实际拥有的权力,是当时任何其他臣子都无法相比的,可是终究因为残暴不仁而死于非命。像袁术,已经在寿春(今安徽寿县)僭越称帝,可实际的力量却算不上特别强大,再加上本人奢侈荒淫,劳役人民,很快就将江淮间的财物耗尽,最后自己竟然困窘至死,算得上是一个滑稽角色。至于袁绍,也已经刻制了皇帝用的玉玺,其觊觎帝位之心根本难以掩饰。

即便是看似只图自守的刘表,在势力达到鼎盛时也已经不向朝廷进贡了,住宅服饰等也开始模仿天子。

而早在中平五年(188),为了应对王室多难之新局,太常刘焉最初因"四方兵寇,由刺史威轻,既不能禁,且用非其人,以致离叛"而对灵帝提出"宜改置牧伯,选清名重臣以居其任"的时候,已经埋下了日后群雄割据的伏笔。刘焉本欲向灵帝求请交趾牧一职,以避时难,但后来因为听取了侍中、广汉人董扶"京师将乱,益州分野有天子气"的说法,就改求了益州牧。同时被灵帝任命的两个州牧:太仆黄琬为豫州牧,宗正刘虞为幽州牧。"州任之重,自此而始。"[1]

董卓之乱发生后,韩馥与袁绍曾打算拥立刘虞为帝,因刘虞坚决反对而作罢。

刘虞此人,宽仁爱民,后来与公孙瓒积怨不和,却又无法制裁,最终败于公孙瓒之手,又被借机诬陷致死。

---

[1] 《资治通鉴》卷五十九,岳麓书社,2009年版,第682页。

同为汉朝宗室,但刘焉与刘虞不同。初平三年(192),刘焉便在益州之地谋求独立。其时五斗米教张鲁客居在蜀,张鲁母因传道,常往来于刘焉家,刘焉因此分别任命张鲁和另一五斗米教首领张脩以武职,令其合兵进攻汉中,杀死汉中太守苏固,断绝山间栈道,杀害朝廷派来的使臣,而在向朝廷上书时,却故意称"米贼断道,不得复通"。又假托他事杀死境内豪强十余人,镇压了继之而起的反击者。此后,刘焉独立为王的念头便越来越明显了,公然违反规制,制作了天子乘坐的车子千余辆。①

当时,刘表尚在荆州开拓,野心还没有达到像刘焉这么大的程度,所以在上奏皇帝的表章中会对刘焉在蜀的举动加以鞭挞,所谓"焉有似子夏在西河疑圣人"②这样的议论,自然能够引起朝廷的警惕不安。献帝将跟从自己在长安任职的刘焉的三个儿子中的刘璋派回,令其宣示朝廷的告诫之意,但刘焉将刘璋留在了蜀地,不再让他回归长安了。

三年后,刘焉与马腾等人共同谋划进攻长安李傕,但事败,刘焉的另外两个儿子刘范和刘诞因此都被杀死。这时,益州州府所在的绵竹城被雷击引发的大火烧毁。天灾过后,所有违制的车具都荡然无存。刘焉随之把州府迁往成都,不久,背上就生了毒疮,病死了。这是兴平元年(194)的事。嗣后,刘璋因为性情温和被益州大吏赵韪等共同推举,继其父掌管益州事。朝廷鞭长莫及,无奈之下只好下诏任命刘璋为益州牧。

但在整整二十年后,即建安十九年(214),刘璋在刘备的强大攻势下失去了抗拒之心,遂举城而降,三国的主角之一刘备因此得以进入成都,成为新的益州之主。正是以此为根本,刘备后来又攻占了汉中,并

---

① 《资治通鉴》卷六十,岳麓书社,2009 年版,第 699 页。
② 同上。

在建安二十四年（219）秋，进位称"汉中王"[1]。不久，因曹丕废汉，献帝被逼禅位给曹丕，次年，蜀中误传献帝被害，刘备就在诸多臣下的拥戴下登基称帝了。

因此，所谓益州有"天子气"之说，最后并非应验在刘焉的子嗣身上。

但是，刘璋虽才非人雄，却还能够体恤百姓，在出降之前，刘璋曾说："父子在州二十余年，无恩德以加百姓。百姓攻战三年，肌膏草野者，以璋故也，何心能安！"[2]算是对自己以平庸之身占据高位的一点喟叹，仅以此观之，便知其虽愚弱却守善言，"未为无道之主也"。

## 三、曹刘之间的分合及曹操的统一北方

在漫长的奔波的一生中，像刘备这样如同浪子一般的英雄一直在等待时机，但是等到时机真正到来时，他已经五十多岁了，幸运的是，他抓住了这些机遇，并在最后获得了成功。而我们现在得以观察刘备的一生，可以很确切地知道，跨有荆、益二州，是他获得基业的最关键的步骤。虽然后来荆州有失，但他总算保有益州，因此能够延续国祚四十余年。

正因为荆、益二州在刘备的事业中占据了最大的比重，所以，笔者在上文简略铺排了荆州和益州的故事。

但是，当我们仔细阅读刘备建国的历程时，总是不免感慨：即使是像刘备这样的枭雄，在群雄逐鹿的三国时期，也是经历了九死一生方才

---
[1]《资治通鉴》卷六十八，岳麓书社，2009年版，第792页。
[2] 同上，卷六十七，第780页。

真正拥有了自己的喘息之地。而且，在这个过程中，尽管刘备信念坚定，数十年中，志向如一，但有很多事情，也不免让人觉得侥幸。在很多将要决定生死成败的时刻，刘备都曾经丢弃过自己的妻子儿女，仅以身免。

在这些时候，他似乎像个孤身奋斗的人一样，无可仰赖。

在追随刘备的人中，很早就有关羽、张飞，后来又加上赵云，都是可以"万人敌"称之的熊虎之臣，但如果没有诸葛亮、庞统和法正等智谋之士的辅佐，结局如何，实是难以预料。

在这方面，最终成就三国事实的另外两大主角——曹操和孙氏父子都不像刘备那么大器晚成。尽管三方势力都是由于镇压黄巾之乱而登上了历史舞台，但刘备在此过程中所受到的重视程度却远不可同曹操和孙策、孙权之父孙坚相比。

起初，刘备曾因功被授予安喜县尉一职，但很快就被裁汰出局了。因为对此事深怀不满，刘备鞭打督邮（罗贯中在《三国志演义》中移花接木，将此事挪到了张飞身上），显示出其性情中不太为人所知的暴戾一面。此后刘备屡经波折，虽然名位不断上升，但论其实力，却直到孔明出山之前，都并未真正壮大起来。

而孙坚却早在中平四年（187），在讨伐长沙叛贼区星等人获得成功后，就被朝廷录其前后数功，封为乌程侯。这一年，孙坚年仅三十三岁。

至于曹操，更是在同黄巾军作战中"获益良多"。初平三年（192）十二月，曹操击败黄巾余党，收降士卒三十余万，男女百余万口，并从中选其精锐，编为"青州兵"[1]，从此便获得了飞速发展的资本。

---

[1] 《资治通鉴》卷六十，岳麓书社，2009年版，第704页。

到建安元年（196），曹操又做出了一生中最大的一次选择，奉迎献帝，并迁于许都①，从此走上了"挟天子而令诸侯"的道路。这一年，曹操四十二岁。

对于曹操这位三国时期最为雄略杰出，但也最为复杂多面的人物，我们似乎总是难以一种确定无疑的语调来谈论他。但是，在真实的历史进展的过程中，曹操作为一个最具备力量的人，其冠盖群雄的风范已经被无数事情所证实。曹操的一生，也是屡经磨难，戎马驰骋直到终老，在这一点上，同刘备不免有相通之处。但曹操胜于刘备的地方，却在于他对时势的把握和剖断上面。他既有总帅之资又深通谋略，当时真是罕有其匹。

但是，即便是曹操，一生中所经历的败绩也不在少数。尽管曹操善谋，麾下智士猛将如云，但他生前便屡屡受挫于刘备、诸葛亮、孙权、周瑜等人合力，身后自然更无法阻挡司马家族夺去曹魏江山。而历史于乖舛伸张之间所造就的千年奇局，便成为后来人讲说不尽的故事。

像刘备这样的人，一生败绩连连，但却依靠坚韧不拔的毅力，在将近垂老之年时，终于拥有了可以和曹操一争短长的实力。曹操本来就把刘备当作英雄对待，这时更将其视为生平第一大敌手。而刘备自从于建安四年（199）参与董承等人诛杀曹操的谋划，也就标志着再无可能回头。曹刘之间的分分合合，以建安四年为最后的分界。

在此之前，刘备虽然也助徐州陶谦抵抗曹操，并且在陶谦死后代领徐州牧，但因为吕布等其他势力的存在，曹操还是一度与刘备合作，共同攻杀了吕布等。这是建安三年（198）的事。此后，刘备随曹操到了许昌，被封为左将军。但此时的刘备，事实上却是生活在曹操的羽翼之

---

① 《资治通鉴》卷六十二，岳麓书社，2009年版，第723页。

下,不得不随时面对曹操的猜忌之心。刘备以韬光养晦之计度过了这段危机,直到次年,才借助奉命讨伐袁术的机会,离开了许昌。袁术被逼,坐困而死后,刘备就杀了徐州刺史车胄,留下关羽守下邳,行太守事,自己回到小沛。曹操派刘岱等人攻打刘备,被刘备击败了。这事发生于建安四年的十二月。

建安五年(200)春正月,董承等人的诛曹计划败露,参与其事的董承、王服、种辑都被灭族,刘备在这时就成了曹操最想除去的敌人。此时天下形势已到了一个大的转折期,董卓势力已全部被清除,张绣叛变曹操后,听从贾诩之见于建安四年冬十一月二次归附,公孙瓒也早在当年春季被袁绍攻杀。

袁(绍)、曹(操)、刘(表)三方之中,曹操本来必须面对两个敌人,但是袁绍如同刘表一般优柔寡断,因此错过了与刘备合击曹操的时机。等到曹操迅速出兵击败刘备,俘获其妻子儿女,又进军到下邳,擒获了关羽,袁绍才动议袭击许昌。但曹操这时已回到官渡,许昌也不再空虚,因此曹操可以集中兵力来和袁绍相持。

与刘表有所不同的是,袁绍的势力此时为天下最强,一身占据幽、并、冀、青四州,曹操则据有兖、豫、司隶三州。而曹操之所以敢以弱势之兵与袁绍相抗者,一因双方势力相接,已无迂回之地;二因袁绍相逼,亦不得不尔。袁绍因为天子在许,情绪上时常有反复。建安元年(196),曹操因为奉迎献帝之功,被任命为大将军,封武平侯,而袁绍被任命为太尉,封邺侯,地位在曹操下,袁绍深以为耻,发怒说:"曹操当死数矣,我辄救存之,今乃背恩,挟天子以令我乎!"[1]所以表辞不受。曹操深知必将与袁绍有一战,但不愿过早敌对起来,因此提出请

---

[1] 《三国志》卷六《袁绍传》,裴注引《献帝春秋》,中华书局,2006年版,第119页。

求，愿将自己的大将军之职让给袁绍。不久，曹操改任司空。

建安二年（197），袁绍致信曹操，言辞骄矜傲慢。曹操有心讨伐，但总感到力量不足，又担心袁绍侵扰关中，向西联合羌、胡，向南勾结蜀、汉，则自己便只能以兖、豫二州势力来对抗全国其他六分之五的区域。荀彧、郭嘉先以昔日楚汉争锋之事对答，认为曹操有十胜，袁绍有十败，若以智力胜之，则总有一天，袁绍会被打败，并建议派遣钟繇持节监督、安抚关中诸军，使其服从朝廷。曹操于是上表朝廷，派遣钟繇西去长安，稳定了韩遂、马腾等人，二人各派儿子入朝任职，充当质子。同年三月，由献帝下诏，令将作大匠孔融持节拜袁绍为大将军，兼督冀、青、幽、并四州。

但是，袁绍仍然担心天子离得太远，对自己多有不便。于是派出使者前去游说曹操，以许县潮湿低洼、雒阳（洛阳）残破为名，建议将都城迁移至鄄城，以使各方面得到保障。但是此议被曹操所拒。于是，袁绍帐下谋士田丰设计："徙都之计，既不克从，宜早图许，奉迎天子，动托诏令，响号海内，此筹（算）之上者。不尔，终为人所擒，虽悔无益也。"[①]袁绍没有听从。后来，经过连年攻伐，袁绍终于将公孙瓒消灭了，骄傲之心更甚于以往，对天子的进贡也日渐稀薄。部下有秘密劝进之人，袁绍将此事传示军中，进行试探，但僚属皆认为这是妖妄之言，于是袁绍将劝进者加以诛杀，以解脱自己。随后，袁绍便整兵十万、马一万匹，开始谋划攻袭许都。

经过如此多年往还，曹操与袁绍之间的情势更明。二雄必不能两存。现在，袁绍既准备发动了，曹操就进军黎阳进行扼守，又派遣臧霸带领精兵进入青州，捍卫东方，并留于禁屯兵黄河边守卫。这是建安四

---

[①] 《后汉书》卷七十四《袁绍列传》，中华书局，2007年版，第699页。

年（199）秋八月的事。九月，曹操还许，分兵守官渡。建安五年（200）二月，袁绍进军黎阳。数月后，又驻军阳武。到了八月间，袁绍军向前稍作推进，依沙丘结营。随后，双方便在官渡展开最后的决战。

发生于建安五年九、十月间的官渡决战，实属曹操与袁绍的全方位对决。此战后来成了曹操军事生涯中的得意之笔，而作为战败的一方，袁绍从此一蹶不振，不到两年就病死了。曹操作为三国时代卓越的军事家，其从谏如流、勇决过人的形象在此次战役中可以看得异常分明。而这一点，恰恰是"好谋而少决"的袁绍远不能相比的。

但是，此战之凶险，则非局中人所不能道出。当时两军对垒的时间既长，袁绍兵强粮足，曹操的士卒却少而困乏，军粮又几至耗尽，因此曹操写信给留守许都的荀彧，打算撤军回去。荀彧回信谏阻："绍悉众聚官渡，欲与公决胜败。公以至弱当至强，若不能制，必为所乘，是天下之大机也。且绍，布衣之雄耳，能聚人而不能用。夫以公之神武明哲而辅以大顺，何向而不济！"[1] "今军食虽少，未若楚、汉在荥阳、成皋间也。是时刘、项莫肯先退，先退者势屈也。公以十分居一之众，画地而守之，扼其喉而不得进，已半年矣。情见势竭，必将有变，此用奇之时，不可失也。"[2]

曹操采纳了荀彧之见，仍旧坚守壁垒，等待突破之机。

果然，不久之后，来自敌对阵营的许攸来降。曹操闻听消息，喜出望外，光着脚就迎出去了："子远（许攸字），卿来，吾事济矣！"其兴奋溢于言表。

不能不说，曹操的直觉非常敏感，许攸确实带来了奇计："公孤军独守，外无救援而粮谷已尽，此危急之日也。今袁氏辎重有万余乘，在

---

[1] 《三国志》卷一《武帝纪》，中华书局，2006年版，第12页。
[2] 同上，卷十《荀彧传》，第191页。

故市、乌巢，屯军无严备；今以轻兵袭之，不意而至，燔其积聚，不过三日，袁氏自败也。"①曹操大喜，遂当机立断，留曹洪、荀攸守营，亲自带五千兵进击乌巢，大破敌军，斩其守将，尽烧其粮谷辎重，就此取得了整个战役的决定性胜利。

是袁绍之失，成就了曹操之功。

许攸尚未降曹时，曾向袁绍进言趁此许昌空虚之际，派出轻骑，星行夜袭，则许昌可拔。攻克了许昌，即可奉迎天子讨操，或能一举擒之，则大事立济；即便一时做不到，也可使曹操疲于奔命，如此则曹操必败无疑。但袁绍不听。加之许攸家人犯法被捕，许攸一怒之下便临阵反水。

当此决胜之际，双方势力此消彼长间，袁绍仍不能正确决策，及时挽救，对于张郃提出的先救乌巢的计划也不予听从，而是派重兵进攻曹操军营，只派轻骑救乌巢。②等到张郃、高览急攻曹洪不下，而乌巢已失，张郃、高览就投降了曹洪。

到这个时候，袁绍之败就铁定无疑了。据《资治通鉴》记载："于是绍军惊扰，大溃，绍及谭等幅巾乘马，与八百骑渡河。操追之不及，尽收其辎重、图书、珍宝。余众降者，操尽坑之，前后所杀七万余人。"③胜败几乎在须臾间逆转，所谓兵败如山倒，盛极一时的袁绍岂能想到自己竟然会败于势力远弱于己的曹操之手？

在胜负未定之时，鉴于袁绍方的压倒性优势，曹方人士多有暗通敌方以求后路者，曹操在胜利后缴获的战利品中发现了这些书信，但却不予追究，而是一把火烧掉了事。曹操在这时显得异常宽仁："当绍之强，

---

① 《三国志》卷一《武帝纪》，裴注引《曹瞒传》，中华书局，2006年版，第13页。
② 同上，卷十七《张郃传》，第315页。
③ 《资治通鉴》卷六十三，岳麓书社，2009年版，第743页。

孤犹不能自保，况众人乎！"①

曹操在此非常之时表现出来的大度，使之前摇摆不定者的心彻底安定下来。等到曹操的危机过去之后，这些人就仍然继续为他效力，因为那些灰烬中隐藏的秘密再也没有被人提起，曹操的势力没有因此得到消解，反是在他的笼络之下，得以不断地加强。在双方旷日持久的磨合之中，曹操一步步地扩大着他的地盘，雄心和欲望都在上涨。后来，在他被野心的魔鬼扼住命运的咽喉之时，正是竭力劝他抵抗袁绍的荀彧表达出不同意见，但彼时曹操已不能相容，荀彧因此悒郁而逝。

另外，孔融和杨修也是死于曹操的疑忌。

在曹操这个人身上，糅合了太多复杂的看似难以调和的东西。譬如宽大为怀总是和奸诈权谋并存，精细的算计和嚣张冒险并存，诗人般敏感的心灵和残忍嗜杀的个性并存，因此，曹操在身后被指为奸雄，也并非单出于士子和百姓的好恶，其中实有来自他自身的荒唐逻辑。否则，若单以事业的格局来看，刘备和诸葛亮治下的蜀汉政权无论如何不能和强大的曹魏相比，但历代以来，人们却对刘备之仁、诸葛之智多加赞赏，而情感的天平很少会偏移到曹操身上。

曹操与袁绍在北方的相抗，在决定三国形势的早期，可以算得上是最大的事件了。而等到袁、曹之间的战争结束，则争夺天下的重心就更多地转移到了曹操和刘备之间。在强弱胜负的形成之始，天下庸人的议论多半都会偏向于强者，只有少数明智的人才能真正地领悟和洞彻时局。像曹操阵营中的荀彧、郭嘉、荀攸、司马懿等等，刘备阵营中的诸葛亮、庞统、法正，孙权一方的鲁肃、周瑜、陆逊等等，便都属于长着一双慧眼的少数人。

---

① 《三国志》卷一《武帝纪》，裴注引《魏氏春秋》，中华书局，2006年版，第13页。

对于曹操来说，幸运和不幸也是并存的，集中于他麾下的智谋之士再多，也终究没有防备司马氏的崛起，而对于刘备来说，庞统和法正都去世太早，因此，到了后期的争战，蜀汉人才就明显地难以为继了。

但是，再明智、洞达的人也不能预测事情的全部变化，譬如荀彧，虽能判断出久战胶着之时，形势便将逆转，所以寥寥几语便可以说服曹操，至于变化之机在于何人、何时，却难以料定。所以，从曹操对袁绍的决战中尚且有信心动摇的时候这一点来看，历史并非尽如我们的事后判断，似乎凡事皆出必然。曹操在官渡之战中之所以能够险胜袁绍，其实与许攸之叛极为相关。但许攸事，却几乎是发生于瞬息间的转换，即便是当事人自己，在身处茫然绝境时，又何尝能够想到小角色可以扭动大乾坤呢。

总之，经官渡之败，袁绍再无回天之力。而曹操自此后一路凯歌，终于在建安十二年（207）肃清了袁氏残余势力。这时曹操占据的土地，已经包括司隶州、豫州、幽州、并州、冀州、兖州、青州、徐州八州，几乎占了汉末十三州的三分之二。

## 四、赤壁

经过多年征战，汉末群雄多数已被淘汰出局，尚存的数位中，荆州刘表、益州刘璋、割据汉中的张鲁仅为守成之主，韩遂、马腾父子偏居西北凉州，虽不可忽视，但却都不具备争夺天下的实力。当时，在曹操心目中，刘备虽已寄寓荆州刘表处多年，且不受重用，却仍不失为生平劲敌。除此之外，最令曹操忌惮的，便是据有江东六郡的孙权了吧。

到了建安十三年（208）夏六月，汉罢三公，复置丞相、御史大夫。

曹操成为丞相。[①]七月,曹操南征。八月,刘表病亡,其子刘琮自知不敌,便举荆州而降。刘备于匆促之间获得消息,虽然愤怒,但也是进退失据,并无良法。从表面上看,刘备的命运与曹操在官渡之战时不无相似,若论其实力,却仍是大相径庭。彼时,曹操势力虽弱于袁绍,却尚有根本,如今之刘备却是辗转于别人的土地上谋求生机。袁绍后来的败北,其实有很大一部分原因是败在了其自大骄矜及判断失误上(包括许攸之叛)。战机一次次地错失,一手好牌终于被袁绍打烂,颓势累积,也就不可逆转。反观曹操,智计既优于袁绍,又加之从谏如流,行动力极强,所以可以战胜袁绍。

刘备与曹操的对抗,终归还是异于曹操对袁绍。须知刘备在此前,几乎总是败于曹操之手。而这次,他又是在猝然而至的危机面前与曹操相遇的。势力本就弱小,加之自身应对危机的能力也并不出色,所以,在曹操看来,总是打不垮的刘备,到这个时候,只要自己步步紧逼,也就差不多该走到末路了吧?后来的情形一度如曹操所料,刘备险些就被擒获。但令曹操没有想到的是,这次脱险之后,刘备这只不死鸟的霉运也就暂时告一段落了,此后,他便以让人想不到的速度飞快地发展起来。而且,曹操终其有生之年,非但不再能攻杀刘备,而且假如不借助孙吴之力,他也几乎很难在同刘备的作战中获胜。其中原因,不能不让曹操深思。

多年之后的汉中之战,曹操还败于刘备之手。这是刘备一生中与曹操作战唯一的一次胜绩。但就是这一次胜利,将刘备的势力推向了顶峰。如果不是后来曹操及时地改变了应对之策,联合孙权,攻灭关羽,则曹操奋斗多年的根基或许真有可能毁于刘备之手。

---

[①] 《资治通鉴》卷六十五,岳麓书社,2009年版,第761页。

而造成这一切变数的起点,便是建安十三年(208)的赤壁之战。

在三国历史中,建安十三年实在是一个独特的年份。在这一年中发生的事情对后来的形势影响之大,并不为当时身在其境的多数人所察。尤其在曹操看来,荆州已经不战而下,难免有些志得意满。曹操的这种情绪,在他写给孙权的信件中表露无遗:

> 近者奉辞伐罪,旄麾南指,刘琮束手。今治水军八十万众,方与将军会猎于吴。①

信中,威胁之意十分明显。

由于对自己实力的过分自信,曹操当时应有一种异常明确的感觉:天下大局将定,自己的一生征伐,至此也终于该画上句号了吧。他既一直不相信孙权和刘备可以真正地联起手来,而且对于孙权畏惧自己这一点也是坚信无疑,所以,他不只写了一封威胁信,而且他和他的许多部下都固执地相信,在这个时候,如果刘备胆敢投靠孙权,必然为孙权所杀。

当然,后来的事实证明,这种判断是大错特错了。

不过,曹操的威胁之语确实发生了作用。孙权将信件公示于群臣,包括张昭在内,众臣多怀惧意,觉得非降不可免于难。其论辞曰:"曹公豺虎也,然托名汉相,挟天子以征四方,动以朝廷为辞,今日拒之,事更不顺。且将军大势,可以拒操者,长江也。今操得荆州,奄有其地,刘表治水军,蒙冲斗舰,乃以千数,操悉浮以沿江,兼有步兵,水陆俱下,此为长江之险,已与我共之矣。而势力众寡,又不可论。愚谓

---

① 《三国志》卷四十七《吴主传》,裴注引《江表传》,中华书局,2006年版,第664页。

大计不如迎之。"①

但孙权却非刘琮之流,所以,众人之议不可能与他的思维合拍。

而且,当时在场的鲁肃也不同于蔡瑁等人,但他并没有当场反驳张昭等一干重臣。等到孙权起身更衣,鲁肃就追了出来。

孙权看出了鲁肃有话要说,便异常郑重地握住鲁肃手说:"卿欲何言?"

鲁肃答:"向察众人之议,专欲误将军,不足与图大事。今肃可迎操耳,如将军,不可也。何以言之?今肃迎操,操当以肃还付乡党,品其名位,犹不失下曹从事,乘犊车,从吏卒,交游士林,累官故不失州郡也。将军迎操,欲安所归?愿早定大计,莫用众人之议也。"②孙权本为雄略之主,自然觉得"诸人持议,甚失孤望",而鲁肃对整体形势洞烛入微,在孙权看来,远胜于投降派的见解。

"今卿廓开大计,正与孤同,此天以卿赐我也。"

在鲁肃的建议下,孙权很快就将已经派到鄱阳公干的周瑜召回,共商大计。

周瑜和张昭,都是孙策临终时的托孤之臣。张昭重在综理内政庶务;周瑜则以军事统帅的角色执掌兵事,所以,在与曹战与和的问题上,周瑜的态度至为重要。而鲁肃之所以劝孙权召回周瑜,是因为他对于周瑜之见心知肚明。果然,周瑜一见孙权,便积极主战:"操虽托名汉相,其实汉贼也。将军以神武雄才,兼仗父兄之烈,割据江东,地方数千里,兵精足用,英雄乐业,尚当横行天下,为汉家除残去秽。况操自送死,而可迎之邪?请为将军筹之:今使北土已安,操无内忧,能旷日持久,来争疆场,又能与我校胜负于船楫间乎?今北土既未平安,加

---

① 《三国志》卷五十四《周瑜传》,中华书局,2006年版,第747页。
② 同上,卷五十四《鲁肃传》,第752页。

马超、韩遂尚在关西，为操后患。且舍鞍马，仗舟楫，与吴越争衡，本非中国所长。又今盛寒，马无藁草，驱中国士众远涉江湖之间，不习水土，必生疾病。此数四者，用兵之患也，而操皆冒行之。将军禽（擒）操，宜在今日。瑜请得精兵三万人，进住夏口，保为将军破之。"①

周瑜的态度非常明确。况曹操此举实属逆势而为，舍长就短，岂有不败之理？

孙权闻此言，态度变得坚决："老贼欲废汉自立久矣，徒忌二袁、吕布、刘表与孤耳。今数雄已灭，惟孤尚存，孤与老贼，势不两立。君言当击，甚与孤合，此天以君授孤也。"

当夜，周瑜复见孙权，再为其详述兵机："诸人徒见操书，言水步八十万，而各恐慑，不复料其虚实，便开此议，甚无谓也。今以实校之，彼所将中国人，不过十五六万，且军已久疲，所得表众，亦极七八万耳，尚怀狐疑。夫以疲病之卒，御狐疑之众，众数虽多，甚无足畏。得精兵五万，自足制之，愿将军勿虑！"孙权吃下了这颗定心丸，抚其背曰："公瑾，卿言至此，甚合孤心。子布、文表诸人，各顾妻子，挟持私虑，深失所望，独卿与子敬与孤同耳，此天以卿二人赞孤也。五万兵难卒合，已选三万人，船粮战具俱办，卿与子敬、程公便在前发，孤当续发人众，多载资粮，为卿后援。卿能办之者诚决，邂逅不如意，便还就孤，孤当与孟德决之。"②

总之，在曹操尚未意识到东吴除了张昭等人之外尚有周瑜、鲁肃存在的时候，失败的种子便就此种下了。若以官渡之战时曹操之明智，似不致如此错误地估计形势，但当时曹操已经五十四岁，而周瑜才三十四岁，鲁肃三十七岁，所以后来发生的一切都证明了就在不经意间，"青

---

① 《三国志》卷五十四《周瑜传》，中华书局，2006年版，第747页。
② 同上，第748页。

年打败了老将"①。各种势力此消彼长,每一个自认为杰出的人物都不肯轻易地抛弃自己的才华,因此,三国的历史才会如此复杂深沉,令人唏嘘感叹。

后人有云,自古人才之盛,未有胜于三国者。但是,如果不是站在争战者的立场,而只以历史大势论之,则不妨设想,假如曹操当年便以席卷天下之势兼并了孙吴政权,则刘备因无法与曹操独立相抗而从此不存,其结果岂非大异于后来我们所知。当然,如此一来,三国历史便不会出现了,这提前到来的治世对于当时百姓而言,岂非一大福音?② 须知后来发生的半个多世纪的争战,使无数黎民在英雄霸业的相争中死去,等到战事结束的时候,三国人口合计仍不足千万,差不多仅为汉朝人口极盛时的十分之一。铁血战火无情,岂是值得歆慕和反复称道的呢。当时,与北方士大夫经常联络的张昭等人在谈论此事之时,虽对曹操不免畏惧之心,但是否也可以理解为其人当时便抱了天下尽快归于一统之望,希望孙权能够顺应历史的大势,我们现在也已不可测知了。

但是,英雄辈出、扑朔迷离的三国历史,其最大的奇诡之处就在于这其中曾经深藏了无数让我们意外的拐点,而真正的结局却只有一个。多少杰出人物参与其中的事业,到后来终于形成了一些新的合力,将其扭转到了前人根本看不到的方向。等到这最终的出口展露出一丝曙光之时,很多英雄已经去世多年,像曹操、刘备、孙权、周瑜、鲁肃这些人,即使再洞达时局如神,也不一定能够意识到,在他们身后,历史是如何发展的吧。但是,为了使自己奋斗毕生的事业获胜,他们每个人,

---

① 吴晗《论赤壁之战里的周瑜、诸葛亮、张昭》,《历史的镜子》,天津人民出版社,2015年版,第173页。
② 裴松之即持此见。见《三国志》卷五十二《张昭传》,裴松之注,第725页。

都已竭尽自己的智能。

在此后数年，由于操方势力仍然占据绝对优势，曹操对孙刘联盟的认识仍然不足。他觉得依靠自己的力量同时击败孙刘是没有问题的，尽管实际情况不容乐观。孙刘两方尤其是原本基础薄弱的刘备发展迅猛，已经大大地超出了曹操的预计，但是要阻挡刘备的成功，曹操并没有做到。直到建安二十四年（219），恰逢曹操"弃守汉中，失利于西"，在荆州经营多年的关羽开始攻打樊城，兵锋凌厉，并借助"天降大霖雨"之机，水淹前往助战的于禁七军，擒杀猛将庞德，曹操至此才真正地感到了压力，甚至动议"徙许都以避其锐"。此时，丞相军司马司马懿和西曹属蒋济却都看出了当时形势背后潜藏的伏机，认为"于禁等为水所没，非战攻之失，于国家大计未足有损"，并提出了"遣人劝（权）蹑其后，许割江南以封权，则樊围自解"[①]的联吴策略。曹操纳二人之议。

所以，关羽后来的荆州之败，事实上便在此时埋下了伏笔。

关羽被孙权斩杀的次月，曹操也就去世了。

但是现在时间尚早，曹操的一生征伐正处于如日中天之际，孙刘双方都为曹操势焰所逼而上下不安，这种形势之下，势力最弱的刘备只能务求自保。即便后来与孙权联合成功，刘备仍有疑虑，所以才会故意迟延，留出两千人马，令与关羽、张飞会合，以留作后路。

在此之前，三国时代最为优秀的智谋之士诸葛亮也已经登场。由于他的谋划，刘备的狼狈之状很快就将改观。在以后的二十多年中，他的地位将变得越来越重要。

关于孔明出山，后来变成了三国历史中最为脍炙人口的经典故事。而故事中的主人公之一刘备当时已以枭雄之姿名满天下，身领汉左将军、

---

[①]《三国志》卷十四《蒋济传》，中华书局，2006年版，第272—273页。

豫州牧之职，却苦于没有一块土地立足，而只能依附于荆州刘表。刘表将刘备安排至新野驻军。为了真正拓展自己的事业，刘备听从荆州高士司马徽等人的指引，亲自前往诸葛亮隐居的隆中草庐，主客问对，刘备肃然求教："汉室倾颓，奸臣窃命，主上蒙尘。孤不度德量力，欲信大义于天下，而智术短浅，遂用猖蹶，至于今日。然志犹未已，君谓计将安出？"

诸葛亮答曰："自董卓已来，豪杰并起，跨州连郡者不可胜数。曹操比于袁绍，则名微而众寡，然操遂能克绍，以弱为强者，非惟天时，抑亦人谋也。今操已拥百万之众，挟天子而令诸侯，此诚不可与争锋。孙权据有江东，已历三世，国险而民附，贤能为之用，此可以为援而不可图也。荆州北据汉、沔，利尽南海，东连吴会，西通巴、蜀，此用武之国，而其主不能守，此殆天所以资将军，将军岂有意乎？益州险塞，沃野千里，天府之土，高祖因之以成帝业。刘璋暗弱，张鲁在北，民殷国富而不知存恤，智能之士思得明君。将军既帝室之胄，信义著于四海，总揽英雄，思贤如渴，若跨有荆、益，保其岩阻，西和诸戎，南抚夷越，外结好孙权，内修政理；天下有变，则命一上将将荆州之军以向宛、洛，将军身率益州之众出于秦川，百姓孰敢不箪食壶浆以迎将军者乎？诚如是，则霸业可成，汉室可兴矣。"[1]

这便是名垂史册的"隆中对"。根据史书记载，刘备殷殷三顾，方见到孔明真容。而隆中对策一出，刘备称："善！"于是刘备与亮，"情好日密"。因此事还使关羽和张飞不悦。刘备则如是解释："孤之有孔明，犹鱼之有水也。愿诸君勿复言。"羽、飞乃止。

此前，曹操虽然一直忌防刘备，但对于孔明出茅庐一事，却并没有真正放在心上。而在诸葛亮辅佐下的刘备，此时虽只有败残之兵，却仍

---

[1] 《三国志》卷三十五《诸葛亮传》，中华书局，2006年版，第544页。

能下定决心抗操。等到操军逼近之时,诸葛亮看出了己方处境的险恶,因此对刘备说:

"事急矣,请奉命求救于孙将军。"

但到了孙权驻军的柴桑,诸葛亮却没有任何求救之语。他采取激将法说服孙权:"海内大乱,将军起兵据有江东,刘豫州[①]亦收众汉南,与曹操并争天下。今操芟夷大难,略已平矣,遂破荆州,威震四海。英雄无所用武,故豫州遁逃至此。将军量力而处之:若能以吴、越之众与中国抗衡,不如早与之绝;若不能当,何不案兵束甲,北面而事之!今将军外托服从之名,而内怀犹豫之计,事急而不断,祸至无日矣!"孙权此时实力胜于刘备,所以很自然地反驳:"苟如君言,刘豫州何不遂事之乎?"然后,诸葛亮就说了一番大义凛然的话:"田横,齐之壮士耳,犹守义不辱,况刘豫州王室之胄,英才盖世,众士慕仰,若水之归海,若事之不济,此乃天也,安能复为之下乎!"

以孙权之明达,岂能不明白诸葛亮言语中的真正用意,但观彼刘备之隐忍坚毅,孙权还是颇受刺激:"吾不能举全吴之地,十万之众,受制于人。吾计决矣!非刘豫州莫可以当曹操者,然豫州新败之后,安能抗此难乎?"

刘备之败于当阳,固然与刘琮降曹有关,但急难危变之时,刘备应对迟缓自是无疑。诸葛亮等人本来提供了攻击刘琮、占领荆州的计策,刘备或出于不忍之心[②]没有采纳,而曹操却与之相反,紧急关头能够当机立断,不给对手丝毫喘息之机。幸有张飞,在当阳长阪桥,据水断桥,

---

① 因曹操曾命刘备为豫州牧,故名,但此时豫州为曹操占据,所以刘备只领此空衔,却并无实职。

② 有学者分析,此时刘备所谓"不忍"只是假象,其真实原因是度量形势后觉得不能为此。因考虑曹操很快将逼近荆州,刘备即使抢先夺下荆州,但仓促之际如何抵御,也是问题。参见张作耀《刘备传》,人民出版社,2015年版,第76页。

使刘备等人得以脱险南行，与关羽及刘表长子、江夏太守刘琦会合。

但是，即便如此，双方势力仍极悬殊。曹操当时已进军江陵，准备顺流东下。诸葛亮正是在这种情况下出使东吴的。当时，为了促成孙刘联盟，鲁肃也已在刘备军中，于是二人一同往见孙权。

尽管立场不同，但鲁肃意见与诸葛亮并无二致，孙吴联盟之形成，实赖于二人合力。

在心存疑忌、仍取观望之姿的孙权面前，诸葛亮自然不能有丝毫示弱于人的意思，所以他接下来的对答，如见孙权肺腑："豫州军虽败于长阪，今战士还者及关羽水军精甲万人，刘琦合江夏战士亦不下万人。曹操之众，远来疲弊，闻追豫州，轻骑一日一夜行三百余里，此所谓'强弩之末，势不能穿鲁缟'者也。故兵法忌之，曰'必蹶上将军'。且北方之人，不习水战；又荆州之民附操者，逼兵势耳，非心服也。今将军诚能命猛将统兵数万，与豫州协规同力，破操军必矣。操军破，必北还，如此则荆、吴之势强，鼎足之形成矣。成败之机，在于今日。"[1]

诸葛亮、鲁肃之谋，再加上周瑜此后更有对敌我双方兵力的详细对比，终于让孙权下定了决心。而三国鼎立之格局，也因为孙刘联手抗曹而日益显出端倪。在多数人都没有真正辨明形势的建安十三年（208）十月，一场由曹、孙、刘三方都参与其中的赤壁之战终于发生。此战是决定后来天下三分的标志性战役，也是整个三国棋局中的关键一着。此时刘备已从鲁肃计，进驻鄂县之樊口，而周瑜、程普被孙权任命为左、右督，鲁肃为赞军校尉，领军三万，会同刘备军并力破操。

孙刘联军在樊口会合后，便开始逆水而上，与曹军遇于赤壁[2]。双方在此展开决战。我们可以借古人之笔，详细地看看此战之始末：

---

[1] 《三国志》卷三十五《诸葛亮传》，中华书局，2006年版，第545页。
[2] 位于今湖北赤壁市西北，隔江与乌林（今湖北洪湖市东北）相对。

时操军众已有疾疫，初一交战，操军不利，引次江北。瑜等在南岸，瑜部将黄盖曰："今寇众我寡，难与持久。操军方连船舰，首尾相接，可烧而走也。"乃取蒙冲斗舰十艘，载燥荻、枯柴、灌油其中，裹以帷幕，上建旌旗，豫备走舸，系于其尾。先以书遗操，诈云欲降。时东南风急，盖以十舰最著前，中江举帆，余船以次俱进。操军吏士皆出营立观，指言盖降。去北军二里余，同时发火，火烈风猛，船往如箭，烧尽北船，延及岸上营落。顷之，烟炎张天，人马烧溺死者甚众。瑜等率轻锐继其后，雷鼓大进，北军大坏。操引军从华容道步走，遇泥泞，道不通，天又大风，悉使羸兵负草填之，骑乃得过。羸兵为人马所蹈藉，陷泥中，死者甚众。刘备、周瑜水陆并进，追操至南郡。时操军兼以饥疫，死者太半。操乃留征南将军曹仁、横野将军徐晃守江陵，折冲将军乐进守襄阳，引军北还。[1]

不出周瑜和诸葛亮所料，赤壁一战，曹操大败。整个战况与事前的分析差不多。战事未起，曹军已有疾疫发生，因此稍一接触，曹军失利，士气受阻；为克服士卒对水战的恐惧心理，曹操将船舰相连，等到火攻一来，避无可避；时值东南风劲，风助火势，使曹军防不胜防；再加之曹操自恃势大，轻信黄盖之降。此中最为要者，与曹操占领荆州后对形势的失察不无关联。因其失察，所以才轻敌冒进，而这种失察，在曹操身上本不多见。

但是，即只如此，曹操仍然付出了巨大的代价。

---

[1] 《资治通鉴》卷六十五，岳麓书社，2009年版，第766页。

## 五、三国的终结

经过赤壁之败,曹操已经意识到周瑜不可轻忽,但又觉其年幼,觉得其或可以被收服,因此秘密派遣九江人蒋干前去说降,"干以才辩见称,独步江、淮之间,莫与为对",但是结果我们都知道,曹操没有获得成功。周瑜雅量高致,对蒋干说出了君臣相处的理想境界:"丈夫处世,遇知己之主,外托君臣之义,内结骨肉之恩,言行计从,祸福共之,假使苏张更生,郦叟复出,犹抚其背而折其辞,岂足下幼生所能移乎?"[1]周瑜在东吴,与孔明后来在蜀中可有一比。此一点,诸葛亮自然深知。据《袁子》记载,张昭曾推荐孔明于孙权,但孔明不肯留。有人问及,孔明答:"孙将军可谓人主,然观其度,能贤亮而不能尽亮,吾是以不留。"[2]但是,向来有识人之明的曹操却没有理解周瑜和诸葛亮等人的真正心意,可见此时的曹操不但失察于形势,而且失察于人心。

顺便可以一提的,是罗贯中在《三国志演义》中,将蒋干深入周瑜营中会见周瑜事挪到了赤壁战前,周瑜因此得以使用反间计,以一封伪造的书信使曹操通过蒋干中计。曹操因为轻信了蒋干盗回的书信,误判水军将领张允和蔡瑁已经投降周瑜,从而自断臂膀,斩杀了允、瑁。虽

---

[1] 《三国志》卷五十四《周瑜传》,裴注引《江表传》,中华书局,2006年版,第749—750页。
[2] 裴松之认为袁子此言"失之殊远",原因如下:"观亮君臣相遇,可谓希世一时,终始之分,谁能间之?宁有中违断金,甫怀择主,设使权尽其量,便当翻然去就乎?葛生行己,岂其然哉!关羽为曹公所获,遇之甚厚,可谓能尽其用矣,犹义不背本,曾谓孔明之不若云长乎!"《三国志》卷三十五《诸葛亮传》,裴松之注,第546页。

不合史实，但与小说的逻辑却是相合的。

前文提及，赤壁战败之时，曹操已经五十四岁了，此役之失，终究使其并吞天下的志向受阻。自此开始直到十二年后曹操去世，他本以为唾手可得的江南土地却愈加稳固下来，终曹魏之世，孙吴政权都得以巍然屹立而不倒。至于刘备这个曹操最为忌惮的敌人，也因为在此战中与孙权联盟获胜从而势力大张，不仅从无到有地获得了荆州的大片土地以为立足根本，而且前所未有地得到了一些人才、军马，一时之间竟然到了使昔日盟友感到畏惧的地步。

像周瑜、鲁肃、诸葛亮，都是赤壁之战中孙刘一方的关键人物，因为他们的分工协作，从而使看似不可战胜的曹操竟然落败遁逃，而此三人，也因为敏感地把握住了时代大局，成了让后人歆慕不已的杰出人物。

可以说，以曹操之一世雄杰，当时的孙刘阵营确是倾其所有与之对抗，智勇之士，并皆用力，终于一战成功。

而在此前，曹操克复荆州之时，益州牧刘璋也曾派别驾张松向曹操致敬，表示愿意"受征役，遣兵给军"，但因为曹操对张松的轻视，造成了后来的大患。当时曹操的主簿杨修已经看出了张松的不凡，建议留下此人，但没有被曹操采纳。因此张松暗恨曹操，等到后来归川，曹操已遭赤壁败绩，张松便劝说刘璋断绝与曹操往来而结好刘备，由此有后来法正等人的迎接刘备入川之事。东晋时的习凿齿曾经不无感慨地说：

> 昔齐桓一矜其功而叛者九国；曹操暂自骄伐而天下三分。皆勤之于数十年之内而弃之于俯仰之顷，岂不惜乎！[1]

---

[1] 《资治通鉴》卷六十五，岳麓书社，2009年版，第767页。

因此，赤壁之战前后，实是决定后来天下大势的关键时期。曹操在此时连出错着，终究使自己一统天下的事业止于中途。在三方势力消长之间，曹操并吞八荒的气势开始受到抑制，而一直寄寓各处、叹息时乖运蹇的刘备终于可以抬头。

一个新的时代显然已经不可阻挡地到来了。

赤壁之战发生时，刘备也已经四十八岁了，历史留给他的机会已经不多。如果不是孙刘联盟大改了局势，以曹操对刘备的了解，断然没有再相容的道理。即便侥幸走脱，但天下归操，刘备又何来用武之地呢。所以，在刘备生命中的这一个阶段，诸葛亮为了和东吴的联合辛勤奔走，对蜀汉后来建立一番独立的基业真是功莫大焉。可惜的是，刘备一方，除了诸葛亮等少数人，真正能够强烈地意识到孙刘联盟之重要性的人并不多[1]，因此才有后来关羽的荆州之失以及刘备的夷陵之败。蜀汉经此两次损伤，元气大减，所以，尽管后来孔明竭尽所能，南定南中，北伐中原，却仍然没有达成恢复汉室的最终目标。

在此两次败绩中，关羽先败于吕蒙、陆逊联手之谋，刘备再败于陆逊之手。

但同盟者相残，而置当时最为强大的曹魏一方于不顾，总归是三国历史上最无意义的争战。其时曹操已经去世，魏已代汉而立，设若曹丕能够继承其父雄风，并不满足于孙权"称臣纳贡的表面胜利"，而是乘吴蜀两国交战之时，挥师击吴，则三国局势至此或已大改。这是三国历史中的又一大拐点。但是曹丕毕竟失算，任孙权安然度过了此次危机，等到后来吴蜀和好，曹丕两次兴兵伐吴，皆无功而返。

到了诸葛亮辅佐刘备的后期，三国的势力已经大体确定下来，至关

---

[1] 参见［日］内藤湖南《外国人眼中的中国人：诸葛亮》，崔金英、李哲译，东方出版社，2014年版，第103页。

羽失荆州，再到刘备丧亡，白帝托孤时，蜀之国力已经受到损耗，在三国中处于最弱的一方。但经过吴蜀战与和的反复，两国已经充分认识到若一味争战下去，魏国必将伺机取渔翁之利，从而使二国更快丧亡，所以经双方的共同努力，便再复联盟，从此修好，不复争战。这种三国鼎立的格局也就慢慢稳固下来。在此前提下，诸葛亮得以从容运筹，使蜀汉实力慢慢恢复。终三国之世，曹魏实力一直最强，即使孙刘合力，要想吞掉魏国，一时之间也难以成功。但如果曹魏一方不甘于征伐南方的失败，试图卷土重来的话，只要吴蜀相互借力，遥相呼应，魏国同样也是无计可施。曹操在世时如此，曹丕、曹叡时同样如此。

而三国之奇局，就胶着在这种三方势力的种种合作与争斗中，最终一直持续到了二六三年方才打破。这一年，蜀汉后主刘禅降魏，由刘备呕心沥血开创的江山拱手易主，诸葛亮的一生心血也终于付诸东流。

二六五年，曹魏政权被司马懿的孙子司马炎以与魏代汉相同的禅让形式获得，这一年，距离曹操去世，仅仅四十五年。而司马氏掌握曹魏大权，则早在二四九年，司马懿发动高平陵之变时即成为事实。由司马懿开始，司马师、司马昭兄弟相继专魏权达十六年之久。

魏、蜀相继灭亡之后，孙吴政权又与司马家族的晋政权独力相抗十五年，直到晋武帝太康元年（280），晋军攻下建业，吴主孙皓出降，吴遂亡。

## 六、三国之后

但是，三国虽成历史，故事却没有停滞。忠臣殉于国，义士殉于义，英雄归于尘土，九州再归一统，而那些曾经叱咤风云、智勇相较的史事并没有随着时间的推移被冲淡。因为晋的统治本来就很有问题[①]，因此也猝尔凋落了，随后南北分裂，华夏大地进入了一个更为漫长的混乱的时期。曾经在三国时代生活的一些人们，仍旧出于对这些历史人物的尊崇，而记忆着他们的名字。一些史学家出于对历史的忠诚而及时地记载了历史，一些文人学士，出于对这一场千年奇局的缅怀，而不断地对已经逝去的人物发出议论。在此期间，一些深刻地影响了时代局势和世道人心的英雄，慢慢地在人们的心目中活了下来，从而形成了足够丰富的三国故事。像诸葛亮的故事、曹操的故事、关羽的故事，尤其传唱广泛。而性格鲜明的张飞、刘备、荀彧、郭嘉、荀攸、孙坚、孙策、孙权、周瑜、鲁肃、吕蒙、陆逊等人物，都可以各成单元，被铺排、演绎、传承。

大约一千年后，这些绚烂多彩的故事终于要做一个总的汇结。而真正懂得三国这场奇局，感奋于各种人物的风神伟仪，又胸中颇具谋略，又笔下可书锦绣的一个著作者站了出来。他铺排了上述三国史上的主要材料，又依据民间传说加以自己的天才创造，对各个小说段落的细部加以充实和发挥，对人物进行量体裁衣式的塑造，对文字进行详略得当的把握和叙写，从而完成了集三国故事于大成的一部书。

这部书的名字叫《三国志演义》。这个著作者的名字，自然便叫罗贯中。

---

[①] 西晋之亡，是在公元 317 年，所以只算得上是一个昙花一现的政权。分析其灭亡之因，一是分封制失去控制后形成了"八王之乱"，二是北方气候灾异，草原民族被迫南迁。内乱不断，外族入侵，整个帝国也就摇摇欲坠了。

# 第五章 小说的成立

## 一、绝世轶才的人生退步

以元帝国之失落、明帝国之确立作为罗贯中人生中第三个分期的开端，在目前可以形成罗贯中生平判断的多数材料都付诸阙如的前提下，想来并无大错。如前文所述，罗氏著《三国》，所面对的宏大史实以及所要完成的传奇性讲述都并非一个不谙世事的书生所为，这是我们作为世人所习知的，由此我们断定罗贯中开始创作它的时候，必当到了各种积累兼备的生命的后半期。而观察罗贯中前半生所有的行事，或为"湖海散人"漂流四海与人结交，或怀抱"绝世轶才"有志图王但其志难展，总而言之，我们确信他虽有宏图但却并无机缘实现真正的图王之业。这或许是罗贯中之书生意气的失败，但此事自古皆然，历来征服世界者所拥有的最重要武器都不是笔墨纸张，王霸之业自有其复杂而嗜血的本质。

但是作为一个遥远的影像，在罗贯中的身上，其实综合了儒家学子、身在社会底层的流浪者、习熟军事的兵家等多种复杂的气质。尤其到了天下大势日渐分明的至正末年，罗氏当知图王事业已渺然不可为，则他要寻人生的退步，似乎也就只剩了"传神稗史"这一种可能。到了至正二十八年，即洪武初年（1368），罗贯中至少已在这进退失据的天地间度过了四十六个春秋。随着他在至正甲辰年的平淡影像逐渐隐入暮色，我们如想要在接下来的章节中叙述他的生平，将会变得更加艰难。

罗贯中的上半生是伴随着元代的终结而暂时落幕的。在此之前，他所有的努力都已如流水般逝去了。接下来，他还有若干年光阴好活，因为根据许多记载，他真正的文学创作多数都集中于他在有志图王的梦想被无情的现实打散之后，所谓"传神稗史"，恰好印证了他汲汲于纸上光阴，所谓"欲为小说家言"的漫长一生。但是各种阴差阳错，使他再也无法公开地行动于公众的视野。现在我们要进行罗贯中后半生的纪事，颇似要在浩渺洪荒的创世纪中进行开拓。迄今，我们能够见到的记录他写作了《三国志演义》的文献是在遥远的一四九四年方才写下的，而到了这些文字被印刷成正式的文本出现在世人的眼球中，则还要推迟到二十多年后的一五二二年。在元顺帝统治中原的最后四年中，对于中国元朝来说，由于政治和军事的连年衰败，天下事已难有所为。在元政权早已失去了统治力的中国南方，朱元璋已经把他生平中最具威胁的两大敌人陈友谅和张士诚都消灭掉了，他正在势不可当地真正崛起，一场改朝换代的斗争终于在随后的两三年中走向它的尾声。

现在我们判断，罗贯中大约正是在明洪武初年，开始了他实质上的隐匿生涯。当然，以罗氏的身份，虽在世间行走，但其时识者寥寥，所以，他之隐居倒不必如同戴良，但是，以他的性情和政治上的态度，他必须善加隐忍，否则不可能去完成自己理想中的著述。所以笔者推测，他似乎自此刻意地隐匿他的行踪。问题的所在，也正是出于这种矛盾而又不甘的心理，因为他对于世事，曾经有过那么诚挚的热爱，所以，在写作《三国志演义》之时，罗贯中至少表达了他对于隐逸一事的复杂的向往。譬如孔明之隐，是通过他的刻画而进入我们的想象空间的，而关于图王失败后的罗贯中之志，这段描绘似乎也可以视作一条线索了。尽管，这种从文本生发的观测，也并不一定就是"唯一的线索"。

罗贯中在《三国志演义》中描写孔明出山时，有一段关于隆中风物的深情描绘。我们大可认为罗氏的这番笔墨，既出于对这位力挽狂澜者的看重，又出于自身的性情。因为《三国志演义》整部书都在汲汲于事功，我们注意到作者很少会有流连于田园风光的时刻。但是，罗贯中借助刘备之眼所看到的隆中风光，几乎成了鲜见的例外：

次日，玄德同关、张二人，将带数十从者来隆中。遥望山畔数人，荷锄耕于田间，而作歌曰：

苍天如圆盖，陆地似棋局。世上黑白分，往来争荣辱。
荣者自安安，辱者定碌碌。南阳有隐者，高眠卧不足。

玄德闻其言，勒马唤农夫而问之曰："此歌何人所作？"农夫曰："此歌乃卧龙先生之所作也。"玄德曰："卧龙先生住于何处？"农夫遥指曰："自此山之南，一带高岗，乃卧龙岗也。岗前疏林内茅庐中，即孔明先生高卧之处也。"玄德谢之。行不数里，遥望卧龙岗，果然清景异常。后人单道卧龙居处，遂赋古风一篇云：

襄阳城西二十里，一带高岗枕流水。

高岗屈曲压云根，流水潺湲飞石髓。
　　势若困龙石上蟠，形如丹凤松阴里。
　　柴门半掩闭茅庐，中有高人睡未起。
　　修竹交加列翠屏，四时篱落野花馨。
　　床头堆积皆黄卷，座上往来无白丁。
　　扣户苍猿时献果，守门老鹤夜听经。
　　囊里名琴藏古锦，壁悬宝剑挂七星。
　　庐中先生独幽雅，闲来亲自勤耕稼。
　　专待春雷惊梦回，一声长啸分天下。[①]

此处所制诗词，算得上是情动于衷的笔墨。因为确如我们所知，孔明正是在玄德三顾之后整装离开了隐居十多年的隆中草庐，虽有顾盼回头隐居之意——

　　次日，诸葛均回，孔明嘱咐曰："吾受刘皇叔三顾之恩，不容不去也。汝可躬耕于此，以乐天时，勿得荒芜田亩。待吾功成名遂之日，即当归隐于此，以足天年。"均拜而领诺。[②]

但事实上却再无回头之日。诸葛均后来也随孔明入蜀。隆中乡下的隐居岁月成为此段绝世传奇中最让人流连回顾的部分。孔明后来任蜀汉丞相，鞠躬尽瘁，死而后已。杜工部诗云：

---

[①] 罗贯中《三国志通俗演义》，刘世德主编《罗贯中全集》（壹），三晋出版社，2011年版，第198页。
[②] 同上，第205页。

遗庙丹青落，空山草木长。犹闻辞后主，不复卧南阳。

读《三国志演义》到此处，思及孔明后来的命运，总是使人情动于衷，不能不落泪也。罗贯中在整部书中虽以"书卷气浓厚，笔墨更经济"的文法行文，但我们据此三顾之事判断他的心迹，那种英雄顾盼天地间的慨然之气早已隐于字里行间。关于隐世与入世的不同奥妙，罗贯中通过下列段落中的崔州平之口，也向我们予以披示：

忽见一人，神清气爽，目秀眉清，容貌轩昂，丰姿英迈，头戴逍遥乌巾，身穿青衣道袍，杖藜从山僻小路而来。玄德曰："此必是卧龙先生也！"慌忙下马，趋前施礼："先生莫非卧龙否？"其人曰："将军是谁？"玄德曰："豫州牧刘备也。"其人曰："吾非孔明，乃孔明之友，博陵崔州平是也。"玄德曰："久闻先生大名，请席地权坐，少请教一言。"二人对坐于林石之间。关、张侍立于侧。州平曰："将军欲见孔明何为？"玄德曰："方今天下大乱，盗贼蜂起，欲见孔明，求安邦定国之策。"州平笑曰："公以定国为主，虽是良心，但恨不明治乱之道。"玄德请问曰："何为治乱之道？"州平曰："将军不弃，听诉一言。自古以来，治极生乱，乱极生治，如阴阳消长之道，寒暑往来之理。治不可无乱，乱极而入于治也。如寒尽则暖，暖尽则寒，四时之相传也。自汉高祖斩白蛇，起义兵，袭秦之乱，而入于治也。至哀、平之世二百年，太平日久，王莽篡逆，由治而入乱也。光武中兴于东都，复整大汉天下，由乱而入治也。光武至今二百年，民交已久，故起干戈，此乃治入于乱也。方今祸乱之始，未可求定。岂不闻'天生天杀，何时是尽？人是人非，甚日而休？'久闻大道不足而化为术，术之不足而化为德，德之不足而化为仁，仁之不足而化为俭，俭之不足而化为仁义，仁义不足而化为三皇，三皇不足而化为五帝，五帝不足而化为三王，三王不足而化为五霸，五霸不足而化为四夷，四夷不足而化为七雄，七雄不足而化为秦、汉，秦、汉不足而化为黄巾，黄巾不足而化为曹操、孙权与刘将军等辈，互相侵夺，杀害群生，此天理也。往是今非，昔非今是，何日而已？此常理也。将军欲见孔明，而使之斡旋天地，扭捏乾坤，恐不易为也。"[1]

我们不能不说茅庐三顾是罗贯中以绝世才华创造的杰作，在整部书中，这是最具有华彩的章节之一。我们为孔明感叹迂回，正是因其幸与不幸也。但正史中的孔明，却与周瑜、陆逊等人难分轩轾，没有产生这么大的艺术感染力。罗贯中的主体情绪要往蜀汉一方集中，因此孔明的悲剧，其实是罗贯中以小说家的笔力完整地塑造的。

对崔州平的议论，刘玄德的回应：

> 玄德与关、张上马而行。云长曰："州平之言，若何？"玄德曰："此隐者之言也，吾固知之。方今乱极之时，圣人有云：'危邦不入，乱邦不居。天下有道则见，天下无道则隐。'此理固是，争奈汉室将危，社稷疏崩，庶民有倒悬之急。吾乃汉室宗亲，况有诸公竭力相辅，安可不抬乱扶危，争忍坐视也？"云长曰："此言正是。屈原虽知怀王不明，犹舍力而谏，

---

[1] 罗贯中《三国志通俗演义》，刘世德主编《罗贯中全集》（壹），三晋出版社，2011年版，第198—199页。

宗族之故也。"玄德曰："云长知我心也。"

这一段长篇辩论，或可视作罗贯中对平生事业的一番总结。罗氏之入世，亦如玄德和孔明之入世，罗氏之出世，亦如隆中隐士群之出世。当诸葛亮生存的时代，有刘备作为需要救助的恩主，但刘备同样亦为伯乐在等待着有管、乐之志的孔明，但在罗贯中的时代，却并无一个同样的赏识罗氏之才的恩主在等着同样怀抱不凡之志的罗氏。如果孔明不出，则世间无疑将无孔明这号人物存了。可见孔明之所以成为中国五千年来"最大的隐者"，概在于其后半生中成为三国以降"最辛劳的宰相"[1]。孔明之相业成就的不凡反衬了其高洁如山岳的隐士风范。可时代变了，到了罗贯中生存的十四世纪，罗氏却没有这样的幸运。

不过，罗贯中又是何等敏感的人，因此我们在阅读他的著作时，能够看到他对于士人命运的过分关注。以孔明出山为例，罗贯中依据陈寿《三国志》"凡三往，乃见"的简单记录及一些民间传说，加以自己天才般的丰富创造，演绎出了一出三顾大戏。非但对孔明倾心如此，有的学者还注意到了，罗贯中对于笔下士人的入仕问题始终保持了强烈关注的姿态。无论写到哪一个集团，均用相当多的篇幅集中而又突出地有意强化这方面的描写，从而将自己在入仕与归隐问题上的胸中块垒倾注其中。[2]

将罗贯中的图王之志与传神稗史的举动结合起来理解，非但出于明代王圻的笔墨，更是元明之际时代情绪的基本记录。在时移世易的大变

---

[1] 参见［日］内藤湖南《外国人眼中的中国人：诸葛亮》，崔金英、李哲译，东方出版社，2014年版。
[2] 关四平《三国演义源流研究》（修订三版），黑龙江教育出版社，2009年版，第243页。

局中，义勇之士谋求大有为于天下，智者洞悉进退出入之机，世间但凡有尺寸本领者，较之平常岁月，无疑更能体会到这种主客观的变化。我们在前文中不止一次提到，与罗氏同期，有一个孔明式的人物刘伯温，辅佐朱元璋定鼎天下，功在社稷。但后来刘伯温同样无法把握自己的命运，史载其间接死于朱元璋之手。[1] 而罗贯中以绝世轶才求得人生退步，不参与现实政治，对世事不再闻问，只是志在笔耕，由此能够退得十分彻底。但他用心写下的著作却并非方外之言。一部《三国志演义》事实上是中国世俗百姓了解历史大要、洞察人心教化的教科书。故此，我们不能不说，罗贯中了解自己的时代，他完整地复原了这个时代的心声。

## 二、从陈寿到罗贯中

罗贯中著《三国志演义》，其源头在西晋初年的陈寿。三国历史结束后，最早以史家笔墨录其事实的，便是陈寿所著的《三国志》。这一部书对罗贯中创作小说的重要，我们自不必多说。因为罗氏作这部历史题材小说，要求有源有本，所以首先署的也是陈寿的名字。这当是当时小说初起时小说家的谦虚。罗贯中虽然自称己著源于陈寿史传，而在事实上，陈寿所提供的材料并不足以支撑罗贯中的发挥。创作《三国志演义》时，罗贯中更多借重的，当是裴松之（372—451）为《三国志》补注的《三国志注》。

裴注写作的年代距离陈寿《三国志》成书已逾百年，其写注的动因

---

[1] 参见《明史》卷三百零八《胡惟庸传》、卷一百二十八《刘基传》，中华书局，1974年版，第7906、3781页。

便是因为《三国志》纪事过略。在裴松之生活的南朝刘宋年代，与三国史事相关的书籍存世者仍是很多，此前的陈寿因为其时司马家族当政，于很多关节处不便展开，而裴注恰好弥补了这一缺漏。《三国志》虽是独立成书，但《三国志注》却能在细微之处铺展，独出机杼，从而使这一注释体例光大发扬，因而裴注甫成，便也被誉为"可传不朽了"。

对于罗贯中取资甚多的《三国志》及裴注，因为体例相辅相成，所以，既各自巍然壮观，又确然不可分割，单以注释体例而成其大者，则裴松之可与陈寿比肩。志、注文字的体量悬殊不大[①]，其志正大庄严，其注征引繁富，确属各有风貌。学者论罗贯中随意翻检，就中只是随意选取有用的材料进行铺排，笔者并不以为然。现在我们读到《三国志演义》中的许多创造，大的关节处多依史实本相而来，并非凭心逞意、临空高蹈的无拘束笔墨，由此可知作者著书的谨严了。而这种谨严，若非熟读史书者，却又断难办到。如《三国志演义》卷八《献荆州粲说刘琮》中，王粲向刘琮进言，称颂曹操时有如下数言：

> 如某所闻，曹公乃人杰也。雄略冠时，智谋出众，摧袁绍于官渡，驱孙权于江外，逐刘备于陇右，破乌丸于白登，枭夷荡定者，往往如神，不可胜计……

而在"驱孙权于江外，逐刘备于陇右，破乌丸于白登"之下方，有作者小注：

---

[①] 据崔曙庭及王延洽的统计，《三国志》正文36.7万字，裴注32.1万字，相差仅4万余字。参见章惠康主编《三国志》（文白对照）序言，华夏出版社，2011年版，第5页。

已上三句，皆张隲虚伪妄作，非王粲本文，此裴松之所贬也。①

据此，则罗氏当熟稔《三国志》及裴注，在创作小说前，对其下过一番考究功夫。

从陈寿到裴松之再到罗贯中，历时千余年，三国故事在这个漫长的流传期内，到底发生了多少变化，实是难以尽数。从罗贯中在《三国志演义》中对《三国志》的征引和体味来看，笔者以为他实在算是三国故事的识者。《三国志》凡六十五篇，其中《魏书》三十篇、《蜀书》十五篇、《吴书》二十篇。该书述录史事的起讫年代，为汉灵帝中平元年（184）至晋武帝太康元年（280），共计九十七年事。后来通行的《三国志演义》版本，所取的故事主体的叙述时间也与此相合。作为史著，《三国志》要求于史有征，同《三国志演义》在艺术方面展开的追求却又大不相同。这是小说家与史学家所站的立场不同，因而所取的笔法相异。但身为历史小说的奠基之人，罗贯中仍是在遵循大的历史脉络的前提下完成了此书，正因此故，使这部书具备了"史"的品格。

陈寿字承祚，本为蜀汉巴西郡安汉县（今四川南充市北）人，生于蜀汉后主（刘禅）建兴十一年（233），卒于晋惠帝（司马衷）元康七年（297），终年六十五岁。

根据《华阳国志》卷十一《后贤志·陈寿传》记载：

陈寿……少受学于散骑常侍谯周，治《尚书》、三传，锐精《史》、《汉》。聪警敏识，属文富艳。初应州命，卫将军主

---

① 罗贯中《三国演义》（嘉靖本），岳麓书社，2008年版，第342—343页。

簿，东观秘书郎，散骑、黄门侍郎。大同后，察孝廉。为本郡中正。益部自建武后，蜀郡郑伯邑、太尉赵彦信，及汉中陈申伯、祝元灵，广汉王文表，皆以博学洽闻，作《巴蜀耆旧传》。寿以为不足经远，乃并巴汉撰为《益部耆旧传》十篇。散骑常侍文立表呈其《传》，武帝善之。再为著作郎。吴平后，寿乃鸠合三国史，著魏、吴、蜀三书六十五篇，号《三国志》；又著《古国志》五十篇，品藻典雅。中书监荀勖、令张华深爱之，以班固、史迁不足方也。出为平阳侯相。华又表令次定《诸葛亮故事》，集为二十四篇。时寿良亦集，故颇不同。复入为著作。镇南将军杜预表为散骑侍郎。诏曰："昨适用蜀人寿良具员。且可以为侍御史。"上《官司论》七篇，依据典故，议所因革。又上《释讳》、《广国论》。华表令兼中书郎，而寿《魏志》有失勖意，勖不欲其处内，表为长广太守。继母遗令不附葬。以是见讥。数岁，除太子中庶子。太子（转徙），再兼散骑常侍。惠帝谓司空张华曰："寿才宜真，不足久兼也。"华表欲登九卿，会受诛，忠贤排摈。寿遂卒洛下，位望不充其才，当时冤之。[1]

陈寿著《三国志》，约起于吴平之年，即晋武帝太康元年（280），是年，陈寿四十八岁。当时记录三国史事的著作，在魏史方面，已有魏人鱼豢私撰的《魏略》，西晋王沈的官修《魏书》出现；在吴史方面，有吴人韦曜（即韦昭）的官修《吴书》；蜀史方面，有王崇撰的《蜀史》、谯周撰的《蜀本纪》和陈寿亲自编撰的《诸葛亮》《益部耆旧传》。这些史书，再加以陈寿自己的采集，构成了《三国志》所依凭的最主要材

---

[1] （晋）常璩《华阳国志译注》，汪启明、赵静译注，四川大学出版社，2007年版，第605—606页。

料。但《三国志》最初却只是分别写成,各自独立成书与流行。直到北宋真宗咸平六年(1003)雕版发行时,才并为一书,称《三国志》。①

陈寿撰《三国志》,并非奉敕官修,而是私撰。但是,书成后备得时人赞许,被称"善叙事,有良史之才"。当陈寿在世之日,并未将此书上奏朝廷,仅藏于洛阳家中。②及其去世,梁州大中正、尚书郎范頵等上书朝廷称:"故治书侍御史陈寿作《三国志》,辞多劝诫,明乎得失,有益风化,虽文艳不若相如,而质直过之,愿垂采录。"③

朝廷遂命河南尹、洛阳令派人至其家抄写其书。《三国志》由此得以流传于世。

陈寿本人既是晋臣,而晋承魏统,所以他在撰写《三国志》的时候,只能将魏放在正统地位。从《魏书》《蜀书》《吴书》的篇目分配来看,《蜀书》仅为《魏书》的半数,而字数尤少,仅为五万余字,相比于《魏书》近二十二万字、《吴书》约十万字的结构安排,详略主次一目了然。但是,陈寿的卓识却是表现在,他在《魏书》《蜀书》《吴书》中,分别使用三国纪元,按年叙事,从而使人读来明白,三国间实是各自独立,互不统属。④

关于陈寿能够承认三国分立之事实,而不受时人多将吴、蜀视为伪国的影响,以清朱彝尊《曝书亭集·陈寿论》之见解,实堪称"其识迥拔乎流俗之表"。

对于陈寿的史识,钱大昕在《潜研堂文集·三国志辨疑序》中也曾有这样的评价:

---

① 章惠康主编《三国志》(文白对照)序言,华夏出版社,2011年版,第2页。
② 杨耀坤、伍野春《陈寿 裴松之评传》,南京大学出版社,1998年版,第50页。
③ 《晋书》卷八十二《陈寿传》,中华书局,1974年版,第2138页。
④ 杨耀坤、伍野春《陈寿 裴松之评传》,南京大学出版社,1998年版,第79页。

> 陈承祚《三国志》,创前人未有之例……魏氏据中原日久,而晋承其禅。当时中原士人,知有魏而不知有蜀、吴也。自承祚书出,始正三国之名……夫晋之祖宗所北面而事者,魏也。蜀之灭,晋实为之。吴、蜀既亡,群然一词指为伪朝。乃承祚不唯不伪之,且引魏以匹二国,其秉笔之公,视南、董①何多让焉。

但即便如此,罗贯中在著《三国志演义》时,与《三国志》一书在奉魏或蜀孰为正朔上面,仍有最大的不同。陈寿出于对魏的尊崇,以至于对魏晋之事,诸多曲笔隐讳,而对蜀事却述之过略。至罗贯中创作《三国志演义》,其行文便一反陈寿做法,不尊曹魏,而独以蜀汉为正统,对刘备、诸葛亮、关羽等事大书特书,其详略主次,与《三国志》本书相反。自《三国志演义》流行以来,《三国志》"帝魏"的立场受到了彻底的颠覆,"尊刘抑曹"更加成为后世人讲述三国故事的主线。

但"尊刘抑曹",却也并非罗贯中《三国志演义》的首创。在罗氏著作成书之前,远在东晋时期,即有习凿齿氏,因不满于《三国志》一书做法,挥笔著就《汉晋春秋》,"于三国之时,蜀以宗室为正,魏武虽受汉禅晋,尚为篡逆,至文帝平蜀,乃为汉亡而晋始兴焉。引世祖讳炎兴而为禅受,明天心不可以势力强也。凡五十四卷"②。

《汉晋春秋》全书至迟于北宋中期已难一见,迄今所存佚文仅百余条,约一万九千字,散见于裴注等各种史书。以此简略形状,本难得窥其究竟,幸有清代以来辑佚家汤球、黄奭、王仁俊等,"搜逸掇残,补

---

① 南史、董狐,皆为以"直书"知名的春秋时期史官。
② 《晋书》卷八十二《习凿齿传》,中华书局,1974年版,第2154页。

阙表微为事"，于是有相关各辑本问世。今人柯美成更在此基础上汇成《汉晋春秋通释》，以原有一万九千字的佚文为基础，进行史补、笺注，探其幽赜，索其微隐，成就了近六十万字的洋洋可观之规模。柯美成在此书前言中谈到的《三国志》之数失，可以用来解释罗贯中在《三国志演义》最主要的行文线索上为何会弃陈（寿）而取习（凿齿）。下面完整引用他的看法：

> 世易时移，《三国志》的以下书法却遭致了后人的訾议。主要是：《三国志》帝魏而主蜀、吴，为魏国奠基者曹操及其历代国君立"纪"，而对蜀、吴二国国君则立"传"；《魏志》对刘备、孙权称帝皆不书，而二君即位却要在蜀、吴二《志》中记明魏国年号；刘备称帝，国号汉以绍汉统，却以其地处于蜀而改称蜀国；以及因回护曹氏、司马氏欺君、篡弑行为，而为曲笔隐词，等等。这表明《三国志》是以魏为正统、尊魏抑蜀的。晋代魏，司马炎踵曹丕故步。而自晋元以降，权臣拥兵自重，窃据要津，觊觎非望；宋、齐、梁、陈，篡弑相仍，皆以禅受为辞，祸延数世，流毒无穷。于是，自东晋时起，一些正直的史家已防患未然，在著述中对汉晋间历史进行了不同于陈寿的叙述，力求传信后世。①

在表达出"尊刘抑曹"倾向的史学著作中，习凿齿著《汉晋春秋》是最早的一部，所以说，罗贯中著《三国志演义》，袭取习氏观点，将刘备、诸葛亮治下的蜀汉政权树为中心，而整个三国故事，便始终围绕

---

① 《汉晋春秋通释》前言，人民出版社，2015年版，第15页。

这一中心展开，总是不错的。而纵观三国故事之发展变化，虽然大体取陈寿《三国志》框架，但在一些罗氏所竭力称颂的蜀汉人物方面，却大力借重于《汉晋春秋》等故籍记述（多由裴注转引而来）。由于《汉晋春秋》到了罗贯中所生活的年代已经失其全貌，所以，我们迄今无法确知，《三国志演义》取资于此书的比例到底有多少。但在诸葛亮的事功方面，由于陈寿于司马氏这一孔明最大的敌人"最多回护""讳败夸胜"，所以势必不能客观尽述，如果不能补之以《汉晋春秋》等书，则我们若要了解完整的孔明形象，又该增添多少难度啊。

关于罗贯中的《三国志演义》所取资的史著典籍，陈寿《三国志》、习凿齿《汉晋春秋》总是最早的了。他既能接受这两部书的启示，演绎而为皇皇巨著，则又不能不说到与当时形势的关系。当元末混乱之时，像刘备这样的仁慈之主、像诸葛亮这样的忠贞智谋之士，都是士子百姓所极力呼唤的。而罗氏著作《三国志演义》，则不仅是"为市井细民写心"，而且充分地观照了"士"阶层乃至当时整个民族的思想意识和观念心理[①]，因此整部著作可谓应时而生，充分地寄寓了多数世人之理想。

至于陈寿《三国志》与习凿齿《汉晋春秋》所持姿态的不同，后来人也观察到了其与各自所处时代的关系。因为关乎人心取舍，所以，自然而有以下见解：

> 以势而论，则凿齿帝汉顺而易，（陈）寿欲帝汉逆而难。盖凿齿时晋已南渡，其事有类乎蜀，为偏安者争正统，此乎于当代之论者也。寿则身为晋武之臣，而晋武承魏之统，伪魏是伪晋矣，其能行于当代哉？此犹宋太祖篡立近于魏，而北汉、

---

① 李时人《〈三国演义〉：亚史诗和亚经典》，《中国古代小说与文化论集》，中华书局，2013年版，第119页。

南唐迹近于蜀，故北宋诸儒皆有所避而不伪魏；高宗以后，偏安江左，近于蜀，而中原魏地全入于金，故南宋诸儒乃纷纷起而帝蜀。此皆当论其世，未可以一格绳也。[1]

但对于罗贯中而言，又不可牵强于他作《三国志演义》也是受这样的拘束。根据一些史料推断，至迟在北宋，三国故事的传播已经不是按照《三国志》的意识趋向，而是自然择取了《汉晋春秋》以蜀汉为正统、尊刘抑曹的道路。至于这其中含有多少时人对自身命运的怜悯，我们显然也是不能预先推定的。但是，《三国志演义》之得失便也因此历历可见。它不是一部全然计较计谋高下之书，而实实是一部寄托时代正义、倡导昌明社会之书。

罗贯中倾力描摹的三国时代，紧紧承启汉末乱世而来，距今已约一千八百年。而距离罗贯中生活的元末明初，也已经过去了一千多年。关于三国历史，除了《三国志》及《三国志注》《汉晋春秋》外，在流传至今的许多史书上都有记载，譬如《后汉书》《晋书》《资治通鉴》《资治通鉴纲目》《通鉴纪事本末》《华阳国志》，而《三国志》只能说是小说家所取资的元典。现在我们如若做整体判断，自当是《三国志》及《三国志注》《资治通鉴》有关三国历史的记述构成了罗贯中史传小说的渊薮，而在提供小说叙述脉络和结构方面，却是《资治通鉴》，包括袁枢《通鉴纪事本末》和朱熹《资治通鉴纲目》关于三国历史的一段记载对罗氏之创作影响尤大。司马光在结撰《资治通鉴》时"串珠成链"，正是这种叙述法，使罗贯中的觉悟顿开。因此，有的学者判断，最早

---

[1] 《四库全书总目提要》之《三国志》条，杨耀坤、伍野春《陈寿 裴松之评传》，南京大学出版社，1998年版，第133页。

"排比陈寿《三国志》及裴松之注"①的并非罗贯中，而是司马光。②罗贯中的巨大创造，是在按鉴演义的基础之上进行的。这也是在《三国志演义》的一些早期版本中会出现"按鉴"字样的因由。

关于三国史事的有趣，用鲁迅的话说："盖当时多英雄，武勇智术，瑰伟动人，而事状无楚汉之简，又无春秋列国之繁，故尤宜于讲说。"③以此寥寥数语，我们可知为什么同是乱世，三国会独得演义家之垂青，到了罗贯中的时代，退却避世的小说家仍然要拿来做讲说的素材。但罗氏在写下《三国志演义》第一笔的时候，或许尚无这样的意识：此时，他将作为伟大的小说家掀开人生中最为光辉的一页。郑振铎推测小说家接受编撰这部小说的指令或许与金钱有点关系，即便就是如此，又怎能否认作者的伟大呢？！

罗氏的创作，根据高儒的说法，为"编次"。"编次"一说，是因有故事蓝本。除了正史的记载外，还包括稍后我们将要讲到的宋元"说三分"故事、《三国志平话》、元曲中的三国戏等等。《三国志演义》在整体形制上据史创作，确实比凭空里创造一个故事更觉得由来有自。这也是中国的长篇小说会最先从讲史类开始的一大缘故。另外，也正是得益于"史乘分流"④，中国的古典小说方逐渐兴盛起来。而罗贯中所生活的年代，正是"辉煌的中国古典长篇小说"开启之时。在这个时期所产生的两部著作《三国志演义》和《水浒传》，都可以代表各自领域的最

---

① 鲁迅《中国小说史略》，《鲁迅全集》第十七卷，中国文联出版社，2013年版，第98页。
② 关四平《三国演义源流研究》(修订三版)，黑龙江教育出版社，2009年版，第54页。
③ 鲁迅《中国小说史略》，《鲁迅全集》第十七卷，中国文联出版社，2013年版，第97页。
④ 郑铁生《三国演义叙事艺术》，新华出版社，2000年版，第92页。

高水平。①

中国两部史学巨著《史记》和《资治通鉴》，分属不同的史学创作体例，却都取得了史学创作的最高成就。而罗贯中的伟大之处，就在于对由《史记》所代表的纪传体和由《资治通鉴》所代表的编年体的深刻洞悉与领悟。博览群书、深识史事的知识分子阶层对小说家天才般的创造力的开启，显然不容轻忽。观《三国志演义》之创造，正是由于同时兼具了"纪传体"叙事纪人及"通鉴体"结构故事之不同优长，所以才会有"陈叙百年，该括万事"的艺术效果。毛宗岗《读三国志法》对此不吝赞誉：

> 《三国》叙事之佳，直与《史记》仿佛，而其叙事之难则有倍难于《史记》者。《史记》各国分书，各人分载，于是有本纪、世家、列传之别。今《三国》则不然，殆合本纪、世家、列传而总成一篇。分则文短而易工，合则文长而难好也。②

今人郑铁生所著《三国演义叙事艺术》对此有类似的见解，并且更加深切地认为罗贯中找到了"纪传体"和"通鉴体"二者间的结合点，即"在'通鉴体'叙事结构横的方向呈现出开放式的空间，挥洒笔墨编织'纪传体'的人物，从而使二者之长都雪藏在历史小说的叙事框架之中"③。笔者认为这种见解就比那些认为罗氏不善于剪裁的看法要高明得多。我们实在是没有道理厚诬古人啊！

---

① 《水浒传》起初被鲁迅纳入《元明传来之讲史》一章，但如今，一般将其视为侠义小说的开山之作。
② （清）毛宗岗《读三国志法》，《毛宗岗批评本三国演义》，凤凰出版社，2010年版，第9—10页。
③ 郑铁生《三国演义叙事艺术》，新华出版社，2000年版，第94页。

## 三、民间的天真

除史书记载外，三国之事在后世的流传还有另外一个途径，即民间口头讲说。包括宋元讲史艺术中专说三国故事的"说三分"、《三国志平话》及元杂剧中的三国戏。换言之，在罗贯中之作为小说家诞生的历程中，还有史之外"俗文学"对他的造就不可不提。

### 1. 说三分

"说三分"作为《三国志平话》的母体，有可能是罗贯中撰写《三国志演义》所取资的主要素材。早在宋朝"说话"的风气发达之前，至迟在晚唐时已有说三国的专科。如李商隐《骄儿》诗云："或谑张飞胡，或笑邓艾吃。"到北宋晚期，孟元老《东京梦华录》中记载宋徽宗崇宁、大观年间的瓦肆伎艺，曾经留有几则关于说书的重要资料：

> 霍四究说三分。尹常卖五代史。[1]

讲史之外，将"说三分"和"五代史"单独划出另列科目，可见在北宋诸类讲史中，此二类实为其中最突出者，而霍四究便为其时"说三分"的名家。唯在罗贯中创作《三国志演义》之前，并未有十分成熟的铺排三国故事的小说著作出来，但是"说三分"本身固有的异常肥沃的民间土壤，却能够推动和助益罗贯中的创作。

---

[1]（宋）孟元老《东京梦华录》卷五《京瓦伎艺》，中华书局，2020年版，第342页。

北宋时，三国讲史普遍发达，民间演说三分的盛况，除孟元老的记录外，尚可见于高承《事物纪原》卷九"仁宗时，市人有谈三国事者，或采其说加缘饰，作影人，始为魏、蜀、吴三分战争之象"[1]，张丰《明道杂志》"京师有富家子，少孤，长时，群无赖百方诱导之。而此子甚好看弄影戏，每弄至斩关羽，辄为之泣下"，苏轼《东坡志林》"王彭尝云：涂巷中小儿薄劣，为其家所厌苦，辄与钱令聚坐听古话。至说三国事，闻玄德败，颦蹙有出涕者；闻曹操败，即喜唱快。以是知君子小人之泽，百世不斩"[2]。

民间"说三分"的成就，到后来竟是达到了一个相当高的程度。可惜真正的"说三分"故事版本，我们迄今已不复得见。俄李福清曾在其《三国演义与民间文学传统》一书中，描述宋元说话之盛：

> 孟元老在《东京梦华录》中讲到"说三分"已是讲史中专门一类，并举出以说三国闻名的霍四究的姓名。这里说的是12世纪初的情况。看来此时所讲的已不是零散的传说，是互相串连的一套故事。这是必然的结论，因为说话的职业化，不能依靠短篇传说，而必须有长篇大套的故事，如此方能吸引听众日复一日地来听"演出"。

> 石君宝（13世纪中叶）的戏曲《风月紫云亭》一剧也能证实我们的结论。剧中女主人公说她以演唱诸宫调，尤以唱三国志以谋生。上面说到讲史一家说话艺人的专门化，这里第一次提到"说三分"的说唱伎艺。根据保存下来的其它材料，可

---

[1] （宋）高承《事物纪原》卷九，中华书局，1989年版。
[2] （宋）苏轼《东坡志林》卷一《涂巷小儿听说三国语》，中华书局，2007年版。

以看出诸宫调曲体宏大,多为长篇故事……①

说话人讲史所使用的材料,更多地来自民间传说和想象。由于极具民间性,所以才有下面真实的事例发生:"胡仲彬,乃杭城勾阑中演说野史者,其妹亦能之。时登省官之门,因得夤缘注授巡检。至正十四年(1354)七月内,招募游食无藉之徒,文其背曰'赤心护国,誓杀红巾'八字为号,将遂作乱。为乃叔首告,搜其书名簿,得三册,才以一册到官,余火之。亦诛三百六十余人。"②此事发生于元末大起义之时,讲史的说话人非但娱人耳目,且已能够发动民众,其号召力之强,远出于我们的意料。而故事的发生地,又恰在罗贯中当时所居的杭州。小说家当不至于对此闻所未闻。

到至正丙午年(1366)时,著名诗人杨维桢曾邀女艺人朱桂英到南方演史,也留有一则《送朱女士桂英演史序》盛赞朱氏其人:

耸知其腹笥有文史,无烟花脂粉。予奇之曰:使英遇思陵太平之朝,如张、宋、陈、陆、史辈,谈通典故,入登禁壶,岂久居瓦市间耶。曰忠曰孝,贯穿经史于稠人广座中,亦可以敦厉薄俗。才如吾徒号儒丈夫者,为不如已!古称卢文进女为女学士,予于桂英亦云。

(《东维子文集》卷六《送朱女士桂英演史序》)

---

① [俄]李福清《三国演义与民间文学传统》,尹锡康、田大畏译,上海古籍出版社,1997年版,第42页。
② (元)陶宗仪《南村辍耕录》卷二十七《胡仲彬聚众》,齐鲁书社,2007年版,第364页。

朱桂英家住钱塘,"善记稗官小说,演史于三国五季",当是一位"说三分"的名家。杨维桢是当时的文坛领袖,在他看来,民间艺人朱桂英的文史学养是深厚的("腹笥有文史"),足可为人注目,因此叹息,长久栖身于瓦市勾栏岂非可惜("岂久居瓦市间耶")。"说三分"名家的演说技艺已经到了可以征服文坛名家的地步,无怪乎金文京会说:"至此距《演义》的诞生就只剩一步之遥了。"[1]

在这里我们颇可注意的是,朱桂英这次演史的至正丙午年,恰是在罗贯中与《录鬼簿续编》著者复会之后两年,也是在元帝国失鹿中原的前两年。到了此时,罗贯中的大著《三国志演义》的创作当已开始。笔者进一步以为,罗贯中著《三国》,对这部分民间艺术资源有着足够的应用和吸收。

或者说,讲史的脉络在说话人的声口中留下了无比丰富的印痕,这些印痕在罗贯中一旦开始著作小说时必然显出其特别的能量来。

### 2.《三国志平话》

关于"说三分"故事,向来不曾见有完整的文本出现。但其中不可不提者,便是当时的鄙陋文人,为了将三国故事的传唱进行及时留存,大概以"说三分"的梗概为依据,写了一本讲史话本《三国志平话》,刊刻于元英宗至治年间(1321—1323)。此无名著者的手笔是为罗贯中著《三国志演义》的一个先声,学界以为它已然有了演义之框架。

从小说文体的演绎来说,宋之后,民间白话小说兴盛。宋元话本中,如《碾玉观音》《西山一窟鬼》《快嘴李翠莲》等,技艺俱极高超,迄今传诵不衰。到罗贯中出生的十四世纪,正是中国白话长篇小说发展

---

[1] [韩]金文京《〈三国演义〉的世界》,邱岭、吴芳玲译,商务印书馆,2010年版,第82页。

的一个重要的萌芽期。现存话本中,元至治年间的建安(福建建瓯)虞氏新刊《全相平话五种》——《武王伐纣平话》《七国春秋平话》《三国志平话》《乐毅图齐七国春秋后集》《秦并六国平话》,每页书的上方都有插图(上图下文),行文非常简陋,但刻印尚属精细。因此被认为是"中国小说史上非常重要的新材料"①。

在罗贯中之前的中国文学,尚未出现写作长篇小说的成熟的传统。文本粗糙、几乎不可卒读的《三国志平话》似乎是这样一类书:它满足的是粗通文墨者的阅读需求,感应的是民间淳朴真挚的性情。执笔作此书的人没有多少历史学方面的素养,甚至连真实历史人物的名姓都常常会弄错。但是,这样的写作者,他却懂得民间的喜好,掌握他们的呼声,并且能够把一个粗具框架的三国故事搭建起来。这个故事的外观,磅礴雄伟,遥遥看去,不乏一种宏大故事的雄奇。以罗贯中的穷搜博采,似不会错过这本虽"过于粗糙"却颇有勃勃野趣与生机的民间性的著作。

《三国志平话》勾勒了一个三国故事的线条,"是讲史艺人据以演讲的稍记情节梗概的提纲","对于读者来说,这份材料有如一份电影或戏剧的说明书;在现场演讲中吸引听众的故事的血肉是省略掉的。原来诉之听觉的艺术以这样简率粗拙的文字诉之于视觉时,并不能达到感染人的美学效果。《平话》还不能算是一件艺术品,或只能说是一件艺术品的抽象图式"②;另外,尽管这样的线条的来源也主要是来自史书,但由于要与民间听众的喜好相连接,所以,在这本书中,出现了一种"民间的天真"。夸大、错讹之处随处可见。

李辰冬《三国水浒与西游》概括三国故事的演变,谓之有"历史

---
① 程毅中《宋元话本》,中华书局,1980年版,第38页。
② 何满子《图品三国》,上海三联书店,2006年版,第15页。

故事时期""民间传说时期"及"历史与传说综合的时期"三大分期："《三国演义》如无第一期的历史故事作根据,则必荒诞不经,不足以称为历史小说;如无第二期的民间传说,则其趣味绝不会如是之深厚,其结构绝不会如是之雄伟;然如无罗贯中之丰富的兵家常识和雄厚的想象力与组合力,也不会产生流行如是之广、影响如是之深的《三国演义》。"①

说《三国志平话》对于《三国志演义》的成书来说,已然粗具框架,原因在于:二书有多达六十八个章回相互对应。虽然,平话字数只是演义的十分之一,但是一些关键情节,譬如桃园结义及三顾茅庐等,在平话中早已出现。比如三顾茅庐故事,到了平话中也已开始敷设演绎为一大段文字:

[三谒诸葛]话说先主,一年四季,三往茅庐谒卧龙,不得相见。诸葛本是一神仙,自小学业,时至中年,无书不览,达天地之机,神鬼难度之志;呼风唤雨,撒豆成兵,挥剑成河。司马仲达曾道:"来不可□,□不可守,困不可围,未知是人也,神也,仙也?"今被徐庶举荐,先主志心不二,复至茅庐。先主并关、张二弟,引众军于庵前下马,亦不敢唤问。须臾,一道童至。先主问曰:"师父有无?"道童曰:"师父正看文书。"

先主并关、张直入道院,至茅庐前施礼。诸葛贪顾其书。张飞怒曰:"我兄是汉朝十七代中山靖王刘胜之后,今折腰茅庵之前,故慢我兄!"云长镇威而喝之。诸葛举目视之,出庵相见。

礼毕,诸葛问曰:"尊重何人也?"玄德曰:"念刘备是汉

---

① 李辰冬《三国水浒与西游》,中国三峡出版社,2011年版,第2页。

朝十七代玄孙中山靖王刘胜之后,见新野太守。"诸葛听毕,邀皇叔入庵侍坐。诸葛曰:"非亮过,是道童不来回报。"先主曰:"徐庶举师父善行,兵谋欺姜吕。今四季三往顾,邀师父出茅庐,愿为师长。"诸葛曰:"皇叔灭贼曹操,复兴汉室?"玄德曰:"然。"言:"我闻赵高弄权,董卓挟势;曹操奸雄,献帝懦弱。天下不久各霸者为主。刘备故来请先生出庵伐曹,但得一郡安身处可矣。"诸葛曰:"自桓灵失政,民不聊生,贼臣篡位在金门,使贤人走于山野。呜呼,曹孟德驱兵百万,猛将千员,挟天子之势,诸侯无有不惧者。孙仲谋据于长沙山水之势,国富民骄,父兄三世之余业,其江可敌百万之军。惟有皇叔,兵不满万,将不满百;凭仁义,仗豪杰;皇叔欲兴天下,候日先借荆州为本,后图西川为利。荆楚者,北有大江,南有南蛮,东有吴会,西有巴蜀;又不闻饥民。刘璋为君懦弱,倘兴一鼓之师,指日可得。然后拜关拒益之众,东去剑关,取关西如平地拾芥,百姓何不箪食壶浆以迎?"皇叔得孔明,如鱼得水,休言勇冠,莫说高强,天时、地利、人和,三国各拚一德,以立社稷。玄德遂拜诸葛为军师。诸葛出茅庐,年方二十九岁。[1]

如果可以暂时略过贯穿于《三国志平话》通篇的错谬、脱漏、粗俗等文字缺陷不提,则三顾孔明的故事,在这部书中还是得到了一种增饰性的创造。这部书的无名作者在他的创作中,毕竟也追求过一种试图突破简陋框架而有所发挥的光芒。在三国故事流传的整个过程中,这种来自民间的笔墨恰与庙堂之高互成应对,它架设的是一条历史与普罗大众

---

[1] 《三国志平话》,上海古典文学出版社,1955年版,第67—69页。

之间的沟通的桥梁。

《三国志平话》的整体结构分上、中、下三卷，分别为——

卷上：

> 汉帝赏春
> 天差仲相作阴君
> 仲相断阴间公事
> 孙学究得天书
> 黄巾叛
> 桃园结义（一）
> 桃园结义（二）
> 张飞见黄巾
> 破黄巾
> 得胜班师
> 张飞杀太守
> 张飞鞭督邮
> 玄德作平原县丞
> 玄德平原德政及民
> 董卓弄权
> 三战吕布
> 王允献董卓貂蝉
> 吕布刺董卓
> 张飞捽袁襄
> 张飞三出小沛

张飞见曹操

水浸下邳擒吕布

曹操斩陈宫

卷中：

汉献帝宣玄德关张

曹操勘吉平

赵云见玄德

关公刺颜良

曹公赠云长袍

云长千里独行

关公斩蔡阳

古城聚义

先主跳檀溪

三顾孔明

孔明下山

玄德哭荆王墓

赵云抱太子

张飞拒桥退卒

孔明杀曹使

鲁肃引孔明说周瑜

黄盖诈降蒋干

赤壁鏖兵

玄德黄鹤楼私遁

曹璋射周瑜

孔明班师入荆州

吴夫人欲杀刘备

吴夫人回面

卷下：

庞统谒玄德

张飞刺蒋雄

孔明引众见玄德

曹操杀马腾

马超败曹公

玄德符江会刘璋

雒城庞统中箭

孔明说降张益

封五虎将

关公单刀会

黄忠斩夏侯渊

张飞捉于昶

关公斩庞德佐①

关公水淹于禁军

先主托孔明佐太子

刘禅即位

---

① 此处多一"佐"字，当删去。

孔明七纵七擒

孔明木牛流马

孔明斩马谡

孔明百箭射张郃

孔明出师

秋风五丈原

将星坠孔明营

在《三国志平话》那里，有一个叙事的骨架，是建立在因果报应之说上的。平话的无名作者将汉的分裂出三国，称之为韩信、彭越、英布的身世轮回报仇所致，而三国后来的复合为晋，又是因了上天以一统的江山赐给断狱公平的司马仲相。下面是这个恩怨报应的故事：

> 刘邦击败项羽，立国号曰汉。只因猜忌功臣，又将韩信、彭越、英布杀掉灭族。这三功臣，含冤抱屈，诉告于阴间"报冤之殿"。司马仲相受命，断此阴间公事，遂令三功臣托生做三个豪杰：韩信转生为曹操，彭越为宗室刘备，英布为孙权，三人分了汉家天下，又各立魏、蜀、吴三国。三国俱各有史，便是《三国志》。仲相为阴君断案公平，天公便使其生于阳间，为司马仲达，"三国并收，独霸天下"[①]。

而在罗贯中氏创作《三国志演义》时，这一段鬼话便被完全削去了，其开篇如此：

---

[①] 《三国志平话》，上海古典文学出版社，1955年版，第6页。

> 后汉桓帝崩,灵帝即位,时年十二岁。朝廷有大将军窦武、太傅陈蕃、司徒胡广共相辅佐。至秋九月,中涓曹节、王甫弄权,窦武、陈蕃预谋诛之,机谋不密,反被曹节、王甫所害。中涓自此得权。①

全然一副史家之笔。

除了司马仲相阴司断狱外,罗贯中将《平话》中许多荒诞不经的描写都予以砍除,比如曹操劝献帝让位于曹丕、刘备太行山落草为寇等,另将《平话》中的一些不经之谈进行改写,如将张飞拒操时喊断长阪桥改为惊破了夏侯杰之胆。《平话》中所没有的许多史料、诗词等被罗贯中加了进来,一些由《平话》作者胡乱伪造的往来信札、表章被罗贯中一扫而空,恢复以史家笔下的原文。而罗贯中之于《平话》所做的更重要的几步,是在其固有的叙述之外,更将其"润饰着,改作着,往往放大到五六倍;以此枯瘠的记载往往顿成了丰赡华腴的描写"②。因此,"通俗小说《三国志》之成为正则的演义,不惟通俗,抑且通'雅',且远超出于前后《七国》、《说唐》数传同科之列者,第一个——或者是最大的一个——功臣,自要算是罗贯中"③。

笔者大胆猜测,罗贯中或有的书会才人生涯更有可能将他的思绪带到三国故事的讲说现场。因为以《三国志平话》之粗俗而论,仅可以使我们窥测到当年的"说三分"艺人所使用底本的一个大致形貌。"说

---

① 罗贯中《三国志通俗演义》,刘世德主编《罗贯中全集》(壹),三晋出版社,2011年版,第1页。
② 郑振铎《中国文学史》,团结出版社,2006年版,第642页。
③ 郑振铎《〈三国志演义〉的演化》,陈其欣选编《名家解读〈三国演义〉》,山东人民出版社,1998年版,第40页。

三分"艺人真正的艺术创造更在于其临场的长篇讲说，而非体现在粗陋不堪的以文字铺演的书中。以当时"说三分"所达到的极其高妙的艺术高度而论，《三国志平话》实不能彰示其成就于万一。夏志清曾经敏感地注意到了"文辞舛谬的《平话》与优秀的可读可信的《演义》本之间的鲜明对比"，并且，他使我们相信这种对比足以支持这样的结论：

> 罗贯中在写作时是有意识地摆脱说书人的传统，而不是对他们加以摹仿。他的小说属通俗文学，但又有不同，它是一部由文人编写的、继承了司马迁和司马光史官传统的著作。事实上，明朝几位出版《三国》和其他演义小说的出版商也声称，这些著作是从司马光的编年体历史改编的，并将"按鉴"（根据《资治通鉴》）一词加进书名中。①

然而，因为"我们没有任何资料去捕寻他创作的过程，只能从作品的本身去探求其艺术创造的总体特征"，"到了罗贯中手里，史传文学系统和俗文学系统的三国故事才真正交叉和融合"②，我们所能知道的仅仅是这一个结论，对于作者创作的始末却又一无所知。所以，关于罗氏如何创作这部书，就演变出许多说法，将《平话》的作用抬高，显然在许多论者那里是能够获得支持的。但这似也不足为训。

### 3. 三国戏

关于小说家罗贯中创作杂剧的生涯，笔者在前文中已有陈述。而从杂剧创作转向《三国志演义》的写作，罗贯中得以汲取的，除了他本身

---

① 夏志清《中国古典小说导论》，安徽文艺出版社，1988年版，第43页。
② 郑铁生《三国演义叙事艺术》，新华出版社，2000年版，第83页。

固有的杂剧创作经验外，自然还有为数众多的三国戏。当时元杂剧虽已渐趋于衰落，但有关三国题材的戏，却已经积累得甚为宏富。作为剧作家的罗贯中对这些三国戏自然不会陌生，尽管他可能并没有为这类戏剧添薪加火，增加自己的创造。作为一个集大成的对三国题材进行深加工的文人，在罗贯中的世界里，既毫不缺乏对史事的关注，也并不缺乏对戏剧所体现的民间性的洞察。

宋元三国戏和宋元平话几乎并行于世。而从"说三分"之早已盛行于宋代，可以推断杂剧受讲史影响的可能为大。[①]但元杂剧是在金院本等的直接影响下写成的，而金院本内容迄今已不传，传世的只有外题，其中，可见有《赤壁鏖兵》《刺董卓》《襄阳会》《大刘备》《骂吕布》等三国题材作品。[②]

根据关四平《三国演义源流研究》记载，元代三国故事杂剧达到了六十一种（含元明间阙名的作品），占现所知元杂剧作品总数的近十分之一（收录这些剧目的文献包括《录鬼簿》《太和正音谱》《宝文堂书目》《也是园书目》《红雨楼书目》等），可谓其"荦荦大端"。迄今尚存剧本者二十一种，确定为元代作品者有以下十种：

《关大王单刀会》（关汉卿）；

《关张双赴西蜀梦》（关汉卿）；

《刘玄德独赴襄阳会》（高文秀）；

《醉思乡王粲登楼》（郑光祖）；

《虎牢关三战吕布》（郑光祖）；

《刘玄德醉走黄鹤楼》（无名氏）；

---

① 何满子《图品三国》，上海三联书店，2006年版，第17页。
② ［韩］金文京《〈三国演义〉的世界》，邱岭、吴芳玲译，商务印书馆，2010年版，第84页。

《诸葛亮博望烧屯》（无名氏）；

《锦云堂美女连环计》（无名氏）；

《关云长千里独行》（无名氏）；

《两军师隔江斗智》（无名氏）。

作品佚失，仅存剧目者有三十三种，确定为元代作品者十二种：

《终南山管宁割席》（关汉卿）；

《徐夫人雪恨万花堂》（关汉卿）；

《曹子建七步成章》（王实甫）；

《作宾客陆绩怀橘》（王实甫）；

《七星坛诸葛祭风》（王仲文）；

《司马昭复夺受禅台》（李寿卿）；

《司马昭复夺受禅台》（李取进）；

《白门斩吕布》（于伯渊）；

《东吴小乔哭周瑜》（石君宝）；

《烧樊城糜竺收资》（赵善庆）；

《蔡琰还朝》（金仁杰）；

《卧龙岗》（王晔）。

除上述罗列可确知为创作于元代的三国戏外，尚有一些大体可断为《三国志演义》流传之前的元明间无名氏的作品（此类三国戏在思想表述及所采取的艺术形式上与元代三国戏大有相似之处[①]），迄今剧本尚存者，计有十一种：

《刘关张桃园三结义》；

《关云长单刀劈四寇》；

---

① 关四平《三国演义源流研究》（修订三版），黑龙江教育出版社，2009年版，第151页。

《张翼德大破杏林庄》；

《张翼德单战吕布》；

《张翼德三出小沛》；

《莽张飞大闹石榴园》；

《走凤雏庞掠四郡》；

《曹操夜走陈仓路》；

《阳平关五马破曹》；

《寿亭侯怒斩关平》；

《周公瑾得志娶小乔》。

另有二十一部出于元明间无名氏的剧作，但作品佚失，现仅存剧目：

《马孟起奋起大报仇》；

《范强帐下斩张飞》；

《诸葛亮赤壁鏖兵》；

《赵子龙大闹塔泥镇》；

《刘玄德私出东吴国》；

《诸葛亮火烧战船》；

《张翼德力扶雷安天》；

《董卓戏貂蝉》；

《破黄巾》；

《左慈飞杯》；

《三气张飞》；

《诸葛亮挂印气张飞》；

《关大王月下斩貂蝉》；

《诸葛亮石伏陆逊》；

《寿亭侯五关斩将》；

《老陶谦三让徐州》；

《关云长古城聚义》；

《摔袁祥》；

《米伯通衣锦还乡》；

《陈思王洛浦怀旧》；

《勘问吕蒙》。①

此外，尚有七种剧目仅存残文，涵盖元代剧作家及元明间无名氏的两类创作：

《诸葛亮军屯五丈原》（王仲文）；

《相府院曹公勘吉平》（花季郎）；

《周瑜谒鲁肃》（高文秀）；

《虎牢关三战吕布》（武汉臣）；

《醉走黄鹤楼》（朱凯）；

《千里独行》（无名氏）；

《斩蔡阳》（无名氏）。

以上所罗列的三国戏，几乎涉及了三国历史风云的整体面貌，举凡黄巾起义、董卓之乱、诸侯讨董卓、官渡之战、刘备隆中三顾访孔明、赤壁之战、孙刘争荆州、刘备取西川、马超讨曹操、刘备取汉中、关羽失荆州、诸葛亮北伐、司马氏篡魏等等，都见于各类三国戏中。

但另外，元杂剧三国戏又确属民间传统，其中完全体现史实的部分很少，多半为传播于民间的三国传说故事。

三国题材杂剧与平话故事是同源的。在《三国志平话》中有所披览

---

① 关四平《三国演义源流研究》（修订三版），黑龙江教育出版社，2009年版，第148—150页。

的故事，在元代三国戏中多半可以见到，且二者间的相似性十分惊人。[①]根据孙楷第对元明杂剧、《三国志平话》、罗贯中《三国志传通俗演义》的考察也可见出这一点。而这些故事，"虽不见于书史，但因为都是旧有的传闻，历史很久，已深深印在世人的脑子里，差不多比正史的势力还大。因此作演义的人便不能不采它们当材料"[②]。这些出现在罗贯中小说里的故事，多有与元明旧剧相同而事实却荒唐无稽的，譬如：

| 元明杂剧 | 平话 | 志传 |
| --- | --- | --- |
| 刘关张桃园三结义 | 桃园结义（卷上） | 祭天地桃园结义（卷一） |
| 虎牢关三战吕布 | 三战吕布（卷上） | 虎牢关三战吕布（卷一） |
| 锦云亭美女连环计 | 王允献董卓貂蝉（卷上） | |
| | | 司徒王允说貂蝉（卷二） |
| 关云长千里独行 | 关公千里独行（卷中） | |
| | | 关云长千里独行（卷六） |
| 寿亭侯五关斩将 | （无明文） | 关云长五关斩将（卷六） |
| 关云长古城聚义 | 古城聚义（卷中） | 刘玄德古城聚义（卷六） |
| 诸葛亮博望烧屯 | | 诸葛亮博望烧屯（卷八） |
| 七星坛诸葛祭风 | 孔明祭风（卷中） | 七星坛诸葛祭风（卷十） |
| 诸葛亮石伏陆逊 | （有事无目）（卷下） | |
| | | 八阵图石伏陆逊（卷十七） |
| 诸葛亮秋风五丈原 | 西上秋风五丈原（卷下） | |
| | | 孔明秋风五丈原（卷二十一） |

---

[①] 关四平《三国演义源流研究》（修订三版），黑龙江教育出版社，2009年版，第155页。
[②] 孙楷第《孙楷第集》，中国社会科学出版社，2008年版，第69页。

另，"《志传》里的故事有本之书史而加以敷衍"者，在《平话》和戏曲中也可见到：

| 元明杂剧 | 平话 | 志传 |
| --- | --- | --- |
| 老陶谦三让徐州 | （有事无目）（卷上） | 陶恭祖三让徐州（卷三） |
| 勘吉平 | 曹操勘吉平（卷中） | 曹孟德三勘吉平（卷五） |
| 斩蔡阳 | 关公斩蔡阳（卷中） | 云长擂鼓斩蔡阳（卷六） |
| 白门斩吕布 | 白门斩吕布（卷中） | 白门曹操斩吕布（卷四） |
| 卧龙岗 | （有事无目）（卷中） | 刘玄德三顾茅庐 |
|  |  | 玄德风雪访孔明（卷八） |
| 关大王单刀会 | 关公单刀会（卷下） |  |
|  |  | 关云长单刀赴会（卷十四）[①] |

元杂剧三国戏的存在，可谓罗贯中著作小说的一个宝库。而且，由于戏剧创作重矛盾冲突和细节构造的特殊性，较之粗枝大叶的《三国志平话》，自然可以在联结故事、塑造人物等方面提供出更多的艺术经验。小说家罗贯中在成为小说家之前既有过一定的戏剧创作生涯，则我们不难判断他会流连于元杂剧三国戏舞台，时日累加，自然心领神会，大有裨益于日后《三国志演义》的写作。他的长篇小说著作在细部的大力展开，实有赖于这些来自民间的养分之润饰；他在结构上的创建，也不无来自这些剧作家的创作力之启迪。

---

① 孙楷第《孙楷第集》，中国社会科学出版社，2008年版，第69—70页。

## 四、罗贯中著《三国志演义》

《三国志演义》作为小说之成立便尽如上述。所谓"据正史,采小说,证文辞,通好尚,非俗非虚,易观易入,非史氏苍古之文,去訾传诙谐之气。陈叙百年,该括万事",便正是小说家罗贯中天才的创造力之所在。在此期间,罗贯中谨慎地取材,细致地运笔,慢慢地写完了这部近十倍于《三国志平话》的巨著。换言之,三国历史在经过长久的民间流传之后,又回到了文人的书桌。这是这段史事被"小说化"的一个时期。

### 1. 长篇小说的开拓

罗贯中显然是一个大器晚成的作家,他一生中最有价值的创作,发生在他生命的第二期之末,并直至贯穿了他生命的第三期无疑。他所在的时代乱象丛生,但他却在有意无意之中,已经在储备自己的人生积累方面达到了相当高的程度。这种积累可以支撑他去写作《三国志演义》这样一部书而不显得捉襟见肘。罗氏创作《三国》的地点难以确定,但自当不是在战乱的区域,而很可能在相对安稳的南方,最初或在著者起居的杭州。不过,据《录鬼簿续编》说,罗贯中"遭时多故",与其"忘年交"——《续编》之作者"各天一方",因此很可能在至正甲辰年(1364)二人复会之后,便离开了杭州[1],之后,"竟不知其所终"。他完成全书的年月,应在由元入明后,但究竟在何时最终写成?

---

[1] 参见赵齐平《罗贯中》,山东大学文史哲研究所主编《中国历代著名文学家评传》(第四卷),山东教育出版社,1986年版,第209页。

有的学者认为,《三国志通俗演义》嘉靖本小字注中的"今地名",应是判断成书年代的一个重要根据。因为小说中在提及地名时,会在其下注有小字,用以说明三国时的这些地名现为何地。对于这些小字注是否出于罗贯中之手,学者们的意见是不一致的。袁世硕就其在书中的作用、口气等方面进行判断,认为与后来的小说评点并不一样,不少注语不像是外加的,而是这部小说的补充部分,有的简直就是小说的组成部分,因此,大部分当出于罗贯中之手。[1]

另据胡世厚统计,小说中关于"今地名"的注释共有二十六条,除了误用宋代地名外,余者多数为元代地名。但是,"有一条值得注意。是卷十二的耒阳,注为'今属衡州'。据《明史·地理志》载:'元耒阳州,直属湖南道,洪武三年(1370年)降为县。'这说明耒阳州元代不属衡州,属衡州领辖应是1370年由州降为县以后的事,罗贯中也只有在这一年之后才有可能在耒阳之后注上'今属衡州'"。由此可以推出:

罗贯中写到卷十二的时间是在一三七〇年以后,那么全书的完成时间当在其后。[2]

耒阳的地名注并非孤证,类似的例证还有,如:

> 卷十三提到绵竹,夹注云:"今地名",然而卷二十四《诸葛瞻大战邓艾》又提到绵竹时,却夹注云:"今雒城。"照字面讲,绵竹此时又非"今地名"了,这不是有点奇怪么?查《明史·地理志四》:"汉州,明玉珍复置雒县,为州治。洪武四年

---

[1] 袁世硕《嘉靖本〈三国志通俗演义〉乃元人罗贯中原作》,原刊《东岳论丛》1980年第三期,收入《袁世硕文集》第四册《文学史学的明清小说研究》,人民文学出版社,2021年版,第101页。
[2] 胡世厚《古稀集——中国古代戏曲小说论》,中州古籍出版社,2004年版,第120页。

省县入州。"按明玉珍"天统"共五年，为1362—1366年，洪武四年为1371年，若雒城就是雒县，则注此"今地名"的时限，应为1362—1371年。又同卷《蜀后主舆榇出降》，提到雒城，又夹注云："今涪城。"看来写到此处，雒城又非"今地名"了（卷十三提到雒县，亦曾夹注："古县名，今之江州也。"若江州为汉州之误，则此雒县确非"今地名"可知），则添加此注的时限又似在雒县被废，省县入州之1371年后。联系此注与上则"今雒城"的夹注同出于卷二十四；则前后写作时间不会相隔太远，由此假定罗贯中1371年以后写到第二十四卷，亦即即将完成全书初稿，岂不是十分合理的么？①

以上述分析为基础，欧阳健也大体认为："《三国志通俗演义》可能是罗贯中于明初开笔，其第十二卷的写作时间，不早于洪武三年（1370），其全书初稿的完成，当在1371年以后。"

罗贯中所著《三国志演义》原本，迄今未曾见。而当今流布于海内外各处的"嘉靖元年（壬午，1522）本"，据调查，事实上也并非原刻初印。据英魏安著《三国演义版本考》："我们可以肯定嘉靖本非嘉靖元年修髯子引的原本而是后来的子孙本。嘉靖本的存本很多，恐怕不一定都是嘉靖间的原刊本，而其中一部分的藏本可能是晚明的翻印本。"②

不过，这些藏本无论是递修还是翻刻，俱出于原刻。因其载有明修髯子张尚德《三国志通俗演义引》，所以，陈翔华称之为"嘉靖元年序刊本"（简称为嘉元序本）："明嘉元序本与其他明刊本在某些内容和文

---

① 欧阳健《试论〈三国志通俗演义〉的成书年代》，《三国演义研究集》，四川省社会科学院出版社，1983年版，第285页。
② ［英］魏安《〈三国演义〉版本考》，上海古籍出版社，1996年版，第13页。

字上有所异同，尽管各自都对编撰者罗贯中的原著进行过程度不同的修改，俱已并非初始面目。但是，这部刊本梓行于明嘉靖间，毕竟是很早的版本，保存一定的原先成分，仍然具有很高的研究参考价值。从某种意义来看，还可以说这部刊本也是探索罗贯中所编撰小说《三国志演义》的重要途径之一。"①

尽管原貌已不可观，但尤为重要的是，嘉靖元年本的题署的著者是罗贯中。

根据该刊本面世的年代，我们知道这一部书，实是在中国古代长篇小说领域最早产生的著作，因此罗氏对于中国的长篇小说，无疑有开拓之功，此其一；如今是长篇小说大行其道的年月，与当初罗贯中创作时的无可稽考自然不同，但是，自《三国志演义》诞生迄今六百余年，在长篇历史小说这个领域，此著依然名声最高，作法最为谨严，影响依然最大，可见罗氏之才具卓异独出，此其二；由于罗氏之演义，三国故事在后来变得更为深入人心，简直可说是通晓于妇孺，至于三国故事之详略得失，也远较其他乱世故事更能引起人们的注目和悲叹，此其三。有此三种贡献，则罗贯中名声之不泯，就是理所当然的事了。

### 2. 罗贯中绘就三国群英像

罗贯中著作《三国志演义》所取得的成就是惊人的，清初毛宗岗批《三国》，曾作《读三国志法》，从各个角度谈论小说的贡献。终篇有言：

> 读《三国》胜读《列国志》。夫《左传》、《国语》诚文章之最佳者，然左氏依经而立传，经既逐段各自成文，传亦逐段

---

① 陈翔华《〈三国志演义〉史话》，国家图书馆出版社，2019年版，第53页。

各自成文，不相联属也。《国语》则离经而自为一书，可以联属矣。究竟周语、鲁语、晋语、郑语、齐语、楚语、吴语、越语八国分作八篇，亦不相联属也。后人合《左传》《国语》而为《列国志》，因国事多烦，其段落处，到底不能贯串。今《三国演义》，自首至尾读之无一处可断其书，又在《列国志》之上。

　　读《三国》胜读《西游记》。《西游》捏造妖魔之事，诞而不经。不若《三国》实叙帝王之事，真而可考也。且《西游》好处《三国》已皆有之。如哑泉、黑泉之类，何异子母河、落胎泉之奇。朵思大王、木鹿大王之类，何异牛魔、鹿力、金角、银角之号。伏波显圣、山神指迷之类，何异南海观音之救。只一卷《汉相南征记》便抵得一部《西游记》矣。至于前而镇国寺，后而玉泉山；或目视戒刀脱离火厄，或望空一语，有同棒喝。岂必诵灵台方寸、斜月三星之文，乃悟禅心乎哉？

　　读《三国》胜读《水浒传》。《水浒》文字之真，虽较胜《西游》之幻，然无中生有，任意起灭，其匠心不难。终不若《三国》叙一定之事，无容改易，而卒能匠心之为难也。且三国人才之盛，写来各各出色，又有高出于吴用、公孙胜等万万者。

因此，毛宗岗感叹：

　　吾谓才子书之目，宜以《三国演义》为第一。[1]

毛批本《三国》后来通行于世，但在小说整体形制方面并无大的改

---

[1] （清）毛宗岗《读三国志法》，《毛宗岗批评本三国演义》，凤凰出版社，2010年版，第10页。

造，因此将他的这一番赞叹之语归之于《三国志演义》原著者罗贯中氏最为合适。

对中国文学史来说，罗贯中的《三国志演义》实有一个绝大的贡献，便是塑造了一个三国英雄群像。据沈伯俊、谭良啸《三国演义大辞典》统计，书中共写了1258个人物，其中曹魏419人、刘蜀238人、孙吴174人、其他427人[①]；而毛宗岗在《读三国志法》中所提及的突出人物共91人，故毛氏认为"古今人才之众，未有盛于三国者也"，其中，除了"三绝"诸葛亮、关羽、曹操外，个性突出之英雄人物尚有八九十人之多，遍布于魏、蜀、吴三方阵营。

根据毛氏所言，我们可以看到罗贯中在此一方面的惊人成就：

> 三国之有三绝固已，然吾自三绝而外，更遍观乎三国之前，三国之后，问有运筹帷幄如徐庶、庞统者乎？问有行军用兵如周瑜、陆逊、司马懿者乎？问有料人料事如郭嘉、程昱、荀彧、贾诩、步骘、虞翻、顾雍、张昭者乎？问有武功将略迈等越伦如张飞、赵云、黄忠、严颜、张辽、徐晃、徐盛、朱桓者乎？问有冲锋陷阵骁锐莫当如马超、马岱、关兴、张苞、许褚、典韦、张郃、夏侯惇、黄盖、周泰、甘宁、太史慈、丁奉者乎？问有两才相当、两贤相遇如姜维、邓艾之智勇悉敌，羊祜、陆抗之从容互镇者乎？至于道学则马融、郑玄，文藻则蔡邕、王粲，颖捷则曹植、杨修，早慧则诸葛恪、钟会，应对则秦宓、张松，舌辩则李恢、阚泽，不辱君命则赵咨、邓芝，飞书驰檄则陈琳、阮瑀，治烦理剧则蒋琬、董允，扬誉蜚声则马

---
① 沈伯俊、谭良啸编著《三国演义大辞典》凡例，中华书局，2007年版，第5页。

良、荀爽，好古则杜预，博物则张华。求之别籍，俱未易一一见也。乃若知贤则有司马徽之哲，励操则有管宁之高，隐居则有崔州平、石广元、孟公威之逸，忤奸则有孔融之正，触邪则有赵彦之直，斥恶则有祢衡之豪，骂贼则有吉平之壮，殉国则有董承、伏完之贤，捐生则有耿纪、韦晃之节。子死于父，则有刘谌、关平之孝；臣死于君，则有诸葛瞻、诸葛尚之忠；部曲死于主帅，则有赵累、周仓之义。其他早计如田丰，苦口如王累，矢贞如沮授，不屈如张任，轻财笃友如鲁肃，事主不二心如诸葛瑾，不畏强御如陈泰，视死如归如王经，独存介性如司马孚。炳炳燐燐，照耀史册。[1]

在罗贯中的笔下，运筹帷幄的谋士是英雄，冲锋陷阵的武将是英雄，曹操是英雄，刘备、孙权亦是英雄。但凡有出众之处，罗贯中是不会吝惜他的赞誉的笔墨的。小说家笔下的三国世界，真可谓"猛将如云、谋臣如雨、英雄辈出、豪杰竞起"，这一种大形势虽然有天然造就的部分，但若非对时局深有洞悉的英雄，不足以领会英雄的处境，也不足以将英雄之能契合于适当的时分，令其充分发挥。须知英雄之功业之所以在读者目光中历历如见，并不全然是因为历史本身便提供了足够的际遇，这一份结构和创造，自然来自罗贯中的描绘之功。事实上，经过他的工作，许多人物的形象比历史上的真实存在更趋于分明。

在这些历史人物中，曹操作为三国时代最为重要的军事家、政治家、文学家以及魏的开创者而最先站立于故事的顶点。在最早完整地记载了三国历史的史学巨著《三国志》中，著者陈寿便不吝赞词，将曹操

---

[1] （清）毛宗岗《读三国志法》，《毛宗岗批评本三国演义》，凤凰出版社，2010年版，第2—3页。

称之为"非常之人，超世之杰"。在后来的许多涉及三国历史的著作中，"魏武挥鞭"都作为一个特定的章节而影响深远。

曹操此人，在这个世间活了六十五年，观《三国志》卷一《武帝纪》，可知其戎马倥偬，在军旅之中即度过了半生，所谓"太祖运筹演谋，鞭挞宇内，揽申、商之法术，该韩、白之奇策，官方授材，各因其器，矫情任算，不念旧恶，终能总御皇机，克成洪业者，惟其明略最优也"[1]，除了"不念旧恶"一语有曲笔回护之嫌，其余可信者十之八九。

但是，曹操的英雄故事，虽功业昭然，却终因其为人诡诈、残酷嗜杀而受人诟病。"奸雄"曹操，其实也是时代情感的一部分，而这种遭人恶之，非因他人，实是曹操自身的作为所致。好谋至于奸诈，杀伐至于嗜杀，诡秘至于胡乱地怀疑，等等。陆逊之孙陆机入晋后作有《辨亡论》，对曹操的评价尚属中肯："曹氏虽功济诸华，虐亦深矣，其民怨矣。"而在孙盛《异同杂语》及晋时吴人所作《曹瞒传》中，则对曹操为人之弊多有揭示。譬如，曹操杀吕伯奢一家，孙盛所记事情经过为"太祖闻其食器声，以为图己，遂夜杀之"，与王沈《魏书》记载的曹操杀人之因就颇有不同。《魏书》所记，为吕伯奢儿子及宾客"共劫太祖，取马及物"，因此"太祖手刃击杀数人"[2]，果真如此，则属自卫之举。

当然，事情的经过，现在已难辨明，但曹操"宁我负人，毋人负我"的"乱世之奸雄"形象却自此开启，经后来习凿齿《汉晋春秋》、刘义庆《世说新语》等书的逐步强化，到北宋时渐渐定型。而关于曹操嗜杀的记载，史不绝书。譬如曹操征徐州陶谦事，陈寿《三国志》所载较略，却也述及实情："所过多所残戮"[3]；"谦兵败走，死者万数，泗水为之不

---

[1] 《三国志》卷一《武帝纪》，中华书局，2006年版，第33页。
[2] 同上，第4页。
[3] 同上，第7页。

流"①。到范晔《后汉书》中，则见曹操之罪孽深重更无疑也："凡杀男女数十万人，鸡犬无余，泗水为之不流，自是五县城保，无复行迹。"②司马光著《资治通鉴》，大体袭用了《后汉书》的材料："初，京、雒遭董卓之乱，民流移东出，多依徐土，遇操至，坑杀男女数十万口于泗水，水为不流。"③

毛宗岗论其行事为人：

> 历稽载籍，奸雄接踵，而智足以揽人才而欺天下者莫如曹操。听荀彧勤王之说而自比周文，则有似乎忠；黜袁术僭号之非，而愿为曹侯，则有似乎顺；不杀陈琳而爱其才，则有似乎宽；不追关公以全其志，则有似乎义。王敦不能用郭璞，而操之得士过之；桓温不能识王猛，而操之知人过之。李林甫虽能制禄山，不如操之击乌桓于塞外；韩侂胄虽能贬秦桧，不若操之讨董卓于生前。窃国家之柄而姑存其号，异于王莽之显然弑君；留改革之事以俟其儿，胜于刘裕之急欲篡晋……

因此将其评为"古今来奸雄中第一奇人"④。

像曹操这样的人物，在整个三国历史上，确属一个难以归类的典型。若论其才略，真可谓"乐府称绝""文章瑰玮""汉末名人，文有孔融，武有吕布，孟德实兼其长"；但论其为人之失，则不免又被讥为"志

---

① 《三国志》卷八《陶谦传》，中华书局，2006年版，第151页。
② 《后汉书》卷七十三《陶潜传》，中华书局，2007年版，第692页。
③ 《资治通鉴》卷六十，岳麓书社，2009年版，第706页。
④ （清）毛宗岗《读三国志法》，《毛宗岗批评本三国演义》，凤凰出版社，2010年版，第2页。

窥汉鼎""称王谋逆""甘心作贼"[1]。

三国虽是一个英雄辈出的年代,但世逢大乱,民无所依,若论何等英雄方当得起百姓众口称诵,则曹操恐非其人。

不过,曹操虽蔑视天下人,却也能青眼识刘备,《三国志演义》嘉靖本第四十一节所演绎的,便是曹操"青梅煮酒论英雄"的故事:

> 酒至半酣,忽阴云漠漠,骤雨将来。从人遥指天外龙挂,操与玄德凭栏观之。操曰:"贤弟知龙变化否?"玄德曰:"未知也。"操曰:"龙能大能小,能升能隐。大则吐雾兴云,翻江搅海;小则埋头伏爪,隐介藏身;升则飞腾于宇宙之间,隐则潜伏于秋波之内。此龙阳物也,随时变化。方今春深,龙得其时,与人相比,发则飞升九天,得志则纵横四海,龙乃可比世之英雄。"[2]

曹操进而断言:"夫英雄者,胸怀大志,腹隐良谋,有包藏宇宙之机,吐冲天地之志,方可为英雄也。"如此,则"方今天下",谁为英雄?根据曹操的判断,"惟使君与操耳"。把刘备当作了唯一的竞争对手。无怪刘备闻雷失箸。

枭雄刘备身上,虽然也有诡诈的一面,可与曹操相比,毕竟在更多时候,更以仁慈一面示人。陈寿虽然认为刘备"机权干略,不逮魏武",但也客观地承认刘备"弘毅宽厚,知人待士,盖有高祖之风",并因此

---

[1] 张溥《汉魏六朝百三名家集·魏武帝集题辞》,引自张作耀《曹操传》,人民出版社,2015年版,第456页。
[2] 罗贯中《三国志通俗演义》,刘世德主编《罗贯中全集》(壹),三晋出版社,2011年版,第112—113页。

赞其为"英雄之器焉"①。

三国刘备，也是个谜一样的人物。

若论其出身，刘备虽是宗室后裔，却因支系偏远，至其降生时，家世已沦落为平民无疑。不过，在混乱的三国局势中，刘备在本无尺寸之地的情形下却能吸引和聚集人心，不仅被曹操视为天下仅有的可与其并列的英雄，而且能够获得三国时的超一流人物诸葛亮的拥戴，虽百折而不挠，终于成就帝业。清人赵翼对此曾详细论及：

> 刘备以性情相契……至刘备，一起事即为人心所向。少时结交豪杰，已多附之。中山大商张世平、苏双等，早资以财，为纠合徒众之用。领平原相，刘平遣刺客刺之，客反以情告。救陶谦，谦即表为豫州刺史。谦病笃，命以徐州与备，备不敢当，陈登、孔融俱敦劝受之。后为吕布所攻，投奔于操，操亦表为左将军，礼之甚重。嗣以徐州之败奔袁谭，谭将步骑迎之。袁绍闻备至，出邺二百里来迓。及绍败，备奔刘表，表又郊迎，待以上宾之礼，荆州豪杰多归之。曹兵来讨，备奔江陵，荆州人士随之者十余万。是时身无尺寸之柄，而所至使人颠倒如此。程昱谓备甚得人心，诸葛亮对孙权亦谓，刘豫州为众士所慕仰，若水之归海，此当时实事也。乃其所以得人心之故，史策不见。第观其三顾诸葛，咨以大计，独有傅岩爰立之风。关、张、赵云，自少结契，终身奉以周旋，即羁旅奔逃，寄人篱下，无寸土可以立业，而数人者，患难相随，别无贰志。此固数人者之忠义，而备亦必有深结其隐微而不可解者

---

① 《三国志》卷三十二《先主传》，中华书局，2006年版，第532页。

矣。其征吴也，黄权请先以身尝寇，备不许，使驻江北以防魏师。及猇亭败退，道路隔绝，权无路可归，乃降魏。有司请收权妻子，备曰："我负权，权不负我也。"权在魏，或言蜀已收其孥，权亦不信。君臣之相与如此。至托孤于亮曰："嗣子可辅辅之，不可辅则君自取之。"千载下犹见其肝膈本怀，岂非真性情之流露。设使操得亮，肯如此委心相任乎，亮亦岂肯为操用乎！惜是时人才已为魏、吴二国收尽，故得人较少，然亮第一流人，二国俱不能得，备独能得之，亦可见以诚待人之效矣。①

以诸葛亮之"逸群之才"，却能终其一生，甘为刘氏父子尽忠，这份忠肝义胆，已非我们今天所能想象的了。而且，刘备固然为世上少有的枭雄，但其子刘禅却才智平平。或谓孔明之际遇，便也在此。正因刘氏集团缺乏杰出的智略之士，所以无论在刘备时期还是在刘禅时期，诸葛亮都获得了比较充分的施展空间。尤其在刘备去世之后，刘禅遵从父命，将国政大权全部交由诸葛亮，并给予其充分信任，所谓"政由葛氏，祭则寡人"，是古往今来很多帝王都无法做到的。诸葛亮此时既有权臣之实而使人不以权臣视之，在滚滚流淌的历史长河中，确属很罕见的事实。

在时局震荡的三国时代，像诸葛亮这样的人物，"少有英霸之气"，"每自比于管仲、乐毅"，也并非我们通常习见的谦谦君子。但恰恰是他，恪尽本分，功高却不震主，鞠躬尽瘁，死而后已。千载之下，"诸葛大名垂宇宙"，又岂是杜甫一人赞之？"历稽载籍，贤相林立，而名高万古者莫如孔明。其处而弹琴抱膝，居然隐士风流，出而羽扇纶巾，

---

① （清）赵翼《廿二史札记校证》卷七《三国志 晋书》"三国之主用人各不同"条，王树民校证，中华书局，2013年版，第148—149页。

不改雅人深致。在草庐之中，而识三分天下，则达乎天时；承顾命之重，而至六出祁山，则尽乎人事。七擒八阵，木牛流马，既已疑鬼疑神之不测，鞠躬尽瘁，志决身歼，仍是为臣为子之用心。比管、乐则过之，比伊、吕则兼之"，因此，孔明被誉为"古今来贤相中第一奇人"。①

当然，罗贯中还写到了关羽的故事。关羽在后代被尊为神，有"关帝"之称。在三国历史人物当中，死后被尊封为神的人中，关羽是独有的一位。罗贯中为何会不遗余力地叙述关羽的故事，并且给予他最大的虚构，所谓"特多好语"云云，同样既出于罗贯中内心的情感，另外自然也有时代的风向标的作用。在一个弱肉强食的社会里，人心沦落无依，罗贯中着力描绘存在于关羽身上的道德伦理，写到人们对义的追求，是再自然不过的了。

在曹操与关羽之间，也有一个英雄惜英雄的故事。罗贯中在《三国志演义》中写了发生于二人之间的几次关键性细节。其一，关羽以刘备帐下马弓手身份出战华雄②，他人皆嘲笑，关羽独被曹操所重，但关羽"温酒斩华雄"，自然证明了曹操目光非俗。其二，关羽因曹操在狩猎时僭越天子马前，欲杀曹操，被刘备目视所阻。其三，关羽降汉不降曹，为曹斩杀颜良、文丑，解其艰危，立下大功。其四，关羽辞曹，过五关斩六将，但曹操卖关羽人情，并不追究。其五，关羽华容道回报曹操昔日恩义，义释之。最后一举，虽违大义，对蜀汉大业有损，但有恩必报的义举，还是能够获得大多数人的认同。

罗贯中生活的元末与其笔下的三国，同为乱世，乱中求治的情感

---

① （清）毛宗岗《读三国志法》，《毛宗岗批评本三国演义》，凤凰出版社，2010年版，第2页。
② 关羽"温酒斩华雄"属于小说家的创造。在正史记载中，华雄实为孙坚所斩。

异常迫切，对英雄同样求之若渴。因此，呼吁能人智士、仁慈的君主出世，可谓整个时代共同的心声。罗贯中重笔写英雄，在三国丰富广阔的人物谱系中选择了最具有典型性的诸葛亮的故事，与诸葛亮的出场和生平业绩相对应地，他选择了诸葛一生所服务的刘备的故事，追溯他的前世今生。围绕着刘备，自然要写到关羽、张飞和赵云、马超的故事，渲染他们的武勇。与刘备一方相争竞的，便是他一生的对手曹操的故事。在刘备大业建立之前，曹操已在叱咤风云，在官渡大败袁绍，继而平定北方。罗贯中基本以史实为据，书写了曹操的这一段故事，书写了荀彧、郭嘉、荀攸等人的故事。等到刘备和曹操的战争开始，罗贯中版的三国故事最大的主角诸葛亮上场，其他人就退而成其次了。这是罗贯中的文法。他在这里，将诸葛亮作为真正的主角来写，他不是任何人的陪衬。所以笔者认为罗贯中在他这里寄予遥深。

在刘备和曹操的斗争之中，罗贯中也书写了三国鼎立中不可或缺的另外一角，即孙吴的故事。东吴孙氏父子，皆少年早成，英姿出众。父孙坚，勇挚刚毅，本从孤微发迹。史传其人年方十七便有勇略，曾随父同乘船至钱塘，适逢海贼抢劫商人财物后坐地分赃。往来旅客皆为贼人阵势震慑，船只也停顿下来不敢通行。孙坚独出，操刀上岸，挥手指点东西，如分派部署士兵、民众等包围以击贼。贼人望见，颇以为是官兵来围捕，所以将财物四散逃走。孙坚不退，直追贼人，斩杀一贼首级以还。其父大为惊奇。孙坚自此闻名，并受到了地方官员的召见，赐予校尉之职。[①] 这是孙氏崛起江东之始。

此后，孙坚在镇压黄巾的大势中渐渐显露，屡建功勋，等到董卓之乱时，孙坚部已有一定势力。在继之而来的讨伐董卓之战斗中，孙坚以

---

① 参见罗贯中《三国志通俗演义》，刘世德主编《罗贯中全集》（壹），三晋出版社，2011年版，第7页。

相对弱势之兵，大战卓军，因此董卓对关东联盟诸军虽不大在意，但对孙坚一支孤军却颇为忌惮，为避其锋锐，大取拉拢之策。将军李傕，曾被派出前往孙坚处讲和。

关于这一小段插曲，罗贯中基本以史实为据，描绘如下：

> 傕曰："丞相所敬者，惟将军耳……今特使傕来结亲：丞相有女，欲配将军之子。但有宗族子弟，连名保上，皆作郡守、刺史，庶几不失人才。"坚大怒，叱曰："董卓逆天无道，荡覆王室，吾欲尽夷九族，悬头四海，以谢天下！如其不然，则吾死不瞑目，安肯与逆贼结亲耶！"①

孙坚此人，本与曹操同庚，可惜自恃其勇，在征讨刘表部将黄祖时匹马单行，惨死于对方军士乱箭之下。其时年仅三十七岁。这真是足堪警诫之事。

可叹的是，孙坚长子孙策，后来又犯了与其父同样的错误，死时年龄更小，仅二十六岁。孙策承继父业时年只十七，正是其父开始扬名的年龄。但仅仅数年时间，孙策便不只挽救了由于孙坚之死而形成的颓势，而且整合队伍，开疆拓土，据有了会稽、吴郡、丹杨、豫章、庐陵②等郡土地，可说是取得了巨大的成功。

作为孙坚的长子，孙策在许多方面都酷似其父。二人都勇猛出众，才智超群，因此都能在不长的时间内，便大大地拓展己方势力，为后来孙氏独霸江东奠定了厚实的基础。但二人却都是果敢有余，定力不足，

---

① 罗贯中《三国志通俗演义》，刘世德主编《罗贯中全集》(壹)，三晋出版社，2011年版，第29页。
② 《三国志》卷四十七《吴主传》，中华书局，2006年版，第662页。

轻佻而急躁,所以并非天不假年,而实是自己以短取死。孙坚死于战阵之中尚为轻敌冒进之失,而孙策之死于刺杀,却更属意外。

孙策死于建安五年(200)。此时曹操已与袁绍相持,孙策闻听此事后,便秘密策划趁机袭击许都。曹操知孙策强盛,叹息说:"狮儿难与争锋也!"①曹方人士知孙策有袭许意,多怀戒惧之心。但郭嘉却预料到:"策新并江东,所诛皆英豪雄杰,能得人死力者也。然策轻而无备,虽有百万之众,无异于独行中原也。若刺客伏起,一人之敌耳。以吾观之,必死于匹夫之手。"②后来孙策之死,果不出郭嘉所言。据《三国志》卷四十六《孙破虏讨逆传》:"建安五年,曹公与袁绍相拒于官渡,策阴欲袭许,迎汉帝,密治兵,部署诸将。未发,会为故吴郡太守许贡客所杀。先是,策杀贡,贡小子与客亡匿江边。策单骑出,卒与客遇,客击伤策。"③罗贯中《三国志演义》叙及孙策之死,主体情节便缘于此。在第五十八节《孙权领众据江东》中,记载了孙策死时的具体情状:

> 须臾策醒,见金疮粉碎,乃自叹曰:"吾不能复生矣!"随即请张昭等诸将皆入,策嘱咐曰:"中国方乱,夫以吴、越之众,三江之固,足以观成败。汝等善相吾弟!"乃取印绶,唤弟孙权近卧榻边曰:"若举江东之众,决机于两阵之间,与天下争衡,卿不如我;举贤任能,各尽其心以保江东,我不如卿。汝宜想父兄创业之艰难,勿轻易也!"④

---

① 罗贯中《三国志通俗演义》,刘世德主编《罗贯中全集》(壹),三晋出版社,2011年版,第154页。
② 《三国志》卷十四《郭嘉传》,中华书局,2006年版,第263页。
③ 同上,卷四十六《孙破虏讨逆传》,第658页。
④ 罗贯中《三国志通俗演义》,刘世德主编《罗贯中全集》(壹),三晋出版社,2011年版,第157—158页。

吩咐完毕，孙策当夜就去世了。

如此，则孙策之死，并非不可避免。但此种性格缺陷，几如孙氏家族遗传，非但孙坚、孙策如此，孙权同样如此。譬如建安十四年（209）的围合肥之役，孙权就如同其父兄一般，有"率轻骑将往突敌"的不冷静之举，幸有张纮及时劝谏"夫兵者凶器，战者危事也。今麾下恃盛壮之气，忽强暴之虏，三军之众，莫不寒心，虽斩将搴旗，威震敌场，此乃偏将之任，非主将之宜也。愿抑贲、育之勇[①]，怀霸王之计"[②]，孙权才没有贸然行动。可见倚赖一己勇力，逞强斗勇，即使像孙权这样能够"屈身忍辱""有勾践之奇"的人也是不可抑制的。

不过，毕竟亲见父兄之失，孙权一生，在关键的时候尚能听进一些忠言。尤其在其事业发展的早期，可以"待张昭以师傅之礼"，而重用周瑜、程普等军事将领，又"招延俊秀，聘求名士，鲁肃、诸葛瑾等始为宾客"[③]。孙权十九岁时接过父兄创立的基业，张昭、周瑜等认为"可与共成大业"，"故委心而服事焉"。

在罗版《三国》中，孙吴似为配角。但真实的三国历史，实是三方鼎足，各竞其功。因为奠定基业的江东武人孙坚和孙策父子二人，均有以武力问鼎中原的意思，唯孙权鉴于父兄之失，以守成为重。但在刘备与曹操胶着的时候，孙吴却是举足轻重的掌握三国平衡木的一方。因此，孙吴与曹操和刘备的对抗，远未及曹操和刘备之间的对抗剧烈。但在各种争战之中，孙吴恰恰因其守成，在前期，基本未有败绩。而曹操败于赤壁，刘备败于夷陵。

---

[①] 孟贲、夏育，皆为古之勇士。
[②] 《三国志》卷五十三《张纮传》，中华书局，2006年版，第738页。
[③] 同上，卷四十七《吴主传》，第662页。

孙吴人才之盛，也仅次于曹魏，但超过刘备一方。周瑜殁后，鲁肃继之，鲁肃之后，又有吕蒙，吕蒙之后有陆逊。东吴人才，代代相续，层出不穷。周鲁吕陆，为孙吴政权的发展和存续依次发挥作用。本来，依周瑜之意，上承孙策志愿，有问鼎中原之意，因此，他反对纵容刘备发展起来，多次建议将其软禁在吴。这和曹操对刘备的防范是相同的。可惜本来已经准备图蜀的周瑜行至巴丘时病逝。如果周瑜不死，三国局势如何，颇难预料。吴国虽未必能够独力抗曹，但也不见得会在短期内败灭，但对于刘备来说，身处曹操和孙权双方的夹击之下，是否仍可以与其鼎足而三，其可能性无疑是要大打折扣的。

　　在真实的历史中，周瑜没有上演与诸葛亮的对决就病亡了，但罗贯中创作了"既生瑜，何生亮"的故事，使周瑜死在诸葛亮的三气之中。这自然是罗贯中的狠恶之处。事实上，历史上的周瑜却是器量广大，远非罗贯中笔下斤斤计较的小肚鸡肠形象。

　　罗贯中久居吴越，自然谙熟孙吴人事，但他在创作中，不只改变了周瑜的形象，且更大程度地改变了鲁肃的形象。鲁肃明于时势，能把握当时大局，对促成孙刘联盟有大功。由此对于刘备一方，鲁肃实是有恩义在的，尽管他主张联盟的出发点是保障孙吴政权，但也确因如此，刘备方赢得了喘息之机。而孔明身在刘备阵营，为图发展久计，更能洞察与孙吴联合之必要。或曰，孔明与鲁肃交好，也正因英雄所见略同。

　　刘备立国甚晚，当其事业开始发展时，曹操和孙权的势力都已稳固，如果不明于形势，而选择硬行与其中任何一方相抗，结果自然是落得一个败亡结局。换句话说，倘无联吴之功，刘备立国本就极难成功。但是刘备和关羽在这一点上，其判断力就大为逊色。设若刘、关二人和诸葛亮的意见高度统一，则蜀汉发展将不可限量。当初荆州不失时，蜀汉的势力已经引发孙权的忌惮，其时鲁肃已死，而力主全占荆州的吕蒙抬头。关羽后来并不敌吕蒙，故此成为悲剧角色。但关羽的名声，在前期已经建立起来，所以当其败亡时，悲剧感便愈重。适逢不久，吕蒙死去，曹操死去，因此关羽之死能引发世人的畏惧之心。后世人对他的祭祀，便不无安抚和尊崇他的意思……

不过，终究是回天无力，后人的叙说，也不外是空自嗟叹罢了。但这才是历史的真相。

罗贯中真实甚而精确地把握了这一历史的大局，将英雄之力与时代严密地契合起来，从而使这部小说融历史的广阔雄深及文学的细微真挚于一身。而《三国志演义》的成功，在很大程度上便是因为罗贯中为三国群英绘像的成功。

### 3. 小说中的虚、实相生

但是，在构建《三国志演义》这座小说大厦的历程中，罗贯中秉行的一定是小说家而非史学家之责。如若拘谨于历史的真相，则个人的聪慧勇决一定大不过集体的合力，因此看似无敌的关公会战败，勇冠当代的孙策会死于几个门客之手，智慧绝伦的诸葛也多有力不从心的叹息。而罗贯中结撰历史小说，势必使笔下的人物和事件予以轻重分别，因此夸大英雄的作用，贯通故事的首尾，是为创作这类小说的不二法门。

所以，我们一再强调，绝不能把罗贯中笔下的三国英雄等同于真实的历史人物，作为长篇小说的开创者，罗贯中真正负责的，只是艺术的真实。历史上有许多学者，曾胶着于此著几实几虚的辩论，但并无意义。罗贯中谙熟三国的历史自无问题，他的著作，也多从历史中取材，若究其本质，却仍非史著范畴。《三国志演义》的任务，也绝非后来误打误撞所形成的事实，即通俗地讲述三国的历史。罗贯中之作为文人创作小说，其初衷实不在此。试简析之：三国故事本发端于公元二三世纪，而终至于元末明初时罗贯中此著完成，其间历经的朝代有两晋、南北朝、隋、唐、五代、宋、元等，前后长达一千多年。如此漫长的流传和讲述，讲述者的情感和思考不断被纳入创造，其中各自又被打上各时代的烙印，最后则由罗贯中氏汇总而成其巨著。既有如许之多的人为三国讲述添薪加火，审其最深的目标，莫非仅仅是为了真实反映三国历史？显非如此。多数人对三国发生兴趣，终归还是因为三国人事复杂淋漓，可供各种创作者借以抒写各自胸中块垒罢了。①

而罗贯中之所以能够创造出满纸英雄，或许也应该归功于"他没有如现代历史学家那样精熟和热衷于全书的一致性"，尽管，"这或许是他的一个弱点"。但实际上，由于罗贯中在创作中将各种材料兼容并蓄，又很容易导致各类阅读者的误解。对于《三国志演义》中人物的创作，简单地指为"模式化的脸谱"等说法，简直不绝于耳，然而，这都是漫不经心的指责，我们只要通览一遍《三国志演义》，就当看出罗贯中在处理这些材料时并不草率。夏志清有言："当象利顿·斯特雷奇这样的现代传记作家因为关心始终如一的形象，不可避免地使作品带上虚假的色彩，从而使效果适得其反时，罗贯中对原材料明显地不加区别，反而最终在再现风云变幻的时代时达到了惊人的客观。"②这种观察，与那些指责罗贯中笔下仅仅刻画了单线条人物的说法自然是不同的。

关于《三国志演义》创作中的"失败"，胡适曾在其《三国志演义》序》中发表过著名的批评之言：

《三国演义》的作者，修改者，最后写定者，都是平凡的

---

① 参见刘烈茂《〈三国志通俗演义〉与元明清历史演义小说》，李修生、赵义山主编《中国分体文学史·小说卷》（第三版），上海古籍出版社，2014年版，第228页。
② 夏志清《中国古典小说导论》，安徽文艺出版社，1988年版，第44页。

陋儒，不是有天才的文学家，也不是高超的思想家。他们极力描写诸葛亮，但他们理想中只晓得"足计多谋"是诸葛亮的大本领，所以诸葛亮竟成一个祭风祭星，神机妙算的道士。他们又想写刘备的仁义，然而他们只能写一个庸懦无能的刘备。他们又想写一个神武的关羽，然而关羽竟成了一个骄傲无谋的武夫。①

但事实上是站不住脚的。胡适或许完全忽略了"《三国志演义》的作者"在运笔于诸葛之智、刘备之仁、关羽之神武的同时，又是怎样一笔一笔地写下了他们的悲剧性的失败。罗贯中基于这种智、仁、勇背后的故事逻辑的铺垫是：

诸葛之智向后传导的是出师未捷身先死的悲凉；刘备以其貌似仁弱无能的性格假象奠定的却是三分天下的伟业——蜀汉之能建立根基当然离不开刘备识才的慧眼，刘备唯有别于曹操之霸气，才可以在己方势力单薄的危境中形成人才向心的聚力；而关羽的骄傲无谋，恰恰是其"大意失荆州"不可不有的性格因素。因此，当罗贯中笔墨如绘地书写刘备的"仁义"而近"庸懦无能"，关羽兼资"神武"和"骄傲无谋"，诸葛孔明以其智慧绝伦却又回天无力，正是出于一种使故事走向真实和完整而不得不有的逻辑。

在谈到罗氏为什么要在局部改动历史之时，龚鹏程曾以"通古今之变，究天人之际"的史学终极精神来加以谈论，认为"明清朝迄今许多小说评论者"的这种指摘和批评都是不懂得什么是历史的胡扯，但是，"从它由一时一地的史事叙述中逼显出历史的动向与意义、洞达历史的

---

① 胡适《中国章回小说考证》，上海书店出版社，1979年版，第390页。

理性诡谲、具有历史哲学探索的意蕴等各方面说,《三国志》怎能望《三国演义》的项背"?很多读书人之所以囿于"史记实事",斤斤计较如此,或因"受近代实证史学影响太深"之故。[1]但是,罗贯中作为一个开创性的小说大家,他写作《三国志演义》这样的小说著作,却并未受到这样的拘束。因此,在这部书中的很多地方,他都能展开思维的想象力,从而构成其笔下的三国故事不同于正史记载的许多新的逻辑,而正是这种新的逻辑,使这部历史小说的结构严密,主线突出,井然有序。

我们应该承认的是,在贯通历史与文学的真实、放开手脚这一方面,罗贯中的才华体现得足够充分。《三国志演义》最终成就同类著作中的经典并非偶然。罗氏笔下的历史,更是文学所取资的一个基本方面,但并非历史本身。明晓了这一点,我们即可知为什么像《封神演义》之头绪纷繁、琐碎支离,自是不可与它比拟的了。[2]

总之,无论如何,罗贯中所经历的一切人生都没有浪费过。这是时代变迁与个人命运的"天作之合"。他在身后留下了这部著作,这其间有无数的人进行传抄,以使他的劳动不至于隐没不彰。他的聪明才智都用在了这种在当时人看来颇觉荒芜的劳动之中。世事多难,他既已经丢弃了"图王"之志,则必不会有使自己成为伟人的幻想,但事实上,他还是阴差阳错地开创了中国文学中这一堪称伟大的传统。《三国志演义》——这部由他写下的书成为后代人心中绕不过去的起点、真正的小说名著。如《华容道关云长义释曹操》一节,着力写关羽之义,非大文学家莫能为:

---

[1] 龚鹏程《中国小说史论》,北京大学出版社,2008年版,第215、219页。
[2] 参见李修生编著《中国文学史纲要》(明清文学),北京大学出版社,2003年版,第17页。

……华容道上三停人马，一停落后，一停填了坑堑，一停跟随曹操。过险峻，路稍平妥。操回顾，止有三百余骑随后，并无衣甲袍铠整齐者……又行不到数里，操在马上加鞭大笑。众将问："丞相笑者何故？"操曰："人皆言诸葛亮、周瑜足智多谋，吾笑其无能为也。今此一败，吾自是欺敌之过。若使此处伏一旅之师，吾等皆束手受缚矣。"

言未毕，一声炮响，两边五百校刀手摆列，当中关云长提青龙刀，跨赤兔马，截住去路。操军见了，亡魂丧胆，面面相觑，皆不能言。操在人丛中曰："既到此处，只得决一死战！"众将曰："人纵然不怯，马力乏矣，战则必死！"程昱曰："某知云长傲上而不忍下，欺强而不凌弱；人有患难，必须救之，仁义播于天下。况丞相旧日有恩在彼处，何不亲自告之，必脱此难矣。"操从其说，即时纵马向前，欠身与云长曰："将军别来无恙？"云长亦欠身答曰："关某奉军师将令，等候丞相多时。"操曰："曹操兵败势危，到此无路，望将军以昔日之言为重。"云长答曰："昔日关某虽蒙丞相厚恩，某曾解白马之危以报之。今日奉命，岂敢为私乎？"操曰："五关斩将之时，还能记否？古之人，大丈夫处世必以信义为重。将军深明《春秋》，岂不知庾公之斯追子濯孺子者乎？"云长闻之，低首良久不语。当时曹操引这件事。说犹未了，云长是个义重如山之人，又见曹军惶惶，皆欲垂泪；云长思起五关斩将放他之恩，如何不动心？于是把马头勒回，与众军曰："四散摆开。"这个分明是放曹操的意。操见云长勒回马，便乘空和众将一齐冲将过去。云长回身时，前面众将已自护送操过去了。云长大喝一声，众皆下马，拜哭于地。云长不忍杀之。正犹豫中，张辽纵马至。云长见了,亦动故旧之心,长叹一声,并皆放之。①

此事并非史实。据《山阳公载记》云:"公船舰为备所烧,引军从华容道步归,遇泥泞,道不通,天又大风,悉使羸兵负草填之,骑乃得过。羸兵为人马所蹈藉,陷泥中,死者甚众。军既得出,公大喜,诸将问之,公曰:'刘备,吾俦也。但得计少晚;向使早放火,吾徒无类矣。'备寻亦放火而无所及。"②

如此,曹操固然是从华容道走脱,其中却并无关羽伏兵。但是罗贯中笔笔写来,却是极其真实,可说字字句句皆入到了人的肺腑之里。此处写关羽之义,溢出了家国事业的单尺度考量,而是更循依人性的深度去写。华容道释曹,所见为"侠之大者",关羽的一颗江湖侠义心历历如绘,至于其三国名将、刘备之臣等角色,情理相较之下,却是暂时退后了。所以此节中,历史的真实居于其次,仍是艺术的真实占了上风。

我们所谓"民间之天真",自是来自民间的声音,有着最为广泛的群众基础。但是,民间的声音也不完全就是低等卑劣的,而是以忠厚节烈义勇为情绪的底子,做更为突出的引申,这是《三国志演义》远超出《三国志平话》的地方。罗氏著《三国》,浓墨写诸葛之智慧与忠贞、关羽之义勇、刘备之仁厚,皆不脱此道。

可见,若没有小说家优秀的创造,仅仅拘束于历史真实,处处谨慎,束缚手脚,则《三国志演义》的艺术表现力必然大打折扣。因为小说所依据的历史是人类的历史,稠人广众式的宏大时空、错综复杂的故事分布,彼此间并不一定有完全的逻辑关系,更多的时候其实会感到散

---

① 罗贯中《三国志通俗演义》,刘世德主编《罗贯中全集》(壹),三晋出版社,2011年版,第270页。
② 《三国志》卷一《武帝纪》,裴注引《山阳公载记》,中华书局,2006年版,第19页。

碎无依。所以，如何在小说中勾连人物和事件，便对小说家的创造力构成了极大的考验。罗贯中写作《三国志演义》之时，中国长篇章回小说之创作实无成例，因此是他敢于打破写史传统，在历史的真实之外另辟真实之道，并首创书写之法，连缀大小故事，一统文字江山。而《三国志演义》之所以成为名著，便也在于罗贯中整合了历史本身固有的混沌不清的面目，而赋予其明晰的小说逻辑、充足的叙事因果关系。很多彼此间本无明确牵涉、连接和渊源的三国故事，经过他的加工后得以充实、贯通起来，首尾一气，从而使这部最大程度地体现他的创造性的《三国志演义》得以成立。这在长篇小说初启之时实是天才的创造。后来的长篇小说脉络也正是沿着这种基本的讲述方式而向前发展的。

### 4. 罗贯中的局限和小说文法

然而，尽管如此，纵观五十一则关于《三国志演义》的历代文人笔记可知，由罗贯中所创作的《三国志演义》所得到的承认依然十分有限。其中，从正面肯定《三国志演义》的，只有三则，说《三国志演义》坏话的，却有十则，用历史对照小说证明《三国志演义》不足信的有十二则，作一般考证和无聊附会的，多达二十六则。[①]

再如黄人《小说小话》，则一反小说对关羽的称道，重在从史实角度为曹操翻案。其语云："书中人物最幸者，莫如关壮缪；最不幸者，莫如魏武帝。历稽史册，壮缪仅以勇称，亦不过贲、育、英、彭流亚耳。至于死敌手，通书史，古今名将，能此者正不乏人，非真可据以为超群绝伦也。魏武雄才大略，奄有众长，草创英雄中，亦当占上座。虽好用

---

① 参见李希凡《〈三国演义〉和为曹操翻案》，陈其欣选编《名家解读〈三国演义〉》，山东人民出版社，1998年版，第403页。

权谋，然从古英雄，岂有全不用权谋而成事者？"①

关于"三绝"形象塑造的功过得失，历来众说纷纭。但笔者以为，批判者固然看到了罗贯中由于局部夸大和变形所带来的小说的通俗化问题，却忽略了小说家在大的关节处循依史实的客观与准确，甚至还忽略了作为一部文人小说，这部名著经过整合各种原始材料并以反讽为主调进行修改加工，其实已经形成了一部具备反讽色调的严肃作品。如浦安迪在《〈三国志演义〉：义士气概的局限》中就曾经说过：

> 细致的比较就会显示出小说中的主人公形象与通俗故事和戏曲中的简单化英雄脸谱在细节处理上有着明显的差异……小说既十分同情这些家喻户晓的英雄，又想摆出一副正史的客观面孔，这种模棱两可的立场最后就出现了贯穿作品首尾的反讽影射。跟其他三部小说（《金瓶梅》《西游记》《水浒传》）一样，我们在《三国志演义》中也看到一种通俗意象与古典文学传统特有的思想抱负两者并存的反讽现象——那就是既不一味吹捧，也不刻意吹毛求疵，而是通过一系列正反事例去探索历史成就的参数。②

若谈论罗贯中著《三国》之局限，笔者愚见，在对一些中间人物的塑造方面，罗氏表现或有不着力处，由此其文人小说的特征受到了抑制。譬如仍以孙吴阵营的鲁肃等人为例，罗贯中硬是把鲁肃写成了一个见识平庸的老好人，而把吕蒙仅仅写成了一个耍弄诡诈的吴国将领。但

---

① 朱一玄、刘毓忱编《三国演义资料汇编》，百花文艺出版社，1983年版，第748页。
② ［美］浦安迪《明代小说四大奇书》，沈亨寿译，生活·读书·新知三联书店，2015年版，第397页。

事实上，如果去除了这种民间的天真，罗贯中或可更多地依据史籍中对鲁肃本来的描绘，突出其宏观的视野和政治伟略，则鲁肃固非目前《三国志演义》中所呈现出来的老好人形象，而孔明所面对的合作伙伴与对手无疑便更为高级，故事张力或许更大。同样，若能够把关公和吕蒙放在一个公正的对战立场上，则关羽固然义勇可嘉，吕蒙亦不失为杰出之人。如此一来，则三国故事便会变得复杂淋漓。以此论，它也将更靠近现代小说。罗贯中没有做到这些，是很自然的。他没有成为更卓越的文学家也是很自然的。后世人对《三国》多所挑剔，总觉得有未尽之憾，与此应不无关系。

但是，话说回来，如今我们谈论罗著《三国》，必然先得考虑小说诞生于中国长篇小说的开创期，而著者的胸怀和文学的技法，都符合他的时代。唯其如此，方可悉知罗贯中所作的小说的真正价值。我们固然不能将其置于小说的发展已经颇有积累的情境下去理解他的写作，似也不当以如今之现代小说家的眼光去要求罗贯中。设想，如果当时罗贯中的创作已能远远超越其时代，则必然大违文学规律。以文学史的先后承续的事例作比，罗贯中其实类如李白之前的唐诗人、苏东坡之前的宋词人，当然，作为开辟长篇小说法则的巨匠，他只能出现于曹雪芹之前，而曹氏作为最伟大的中国古典小说家，是远在三百年后才于长篇章回小说一途登顶的。罗贯中不是马尔克斯之前的胡安·鲁尔福，他也并非萨拉马戈之前的佩索阿。他只是平民文学中的大文豪，但他也是文人小说的开创者。他确实在文学的某一方天地里破开荆棘勇力前行过。相对于《三国志平话》的作者，他高出不知凡几。相对于毛宗岗，他的创造力也卓著可辨，但在文笔方面，似还显得粗糙。相对于曹雪芹，他的文人特性更是欠缺火候。或许，罗贯中的创造加以毛宗岗的评改，会更靠近于文人小说，但同样依据上述理由，这种求全责备的心态自然便是错的。如果单以罗贯中的创造力而言，他将其才力呈现于《三国》，其实已是足够超卓、非凡的了。

总之，《三国志演义》并非一部完美无瑕的小说，罗贯中也不是一个完美的作家。但是，他几乎倾其终生（湖海漂流、图王之志、传神稗史）做到了他所能做到的极限，我们苛责他，实无必要。根据现在存世的《三国志演义》版本所呈现的面目，确实也能够看出他为中国长篇小说奠基的成就所在。至于罗的原本现已觅不可得，有的学者认为罗氏原著的粗糙程度和粗浅程度远较嘉靖壬午本为甚，这更多的是个学术话题，需要学者们呕心沥血来一一厘清。坦白来说，现在对罗贯中的书写，至少是站在罗贯中拥有嘉靖壬午本的版权基础上的。若非如此，则《三国》大著遍署罗氏大名，就成了问题。而现今事实已明，则他绝非陋儒，仍是贯通各方面的天才。在他的年代，他综合了自身所能达到的各种才具，终将要把本来破碎、凌乱不堪的泥土路整合成一条宽阔、快捷、畅达的高速公路，而且填补泥土，夯实路面，使原来断裂的地方衔接起来，使有坑洼的地方变得平顺；尤为难得的是，他还制造了一个高坡和弧度，使阅读者（行路者）走到这里的时候既有攀山而上的艰难之感，又有顺势而下时心理悬空的惊险与刺激。这实是难为之事，但他却身体力行地做到了。

毛宗岗曾用了万余字篇幅，极写《三国志演义》叙事之佳，如称其有"追本穷源""巧收幻结""以宾衬主""同树异枝、同枝异叶、同叶异花、同花异果""星移斗转、雨覆风翻""横云断岭、横桥锁溪""将雪见霰、将雨闻雷""浪后波纹、雨后霡霂""寒冰破热、凉风扫尘""笙箫夹鼓、琴瑟间钟""隔年下种、先时伏着""添丝补锦、移针匀绣""近山浓抹、远树轻描""奇峰对插、锦屏对峙"等诸般文法结构妙法，且赞其全书，有"首尾大照应、中间大关锁处"：

如首卷以十常侍为起，而末卷有刘禅之宠中贵以结之，又有孙皓之宠中贵以双结之：此一大照应也。又如首卷以黄巾妖术为起，而末卷有刘禅之信师婆以结之，又有孙皓之信术士以双结之：此又一大照应也。照应既在首尾，而中间百余回之内若无有与前后相关合者，则不成章法矣。于是有伏完之托黄门寄书，孙亮之察黄门盗密以关合前后；又有李傕之喜女巫，张鲁之用左道以关合前后。凡若此者，皆天造地设，以成全篇之结构者也。然犹不止此也，作者之意自宦官妖术而外，尤重在严诛乱臣贼子，以自附于《春秋》之义。故书中多录讨贼之忠，纪弑君之恶。而首篇之末，则终之以张飞之勃然欲杀董卓；末篇之末，则终之以孙皓之隐然欲杀贾充。由此观之，虽曰演义，直可继麟经而无愧耳。[1]

古文人、史学大家之才、讲说故事的艺人之才，其实都不足以涵盖罗贯中之才。如上文毛宗岗氏曾谈论他的著作"有倍难于《史记》者"固然显得粗蛮、武断，但以《三国志》等史书加之《三国志平话》及一些三国剧目作为文字基础，而能奠造出一部影响万代、声誉将播及千古的长篇章回著作，罗贯中的才具卓然自无疑义。罗贯中是为中国长篇小说开辟年代里的一个成功的探路者，更是三国故事的集大成者，他所进行的完整的工作，在当时是他人都没有做过的，他所抵达的长篇历史小说的高度，后来者竟也没有能够真正匹敌他的。因此，在遥远的将来，他被尊称为"章回小说之祖"。他的著作当然不朽。

---

[1] （清）毛宗岗《读三国志法》，《毛宗岗批评本三国演义》，凤凰出版社，2010年版，第9页。

# 第六章 儒生与兵家

## 一、一个文学英雄

本著在前文中叙事的核心,合起来说,便是罗贯中的生平大要,但令人遗憾的是,由于笔者反复申述的多种原因,这个目的并没有完整地达到。作为一本传记,本书涉及传主本事的地方还是太少了。笔者曾经努力想把罗贯中各个时期的行事尽量明确地界定下来,但截至目前行文,这种努力的结果却并不乐观。可是,本书既不会止步于这种含混的叙述,也不试图妄加扩大笔者自身的所知,便也有着极其必要的理由来增加这样的一章,希望通过如下的篇幅来进一步地勾勒罗贯中的肖像。譬如,笔者在前文中的书写要点自然不仅仅是一副文人装扮下的传主,但是,如果要谈论我们理想中的罗贯中的核心肖像,则他作为小说大家的身份却仍是第一位的。在他身上,有着贯通他的前面的叙事者和开启后来者的双重面目,对于他的前人来讲,他是不知名姓的后辈,对于继承他的道路的人来说，他一度是被遗忘的过客，甚至有可能绝迹于历史的时空，但到了后来，他却被记录下来，并且能够幸运地以作品传世。

如果结合极有限的笔记材料及从罗氏的作品中推测，则罗贯中生于乱世，终其一生，大半漂泊，这是没什么大错的。否则，我们何以想象作者会写出《三国志演义》这样的奇书？此著确实讲述了一段乱世烟云，但我们仍不能简单地认为它只是一部渲染权谋和奸诈的书，尽管作者在整部作品中为此花了太多的笔墨。笔者几番通读全书，更愿意相信作者的志向在于抒发胸中块垒而不是一味地胡乱地热闹下去。像这样的著作，应该是中国文人小说的一个难以绕过去的起点，它不是历史事件和传说故事的简单组合。作者将自己不羁的才情寄寓在了这样一部讲史的书中，他认真地讲述着各种英雄在三国乱世中角力并最终结束了这段离乱的故事，而在整个故事讲述的过程中，基于对整个世界、苍茫大地的各种感怀，他将自己的文人情调点点滴滴地渗透，从而使整本书体现出文人小说的从容和优雅。

即便如此，或出于对时世的各种避忌，这个名叫罗贯中的小说家从始至终也没有流露他所写下的一切与自己的身世到底有什么关系，但是我们仍不能说，从他的作品中就完全感受不到他的体温。而离开了这种感受，我们或许就只能将其等同于另外的许多步其后尘的著作了。整个事实或许需要分开来看：

一方面，《三国志演义》既是这一路讲史小说的开山之作，同时也是艺术成就最高的一部，后来的著作几乎无有可与其比肩者。罗贯中固然为三国绘制了一幅英雄群像，而作者生活的元末乱世，自然也是一个英雄辈出的大时代，在许多时候，他或也以此自许，笔者所谓作者将其情怀寄寓其中，并不排除这种英雄主义的想象。

另一方面，作为一部讲史的小说，罗贯中确实尽可能地恪守了历史叙事者应有的客观和审慎。不管对于乱世英雄的评判是否产生了偏颇，至少作者在创作它的时候，还是尽力放下自己的好恶，从而使这部带有历史演义标签的伟大著作能够对得起它的伟大。在这里，我们不能完全以后来通行的毛评本中的一些思想倾向来直接对应罗贯中本人的思想，因为在他的身后发生了太多的事情，而作者于九泉之下，对所有的这一切已经无能为力了。但我们若以"书成，士君子之好事者，争相誊录"观之，则这部最初经由作者之手流向阅读者案头的著作至少应该首先满足了作者的自我期许，书中所呈现的作者的主观意绪并没有越过这类小说所应当持守的界限，否则，它的价值必然大打折扣，从而也不可能在作者身后数百年中获得长久的流传了。

作为中国长篇小说领域最早的经典，此书展示了一个内涵广阔、意思深沉的世界。而这个世界的缔造者，在其著作流行的年代里，却只能像个无名的英雄一样被长期忽视。前文已经述及，罗贯中真正开始进入后人的视野，当是《三国志演义》在嘉靖壬午年（1522）刊本面世之后的事了。当然，由于明人蒋大器作于弘治甲寅（七年，即1494年）的序言——"若东原罗贯中，以平阳陈寿传"云云，则罗贯中以《三国志演义》之著者形象，始见于世人之眼目，尚可往前推二十余年。但其时刊本未行，终是知者寥寥。尽管如此，我们观察罗贯中对英雄的推崇，细览其对三国历史英雄的塑造，从而将其喻为中国文学中的一个英雄，也当是无疑的了。有人说罗贯中比他笔下"煮酒论英雄"的曹操的胸襟更宽广，视野更开阔，志趣也更高远。[①]这也不完全是褒扬他的话。

罗氏关于英雄主义的想象及刻画，实是遍布于《三国志演义》全书，英雄个人的作用在这部著作中不仅得以完整地呈现，且如前文所述，有

---

[①] 参见刘烈茂《〈三国志通俗演义〉与元明清历史演义小说》，李修生、赵义山主编《中国分体文学史·小说卷》（第三版），上海古籍出版社，2014年版，第237页。

时甚至不吝夸大之辞。罗贯中重笔写英雄，与其"有志图王"之间，固可做同源之解。尽管真实的生平轨迹极难寻绎，但借助于他在作品中所表现的对于英雄霸业的认可，对于明君贤相的认可，也可以知道，所谓罗氏"有志图王"，与张士诚式的保守不同，与朱元璋的励精图治及后来"独夫"①式的专权暴虐不同，罗贯中理想中的清平政治，当是通过一双经纶天地手拨乱反正，予以人间一个大同清明景象。他能在这个意义上认同曹操的智谋勇略，也能在这个意义上与刘备的仁厚、孔明的睿智获得沟通。所以，罗贯中寄寓在《三国志演义》中的情感异常复杂，绝非单纯的典型人物可以一言概之。而作为这一系列英雄群像的真正创造者，罗贯中是为创造英雄的母胎。他自是坐在自己所建立的文学江山的王座上的人。

## 二、布衣、儒生及罗贯中身上的兵家气质

尽管正史无考，但以底层文人来定位罗贯中显然是不确切的。撇开罗氏生平中的"图王"之志不说，即便仅从《三国志演义》中所表达的大胸怀大格局来看，他的生活也不当落魄至一个最低的程度。否则，我们也很难判断，他依靠什么来支撑长年累月的案牍生涯。但罗贯中以布衣之身，在明初严酷的政治形势下或能安享天年，这当是不错的结局。

在元末兵乱的十几年里，天下扰攘不断，只有吴越相对安妥无事，因此文人避乱，"流离播徙"，多在此间。如今我们踟蹰于在元明之际要安放一张文人清寂书桌却难为的想象，必定先得深悉当时的读书人生

---

① 参见李洁非《龙床：明六帝纪》，人民文学出版社，2013年版，第44页。

活中所可能遭遇的艰厄困苦，因为"溥天何处非王土？无地安身愧此生""世间何处避红尘""别来惊丧乱，秋尽转伤情。不见传书羽，唯闻落叶声"的慨叹，是身处此天下变局中的文人无人不有的。①

在人命如同草芥的乱世，要想著书立说，实践一己理想，终归是有些奢侈的文人理想。从罗贯中能够留下著作来看，他自然是幸运的。虽处隐居之时，犹可"抱其胸中之道德文学，不为造次颠沛所移也"（邵亨贞）。罗贯中苟全性命于乱世，后来在我们也许永远都无法破解和找寻得到的山野高处结庐而居，或于市井深处大隐于世，从而写下他能够存活于万世的小说名著——这种推测让我们欣喜，但似乎又是不可思议的。不过，《三国志演义》的流传，能够成为我们做此推想的一个莫大的依据。

乱世中，或仅为文人，要坚持道德自律，又身无庇护，则遭受兵乱惨死无告连姓名竟至不存者，实难以计数。许多记载于当下且传及后世的诗文，都曾经触及其时文人内心不安的一幕。而我们也由此知晓要想在此时节幸存于世实是不易，如李祁"丧乱以来，朋辈凋落已尽"；邓雅"西乡丧乱后，宗族几家存"；袁凯"九月十月岁将暮，贼兵突入观音渡。平章脱身向东走，大半尽死无人顾"；徐一夔"乱离以来，平昔交游或存或亡，或沦异地"。战乱无已，人心离散难聚，朋旧间或得一顷相见，竟"旷如隔世"（顾瑛）。②

文人赖以生存立世的典籍也多遭损毁，或被劫掠一空。如唐桂芳，

---

① 参见孙作《沧螺集》卷四《上松江崔则明太守书》，刘基《刘基集》卷二三《晚泊海宁州舟中作》，朱希晦《云松巢集》卷二《次潘北山郑叔允韵》，王偕《荻溪集》卷上《山中寄刘子中》。

② 参见李祁《云阳集》卷一《挽陈子尚并序》，张宪《玉笥集》卷三《后访西乡宗族》，袁凯《海叟集》卷二《阿苏蒙古别号也》，徐一夔《始丰稿》卷三《题永思亭卷后》，顾瑛《玉山名胜集》卷四《口占诗序》。

"家藏书万卷",战乱中竟被焚毁殆尽;郑玉藏书颇富,遭红巾军焚烧,累世藏书,竟"无片纸存者"。为避兵乱,许多元末文人,都曾经历过仓促起行、风尘仆仆的逃亡生活。如名士谢应芳,曾写诗记录兵乱正炽时,自己连夜奔逃的狼狈之状,我们借此或可想到罗贯中在彼时的遭逢也大体如是?

> 忆昨方卧病,妻子呼避兵。
> 扶持上轻舟,烽火照夜明。
> 问兵今远近,言围阊阖城。
> 赖有风满帆,送我东南征。
> 三宿坐不寐,鹤鸣近华亭。
> 晚泊青龙江,芦菔匝地青。
> 新知适相遇,留我居筱江。
> 土风颇淳朴,地僻鸡犬宁。
> 吾病日已瘳,客来能送迎。
> 老叟心自怜,或谓诗骨清。
> 比邻两三家,情亲若平生。
> 园蔬日持送,酒壶时共倾。
> 对酒不能乐,忧虞未忘情。
> 怀哉数君子,雨打水上萍。
> 漂摇各何许,吾将寻旧盟。
> 卖刀买黄犊,子孙共春耕。
> 奈何西枝西,炮石犹雷鸣。①

---

① 参见唐桂芳《白云集》卷五《送程仲庸序》,郑玉《师山集》卷三《〈周易大传附注〉序》,谢应芳《龟巢稿》卷四《怀徐伯枢诸友》。

而张士诚据吴,未太多危害世族,也未太多惊扰百姓,且在平江城破前,为保护百姓计,将征收赋税的鱼鳞图册焚毁殆尽。故张氏虽灭,却能得到吴人怀念。朱元璋因此深恨吴人,不仅于此地额外加赋,而且多次下令大规模移民。吴中富民及流寓之人奉皇命迁居濠州、凤阳、南京等地,且不被允许私回原籍,故家产常荡然不存。

有名的吴中文人,在明初的命运大半凄凉,因被残害身死者即有:

高启(腰斩);

饶介(吴亡被俘,伏诛于京师);

张羽(投江而死);

王行(坐蓝玉党案死);

谢肃(狱吏以布囊压死);

王蒙(坐胡惟庸党诛);

徐贲(坐犒劳军队失时,下狱死)……

吴中文士在明初受祸之烈,几为全国之冠。[1]

洪武年间,朱元璋下令说"寰中士大夫不为君用,是自外其教者,诛其身而没其家,不为之过",看似求"野无遗贤",做法却太过严苛,实际上是连隐士也不想放过。受朱元璋征召而能不做官又免死或干脆隐居终老的,只属于少数的例外,如王逢曾在张士诚阵营效力,吴亡后隐居,洪武十五年(1382)被征,"有司敦迫上道",幸好其子被用为通事司令,"以父年高,叩头泣请,乃命吏部符止之";高明"以老疾辞";张宪也曾仕于张士诚,"为枢密院都事",吴亡后,"变姓名,寄食杭州报国寺";丁鹤年,"晚学浮屠法,庐居父墓"——此数人,均得"逍遥

---

[1] 参见廖可斌《明代文学思潮史》,人民文学出版社,2016年版,第70—73页。

网外，终其天年"。①

罗贯中的情形不好猜测，但他并无被征召的记录。只是"普天之下，莫非王土，率土之滨，莫非王臣"，罗贯中为了自存性命，一心要匿藏行迹，无怪乎其生平成谜了。

时人王祎在其《青岩山居记》中，曾以无可奈何之笔，谈论隐者款曲：

> 仕隐二趣，吾无固必也。十年以来，吾南走越，北走燕，而惟利禄之，是干其劳心苦思殆亦甚矣。是岂志于隐者乎？今天下用兵，南北离乱，吾之所学非世所宜用，其将何求以为仕籍，使世终不吾用，吾其可以枉道而徇人，则吾终老于斯。益研穷六艺百家，而考求圣贤之故，然后托诸言语，著成一家之书，藏之名山，以俟后世，何不可哉？君子之行，止视时之可否，以为道之诎伸。是故得其时，则行守穷山密林，而长往不返者，非也；不得其时，则止汲汲于干世取宠、勇功智名之徒，尚入而不知出者，亦非也。一山之隈，一水之涯，特吾寄意于斯焉耳。

隐士的生活我们是无可准确捕获的，因为其间偶然性太大了。但我们简单地判断，在这个人心狂乱的年代，罗贯中志向本非常人可及，他需要集中自己的思绪来完成现实中没有达成的王霸之业。《三国志演义》的写作或许便酝酿于这种情绪之下。至于他的创造性成就及其在人世中的发光，却是他在有生之年竭力掩抑从而不可能为人所看到的。

---
① 《明史》卷二百八十五《戴良传附王逢传、丁鹤年传》《陶宗仪传附张宪传、高明传》，中华书局，1974年版，第7313、7326、7327页。

关于中国古代白话小说作者的隐而不彰,曾有研究者在其著作中做过一个统计:

> 明清时代,白话小说的地位有所提升,但这种提升是以将白话小说作为非主流文学类型为前提的,白话小说仍被视为"至下之技"。虽说这一时期已有愈来愈多的文人加入到白话小说创作者队伍,但他们大多是"落第"文人,并不属于主流社会,因而对白话小说创作者地位的肯定,也只能是在其已被限定的层次上进行。所以,明清时代白话小说的创作者依然是说不清道不明的,他们不得不隐身于话语霸权的铁幕之后而顽强地寻找可行的生存方式。
>
> 方式之一是省却作者题署,完全摒弃自身的创作权。现存明清白话章回小说中,不题撰人的小说达34%,而在文本上堂而皇之地题署姓名的却只有19%。其中历史演义类小说是题署姓名最多的,高达41%,其次是公案小说与神魔小说,前者为37%,后者为31%;侠义小说与狭邪小说均未题署作者姓名,其次是才子佳人小说与艳情小说,前者为6%,后者则只有3%;其他诸如世情、英雄传奇、儿女英雄、时事、侠义公案等类小说文本的姓名题署,均不足20%。历史演义小说文本著者姓名题署的高比率,缘于它与史传文学的密切关系……[①]

在罗贯中或筹谋规划或已在写作的这一时期,我们看到,一些隐居不仕的人也在著述。如年少曾应科举,一不中即弃去,潜心钻研古

---

① 李玉莲《中国古代白话小说戏曲传播论》,山西教育出版社,2005年版,第69—70页。

学，无所不窥的陶宗仪，一生中也曾多次被举荐入仕，但均不赴。传世有《辍耕录》三十卷。[1]如潜心著述，虽当颠沛流离而进修之功不少辍的赵汸，早在至正十九年（1359）即结茅于古阆山，并主要于此间著成《春秋集传》《春秋属辞》《左氏补注》。如浙江天台人徐一夔（字大章），曾屡试有司，皆不利，遂潜心文章。天下乱起，寄寓浙东，"专取经史、传记与凡诸大家集，伏而读之，虽处乱世，不忍弃此"。浙江乐清人朱希晦，本极嗜学，元季丧乱以来，"闭户读书，于诗尤工，故因物寄情，伤时感事"，著《云松巢集》。[2]

即如后来进入朱元璋阵营、成其主要谋士的宋濂和刘基，在元末兵乱时，也曾有一段隐居避世、潜心于笔墨的历史。宋濂，曾于"元至正中，荐授翰林编修，以亲老辞不行，入龙门山著书"[3]，成《龙门子凝道记》《孝经新记》《周礼集注》等。刘基也曾在元末（至正十七年，1357），"弃官还青田，著《郁离子》以见志"[4]。刘、宋二人，不久即为朱元璋所聘，为其着力看重的"浙东四先生"（余二人为章溢、叶琛）。

以著作的面向而论，罗贯中与上述诸人均不同，他最终走上了小说开创者的道路。尽管在朋辈眼中，他之文章著述并不为时所重。或许，这便是开创者的共同运命吧。

总之，罗贯中便是隐蔽在了自己所创造的虚拟世界中。但这个世界博大精深，帝王将相，英雄功业，是罗贯中以布衣之身所欲表达的全部吗？

---

[1] 《明史》卷二百八十五《陶宗仪传》，中华书局，1974年版，第7325页。
[2] 参见赵汸《东山存稿》附录詹烜《东山赵先生汸行状》，徐一夔《始丰稿》卷三《通危大参书》，朱希晦《云松巢集》卷首章㫆《原序》及展龙《元明之际士大夫政治生态研究》，人民出版社，第308页。
[3] 《明史》卷一百二十八《宋濂传》，中华书局，1974年版，第3784页。
[4] 同上，卷一百二十八《刘基传》，第3778页。

吴晗在《朱元璋传》中，还曾写到一位颇有隐士之风的人物，其人名田兴，曾为朱元璋谋士，年长于朱，二人情同兄弟，但在朱元璋下金陵后便悠然遁去，归隐江湖，后来虽蒙朱元璋多方寻访，最终也不肯回来。洪武三年（1370），朱元璋还亲自写信，并派专使送书敦劝。

我们读读这份手书可以知道，即便再残忍不恤人之远近的集权者，有时也会流露大似凡俗中人的情感。如果我们再联想到朱元璋对待勋臣及士子们的残酷，则无疑会感到这样的情感流露实是大有意思：

元璋见弃于兄长，不下十年，地角天涯，未知云游之处，何尝暂时忘也。近闻打虎留江北，为之喜不可抑。两次诏请，更不得以勉强相屈。文臣好弄笔墨，所拟词意，不能尽人心中所欲言。特自作书，略表一二，愿兄长听之：

昔者龙凤之僭，兄长劝我自为计，又复辛苦跋踄，参谋行军。一旦金陵下，告遇春曰：大业已定，天下有主，从此浪迹江湖，安享太平之福，不复再来多事矣。我故以为戏言，不意真绝迹也。皇天厌乱，使我灭南盗，驱北贼，无才无德，岂敢妄自尊大，天下遽推戴之，陈友谅有知，徒为所笑耳。三年在此位，访求山林贤人，日不暇给。兄长移家南来，离京甚近，非但避我，且又拒我。昨由去使传信，令人闻之汗下。虽然，人之相知，莫如兄弟，我二人者不同父母，甚于手足。昔之忧患，与今之安乐，所处各当其事，而平生交谊，不为时势变也。世未有兄因弟贵，惟是闭门逾垣以为得计者也。皇帝自是皇帝，元璋自是元璋，元璋不过偶然作皇帝，并非作皇帝便改头换面，不是朱元璋也。本来我有兄长，并非作皇帝便视兄长如臣民也。愿念兄弟之情，莫问君臣之礼，至于明朝事业，兄长能助则助之，否则，听其自便。只叙兄弟之情，断不谈国家之事。美不美，江中水，清者自清，浊者自浊，再不过江，不是脚色。[1]

"本来我有兄长，并非作皇帝便视兄长如臣民也"——信件情辞恳切如此，但还是没有唤来田兴回头。可见其人知进退，识天机，以后期所为论，算得上是司马徽一类的高士。

罗贯中虽与田兴风马牛不相及，但作为同一个时代里颇有参照性的坐标，正不妨互为镜像。现在我们观罗氏在《三国志演义》中所叙之诸般用计行兵，与朱元璋开国前和群雄的各种争战，何其相似乃尔。《三国志演义》之成书，虽托名三国史事，却不能不说，其战事的细部繁衍，极有可能便脱胎于元末争战。而罗贯中细针密线，如此洞彻肌理，当不会是纯然局外人。

以此论之，则在这样若隐若现的田兴身上，我们未尝不可以看到罗贯中的影子。吴晗评价此人"神龙见首不见尾"，对其行事百般称赏："如实有其人，可说是第一流人物，也是最了解他小兄弟性格的一个人物。"大皇帝变成了小兄弟，天下事变成了话家常。但其中多少凶险，非洞察秋毫者，殊难避之。

笔者在前文中说过，在罗贯中的身上，其实综合了儒家学子、身在社会底层的流浪者、习熟军事的兵家等多种复杂的气质，但罗贯中用笔最深的孔明非为腐儒，罗贯中自非腐儒。能够代表罗贯中胸襟的一段辩论出自《三国志演义》中一个有名的虚构段落《舌战群儒》。此事发生于孔明初出茅庐之后。为了说动孙权抗曹，孔明前往柴桑孙氏大营中，

---

[1] 方觉慧《明太祖革命武功记》，引自吴晗《朱元璋传》，岳麓书社，2012年版，第165—166页。

未见孙权,先见江东群儒,故此有一段关于儒生之辩。

在针对性地批驳了张昭等人的辩难之后,罗贯中写道:

> 坐上一人昂然而出曰:"虽吾江东之英俊,被汝词夺却正理,汝治何经典?"孔明视之,乃彭城严曼才,孔明应声曰:"寻章摘句,世之腐儒也,何能兴邦立事?且于耕莘伊尹,钓渭子牙,张良、陈平之流,耿弇、邓禹之辈,皆有斡旋天地之手,匡扶宇宙之机,未审平生治何经典。岂效书生区区为笔砚之间,论黄数黑,舞文弄笔,而玩唇舌乎?"严畯低头丧气而不能对。
>
> 忽又一人指孔明而言曰:"汝言'文不能安邦,武不能定国',何士立于四科之首?"孔明视之,汝南程德枢。孔明曰:"有君子之儒,有小人之儒。夫君子之儒,心存仁义,德处温良;孝于父母,尊于君王。上可仰瞻于天文,下可俯察于地理,中可流泽于万民。治天下如磐石之安,立功名于青史之内,此君子之儒也。夫小人之儒,性务吟诗,牢书翰墨;青春作赋,皓首穷经;笔下虽有千言,胸中实无一物。且如汉扬雄,以文章为状元,而屈身仕莽,不免投阁而死,此乃小人之儒也,虽日赋万言,何足道哉!"[①]

此处虽谈论"儒"的话题,但一派纵横家风范,亦可见罗贯中之志。观此一段,让人直疑罗贯中生平本来能够做成大事或已经部分做成,但因为终局失败而诸事湮灭不闻。

---

① 罗贯中《三国志通俗演义》,刘世德主编《罗贯中全集》(壹),三晋出版社,2011年版,第234页。

罗贯中塑造的各类儒生形象，或许受到司马光影响。后者把儒分成君子、小人，俗儒、真儒、大儒等各个层次：

> 臣光曰：……夫儒有君子，有小人。彼俗儒者，诚不足与为治也，独不可求真儒而用之乎？稷、契、皋陶、伯益、伊尹、周公、孔子，皆大儒也……①

这种分类或许是罗贯中舌战的一个源头。

当然，作者的生平是否必然地与其作品可以对应，是无法作确论的，即如王国维也便说过："所谓亲见亲闻者，亦可自旁观者之口言之，未必躬为剧中之人物。如谓书中种种境界、种种人物，非局中人不能道，则是《水浒传》之作者必为大盗，《三国演义》之作者必为兵家，此又大不然之说也。"②

但《三国志演义》实际应用于军事方面的事例不知凡几。据清末陈康祺《燕下乡脞录》记载："罗贯中《三国演义》，多取材于陈寿、习凿齿之书，不尽子虚乌有也。太宗崇德四年（1639），令大学士达海译《孟子》《通鉴》《六韬》，兼及是书，未竣。顺治七年（1650），《演义》告成，大学士范文肃公文程等，蒙赏鞍马银币有差。国初，满洲武将，不识汉文者，类多得力于此。"③相传，乾隆朝名将多拉尔·海兰察（后因功被封为超勇公）目不知书，而所向无敌，动合兵法，自言得力于译本《三国志演义》。爱新觉罗·昭梿《啸亭杂录》对海兰察推崇备至："国

---

① 《资治通鉴》卷二十七，岳麓书社，2009年版，第303页。
② 王国维《〈红楼梦〉评论》，《王国维文学论著三种》，商务印书馆，2001年版，第26页。
③ 朱一玄、刘毓忱编《三国演义资料汇编》，百花文艺出版社，1983年版，第710页。

家挞伐四夷,开辟新疆二万余里,南驱缅夷,西剪金川,唯赖索伦轻健之师,风飙电击,耐苦习劳,难撄其锐,其中勇往绝伦以功名终者,唯海超勇公为巨擘。"

另据魏源《圣武记》等:瓜尔佳·额勒登保,初以侍卫从超勇公海兰察帐下,每战辄陷阵,海公曰:"尔将材可造,须略识古兵法。"[①]以翻清《三国演义》授之,卒为经略,由是晓畅战事。三省教匪平,论功第一。史传,额勒登保天性严毅,诸将白事,莫敢仰视。然有功必拊循,战胜亲饷酒肉,赏巨万不吝,人乐为用。

非但如此,黄人《小说小话》还曾言及:"张献忠、李自成,及近世张格尔、洪秀全等,初起众皆乌合,羌无纪律。其后攻城略地,伏险设防,渐有机智,遂成滔天巨寇;闻其皆以《三国演义》中战案,为帐内唯一之秘本。"

三国数十年间,虽然征战不休,但进入正史记载的战例,一般叙述都较为简略,并不会鞭辟入里地描画其争战细节,而在《三国志演义》里,处处充满了用兵之计,从某一角度看,简直像是通俗化的《孙子兵法》。这在世界小说史中是极少见的。所以,是否可确定罗贯中为兵家虽可放置不论,但其人深谙军事,身上具备浓厚的兵家特色则毫无问题。可以印证此事的,非只明清时代文人笔记中的多处相关记载,即其所创作的小说文本《三国志演义》竟能有军事学教科书之效,也断非道听途说者可为。

李辰冬《三国水浒与西游》对此有一段精彩的评点:

> 当今的论者对于罗贯中将诸葛亮写得太军师化,太术士

---

[①] 朱一玄、刘毓忱编《三国演义资料汇编》,百花文艺出版社,1983年版,第713页。

化，表示不满。其实，这是误解。《三国演义》不是一部社会小说，如《金瓶梅》与《红楼梦》；不是神怪小说，如《西游记》与《封神演义》；不是才子佳人小说，如《平山冷燕》与《二度梅》；不是英雄小说，如《水浒传》与《水浒后传》；不是侠义小说，如《三侠五义》与《七侠五义》；不是报应小说，如《聊斋志异》与《醒世姻缘传》；而是战争小说，一切的步骤与一切的意识的描写如忠义勇，都为战争而设，罗贯中以自己所长之军事知识来作小说的内容。正等于曹雪芹以官僚社会，《金瓶梅》的作者以资产社会，吴承恩以神怪传说来作小说的内容一样。惟其这样，描写才可深刻与逼真。罗氏是不是一位兵家，无法考证，但他对兵术认识异常之真，这是无可疑的。[1]

罗贯中既为军事文学开一先河，想把《三国志演义》写为战争小说，在实际的三国史上，魏的曹操、司马懿，吴的周瑜、陆逊等人，又都是不世出的兵家，但将蜀汉定为正统，负有除奸的大责，因此在李辰冬看来，则蜀汉一边，势非有更英略的兵家不可："即令实际除不了奸，但心理上的胜利，亦得予蜀。诸葛亮之成为军师，成为术士，就由这种心理上建设来的。"[2]其小说的构造、适度的虚构和加工，其实都印证着小说家极近于兵戎之事的出身。而罗贯中艺术创造的非凡特质，也正是在这种得失、进退中得以显现出来。

---

[1] 李辰冬《三国水浒与西游》，中国三峡出版社，2011年版，第27页。
[2] 同上，第28页。

## 三、罗贯中与诸葛孔明

因为罗贯中的人生际遇不可准确捕获,所以我们无法确定在他的作品中到底有多少性情是完全属于他笔下的人物的,又到底有多少可以见证于他之生命本身。但是有一个最基本的由其文及于其人的逻辑,或可以帮助我们稍微窥探一番他的内心。现在,假如我们便要从《三国志演义》中寻得一位作者最为推崇的人物,来对应罗氏或许寄寓其中的他自己的宏大理想,则此人非诸葛亮莫属。

### 1. 为什么是孔明?

诸葛亮,字孔明,生于汉灵帝光和四年(181),卒于蜀汉后主建兴十二年(234),即魏青龙二年,吴嘉禾三年。时年五十四岁。其一生功业,在史籍中有非常详细的记载。《三国志演义》赖以取材的陈寿《三国志》最早完整地叙述了诸葛孔明的一生。

遗憾的是,尽管罗贯中远在孔明之后一千多年方才降生,但论其生平,却比他笔下的这位主角模糊得多。诸葛大名垂宇宙,史书中不只著录他的大事,甚至于对他的身高、姿容也不乏描述。如《三国志》卷三十五《诸葛亮传》的记载:

> 亮少有逸群之才,英霸之器,身长八尺,容貌甚伟,时人异焉。[1]

---

[1]《三国志》卷三十五《诸葛亮传》,中华书局,2006年版,第554页。

从孔明去世直到今天，将近一千八百年过去了，诞生了难以计数的研究他的身世、政绩、思想的文章，就是状写他一生行事的完整传记或推演他之生平的长篇小说，怕也不是我们在短时期内可以搜罗齐备的，更谈不上通览一遍。但是，到了元末明初罗贯中所处的这个时代，这位久后方以小说家名世的人，却终其一生也没有获得真正可以伸展的机会，而只能被动地选择做一个不知所终的隐士了。

在笔者试图展开这种叙述之前，早有人基于上苍赋予人的这种不可测的命运发生过慨叹。这个人叫内藤湖南，日本京都学派的创始人。他书写了一部"出版史上最权威的诸葛亮传记"。以下所引，即出自该书《前言》：

> 有一年，我在读关于诸葛亮的书时，想到诸葛亮在草庐躬耕之时，曾经自比为管仲、乐毅，然而如果没有刘备的三顾茅庐，这个被徐庶、崔州平都推崇的人才，唯一经历了三国三个阶段的人物，还会有人识得他的王佐之才吗？人的命运果然是由际遇决定的吗？
>
> 古往今来，世上还会再有诸葛亮，然而如果没有刘备的话，即使有王佐之才，也不过是一个陇亩之间的匹夫罢了。就像叶公好龙一样，当真的龙下凡时，反而会有人被吓得晕过去。世上总是不缺等着被人发现的豪杰，而有的人遇到了赏识他的人，有的人却迎面错过了赏识他的人。多么遗憾啊，不知道有多少王佐之才埋没在陇亩之间。因此，诸葛亮能遇到刘备，不得不说是一种幸运。[1]

---

[1] ［日］内藤湖南《外国人眼中的中国人：诸葛亮》前言，崔金英、李哲译，东方出版社，2014年版，第4页。

内藤湖南对于际遇的言论自然适于对每一个人的品评，但是幸运只降落在了诸葛孔明之类极少数人身上。确如他所言，那些被埋没于陇亩之间的人又该如何悔恨自己错过了一些千载难逢的机会啊。但是能不能得到命运之神的垂顾，谁又能知道呢。天下事历来纷纭难辨，那种自命不凡却又无济于时也无济于事的例子每时每刻都在发生，就是对于罗贯中来说，至少当有百分之九十九的可能性，将使他老于荒丘，落入被彻底埋没的命运，但他却抓住了历史赐予他的倏忽而过的一点曙光，写下了自己的皇皇巨著并最终得以传世，而他便借此作品之名，使自己的灵魂也达于不朽了。

至于说到罗贯中身上的隐士一面，实也复杂难辨，或是以偏概全之观？因为罗贯中的前半生既非以隐士出世，他后来的人生也不能说是纯然淡出，只是到了他的后半生，天下易主，而朱明王朝对待文人士子的态度又实在令人感到恐怖——如明洪武后期，有朱元璋赏识的青年才子解缙奉命上万言书所称："国初至今，将二十载，无几时不变之法，无一日无过之人。尝闻陛下震怒，锄根剪蔓，诛其奸逆矣。未闻褒一大善，赏延于世，复及其乡，终始如一者也"[①]，连朱元璋自己都不能矢口否认；因此，除了遁世保命，已经落为一介书生的罗贯中又如何能与时代狂澜相搏呢。

不能说罗贯中对于诸葛亮是完全心仪、异常地歆慕的，但经历了元末的世乱与对自己人生进退失据的反复思量，这位"有志图王"的书生又如何不对诸葛一生当隐时则隐、可出时便出的生命历程别有感喟呢。内藤湖南由诸葛亮之事生发的今夕之感，无须太多假设，自然同样见于

---

① 《明史》卷一百四十七《解缙传》，中华书局，1974年版，第4115页。

罗贯中的内心所思。笔者读《三国志演义》，总觉得罗贯中塑造诸葛亮时，是注入了最深的感情的。孔明千古一相，旷代伟人，但其鞠躬尽瘁，竟以辛劳辞世，这又是何种撼人心魂的悲剧？

罗贯中用尽自己的心力，完整地演绎了这个悲剧的始末。在整部作品中，这种悲剧感始终徘徊不去，且愈到后来，悲剧意味便愈重了。因为作者所倾心描写的蜀汉一方最终是失败了，而作者渲染诸葛亮之智越多，其剧烈的反差就越能牵动人心。以此悲剧感对应于书作者的整个一生，则我们从罗贯中身上所看到的，又何止是一点文人之智、谋略之奇？《三国志演义》虽然喧哗热闹，但根子里，又实在是写满了看淡世事云烟后的沧桑，这种令人长叹息的萧瑟之感，岂是如《三国志平话》之类粗疏的作品所能道出？孔明风神俊逸，在《平话》中却被书写成了粗豪无文的蛮人，与其真实的形象更似无涉："诸葛本是一神仙，自小学业，时至中年，无书不览，达天地之机，神鬼难度之志；呼风唤雨，撒豆成兵，挥剑成河"——唯到了罗贯中这里，方见其遗世独立，是真名士自风流，飘飘然有出尘之概。这自然是罗氏手眼高出平话作者的地方。

笔者始终笃信，在写作者罗贯中身上，在试图入世立业的罗贯中身上，所显现和竭力彰大的，正是孔明的影子。尽管我们现在知道，孔明的形象演变，是一个长期的过程，若论其人究竟，又绝非可以单纯地信赖小说家的塑造。但由于他的一生，事业分明，对他的功业成就之评定或有层次不同，而承认其智慧和辛劳，对多数人来说，都不难做到。

陈寿笔下的诸葛亮，自然是三国时期的第一流人物，这从《三国志》卷三十五《诸葛亮传》可以看得出来。这篇传对诸葛亮的总评如下：

> 诸葛亮之为相国也，抚百姓，示仪轨，约官职，从权制，

开诚心，布公道；尽忠益时者虽仇必赏，犯法怠慢者虽亲必罚，服罪输情者虽重必释，游辞巧饰者虽轻必戮，善无微而不赏，恶无纤而不贬；庶事精练，物理其本，循名责实，虚伪不齿；终于邦域之内，咸畏而爱之，刑政虽峻而无怨者，以其用心平而劝诫明也。可谓识治之良才，管、萧之亚匹矣。然连年动众，未能成功，盖应变将略，非其所长欤！[①]

这几句评对诸葛亮的认同不可谓不高，但即便如此，对于陈寿所谓"然连年动众，未能成功，盖应变将略，非其所长欤"，罗贯中也是不能同意的。根据裴松之援引的文献《袁子》所记，孔明用兵，"止如山，进退如风，兵出之日，天下震动，而人心不忧"[②]，因此罗氏创作《三国志演义》，虽从《三国志》取不少材料，且自称"后学"，看似丝毫不敢掠美，但在不少地方，又着实与陈寿唱了反调。陈寿所撰《诸葛亮传》，树立的是一个长于治国理政的贤相形象，而到了罗贯中笔下，诸葛亮却集诸般才能于一身，成为千古无二的"智慧之神"，不只政治上雄揽全局，就是军事才能，也超迈群伦，属于一个全才和通才般的人物。在军事才能方面尤其对诸葛亮加以强化，或可说是罗贯中对陈寿观点的最大反拨。

但如此一来，就等于使诸葛孔明孤兀出世，成了一个他人难以比拟的典型。

罗贯中并不是一个缺少智慧的人，他却执意如此，其中原委，足令我们深思。考虑到作者本人胸怀伟略，却终生难得施展，则极力宣扬孔明故事，又何尝不可以视为对平生错失的一种喟叹和弥补呢。笔者谓罗

---

① 《三国志》卷三十五《诸葛亮传》，中华书局，2006年版，第557页。
② 同上，裴注引《袁子》。

贯中在某种程度上对他笔下的孔明最能心会,也是由此生发。但是,从陈寿到罗贯中的时代,毕竟有千年之隔,罗贯中对于孔明的认识与理解,与陈寿如此不同,到底只是小说家的肆意而为,还是另有依凭?

### 2. 失败的补天

当然,罗贯中在写作《三国志演义》时,"有志图王"之事已经远去,内心的隐痛却始终郁结。其最可寄情者,非孔明为谁?

从罗贯中在书中的运笔来看,他浓墨状写了刘备之慈悲、关羽之义勇,而对于曹操,虽不免书其奸绝之分,却也始终不忘述其伟略。但对刘、关、曹三人,不管罗氏用力多重,也多有客观笔墨,唯对孔明,是将自己的神魂都融入了进去。

观其书,思其人,罗氏之心性岂能大异于此?

在《三国志演义》中,罗贯中花在孔明身上的笔墨最多。有学者曾明确指出:诸葛亮出山前,用了三分之一的篇幅;诸葛亮死后写得更简略,仅仅用了不到七分之一的篇幅。而诸葛亮活动的二十七年,作者用了一半以上的文字,其中又有一半的章回是专门用来写诸葛亮事迹的。这在全书中,没有第二个人能与他相比。[1]

难怪郑振铎在《〈三国志演义〉的演化》中会有这样的说法:"一部《三国志通俗演义》虽说的是叙述三国故事,其实只是一部'诸葛孔明传记'。"[2]

在书写诸葛亮故事时,罗贯中作为一个伟大小说家的才华可谓发挥得淋漓尽致。现在,我们读这部书,仍会异常鲜明地感到:在诸葛亮出

---

[1] 李修生编著《中国文学史纲要》(明清文学),北京大学出版社,2003年版,第11页。
[2] 郑振铎《〈三国志演义〉的演化》,陈其欣选编《名家解读〈三国演义〉》,山东人民出版社,1998年版,第55页。

山之前，罗贯中是耐着性子，在慢慢地用力，在渐渐地进入佳境。我们也有足够的理由相信，对于将要写到的诸葛亮的故事，他的期待值总是最高。后来，他蓄势而为，又何尝不是诸般筹谋的一种大的释放。

从罗贯中为孔明初出茅庐反复造势上面，我们最能看到他非凡的笔力。他是在一点一滴地渲染，一枝一叶地描绘，细针密线，步步靠近。时或荡开笔墨，似乎略有分神，事情或有阻隔，但紧随而来的，却是慢慢打破了局面，而孔明其人，就在这种摇曳生姿、婉曲动人的情节设置中，呼之欲出。他的行文大势，又未尝只是实践了小说古法，如今我们看待一切高妙的人事、艺术，又怎能说不是与此暗合呢？

在《三国志演义》中，罗贯中采取了很多办法来创造孔明这个角色。他或者移花接木，将很多他人行事转嫁于孔明身上；或者无中生有，将不少本来没有发生过的情节造了出来；或者大肆铺演，在历史记载很简略的地方发挥想象，写成了锦绣文章。这其中所取各法，并有妙笔。这些出于罗贯中的创造，除了经典故事三顾茅庐外，还有火烧新野、舌战群儒、草船借箭、三气周瑜、借东风、安居平五路、七擒七纵、六出祁山、火烧上方谷等等。而这些情节，构成了罗贯中笔下孔明形象的主体。

鲁迅说罗贯中"状诸葛之多智而近妖"，主要便是不满于罗贯中对孔明的过度夸大溢美。而罗贯中身后的文学批评家们，对于他的负面评价在数百年中也不绝于耳。说其人地位卑下，虽然志向崇高，但一生命运多舛，胸中多磊落不平之气，确也只能为通俗演义家者有之，谓其文学趣味远不及于来者，虽写历史小说，但对于历史大人物的境界却并未深刻洞彻，因此写孔明如《水浒传》吴用之流者有之——如章学诚《丙辰札记》所云"《演义》之最不可训者，《桃园结义》，甚至忘其君臣，而直称兄弟。且其书似出《水浒传》后，叙昭烈、关、张、诸葛，俱以

《水浒传》中萑苻啸聚行径拟之。诸葛丞相,生平以谨慎自命,却因有祭风及制造木牛流马等事,遂撰出无数神奇诡怪,而于昭烈未即位前,君臣寮宰之间,直似《水浒传》中吴用军师,何其陋耶"①,从某种程度上,更应小说薄技小道之谓。这番措辞,对于我们理解罗贯中,确实提供了另一个尺度。

但罗贯中作为文人小说家,其最伟大之处,却还在于他不管使用了多少手段,将孔明之能夸大了多少,到最终,他仍是遵循正史的记载,写到了蜀汉的失败。在孔明竭尽了全力仍不能完成"隆中对"与刘备所谈的计划之时,那一种欲回天而无力的形象就多么刺痛人心。罗贯中在《三国志演义》卷二十一《孔明秋风五丈原》中写到诸葛亮去世前的一幕,令人备感痛抑难当:

> 孔明强支病体,令左右扶上小车,出寨遍视各营,自觉秋风吹面,彻骨生凉。孔明泪流满面,长叹曰:"吾再不能临阵讨贼矣!悠悠苍天,曷我其极!"②

虽然是"失败的补天",但在罗贯中的笔下,孔明仍堪称三国时代的超一流人物,与陈寿相比,罗贯中对孔明的回护之情也更见强烈。在《三国志演义》出现之前,世上崇仰诸葛亮的人真是不知凡几,但像罗贯中这样细密完整地来书写他的形象的,却还从未有过。我们无法直接断言罗贯中塑造的孔明形象到底是成功还是失败了,但从书成后的效果

---

① 朱一玄、刘毓忱编《三国演义资料汇编》,百花文艺出版社,1983年版,第691—692页。
② 罗贯中《三国志通俗演义》,刘世德主编《罗贯中全集》(壹),三晋出版社,2011年版,第565页。

来看，世人所知孔明，多据演义，至于史书真实记载的那个诸葛亮形象反为多数人所不识。这不能不说罗氏的笔墨深入人心。作为开启长篇小说之门的人，罗贯中深谙小说规律，在写作的法度内，自由发挥，因物赋形，其创造力的确不容小觑。我们看他写大人物的软弱无力，写他们光明背后的黯淡，写大阔步前进中的被阻隔，笔笔见出精彩，实在不像是一些平凡的陋儒所能为。

至于罗贯中为什么不循陈寿所言"然亮才，于治戎为长，奇谋为短，理民之干，优于将略"将蜀汉政事予以铺排[①]，或因治国理政之类情节若见于小说，本不容易写得出彩，而《三国志演义》要赢得读者，必要热闹好看，又因罗贯中本来的积累只重在军事和谋略方面，他无法抵达和深入理解"诸葛亮的相业"之成就，所以干脆将多数材料都丢弃不用。

但是，诸葛亮的军事能力到底如何，我们不妨参看一下我国史学大家吕思勉的说法：

> 诸葛亮出兵伐魏，第一次在公元227年。这一次魏人不意蜀国出兵，很为张皇失措。天水、南安、安定三郡，都叛应亮，兵势大振。时魏明帝初立，亲幸长安，派张郃去抵御他。诸葛亮派马谡当前锋。这张郃是魏国的宿将，马谡虽有才略，大约军事上的经验不及他，给张郃在街亭（如今甘肃的秦安县）打败。诸葛亮只得退回汉中。这一年十二月里，诸葛亮再出散关（在如今陕西宝鸡市西边）围陈仓（在宝鸡的东边），不克而退。明年春，再出兵攻破武都（如今甘肃的成县），阴平（如今甘肃的文县）。公元231年，魏曹真伐蜀。攻汉中，不

---

[①] 《三国志》卷三十五《诸葛亮传》，中华书局，2006年版，第555页。

克。明年，诸葛亮伐魏。围祁山（在武都西北），魏司马懿来救。诸葛亮因粮尽退回。张郃来追，给诸葛亮杀掉。公元234年，诸葛亮再出兵伐魏。进兵五丈原[①]，分兵屯田，为久驻之计。这年八月里，就病死了。诸葛亮的练兵和用兵，都很有规矩法度；和不讲兵法，专恃诡计，侥幸取胜的，大不相同。《三国志》《晋书》，都把他战胜攻取的事情抹杀，这是晋朝人说话如此。只要看他用兵的地理，是步步进逼，就可以知道他实在是胜利的了。[②]

吕思勉先生对诸葛亮评价颇高，称其为"中国一个大政治家"，视之为中国古代一个不世出的杰出人物。而梁启超等编著《中国六大政治家》，诸葛亮赫然居其一。在该书中，讲述诸葛亮事迹的李岳瑞更将其称为"秦汉后之第一伟人"[③]。

关于上文所说"诸葛亮用兵的地理"，吕思勉在《三国史话》中另有更详细的解释：

> 司马懿的用兵，亦有相当能力。他生平除掉和诸葛亮对垒之外，也总是胜利的。独至对于诸葛亮，则仅仅乎足以自守……《三国志》里载诸葛亮伐魏之事，总不胜利，《晋书·本纪》里更说他每战辄败；只因《三国志》为晋人所著，《晋书》所根据的，也是晋朝人的史料，不足凭信罢了。诸葛亮每次出

---

[①] 今归陕西岐山县。
[②] 吕思勉《中国大历史》，湖南文艺出版社，2011年版，第252页。
[③] 李岳瑞《诸葛武侯》，梁启超等编著《中国六大政治家》（全二卷），中华书局，2014年版，第177页。

兵，都因粮运不继，不能持久，乃制造了木牛流马以运粮，又分兵屯田，为久驻之计。蜀汉后主的十一年，即魏明帝的八年（234），他屯田的兵，已经杂居渭水沿岸，逼近长安了。①

陈寿对曹魏及司马家族的曲笔回护，而谓孔明少应变将略，前文已有论及。考其究竟，除与其后半生中尽在晋世生活相关外，《晋书·陈寿传》还提供了另外的记载："寿父为马谡参军，谡为诸葛亮所诛，寿父亦坐被髡，诸葛瞻又轻寿。寿为亮立传，谓亮将略非长，无应敌之才，言瞻惟工书，名过其实。议者以此少之。"②但是否确实，不得而知。

而自晋宋以降，时过境迁，史学界对三国史事的评说也渐趋于中肯。裴松之在《三国志注》中之所以大量援引习凿齿的《汉晋春秋》，当亦与此相关。到了清代，赵翼作《廿二史札记》，对此有更为清晰的见解，譬如，就上述魏蜀战事，他曾详作评析：

> 魏明帝太和二年，蜀诸葛亮攻天水、南安、安定三郡，魏遣曹真、张郃大破之于街亭，《魏纪》固已大书特书矣。是年冬，亮又围陈仓，斩魏将王双，则不书。三年，亮遣陈式攻克武都、阴平二郡，亦不书。以及四年蜀将魏延大破魏雍州刺史郭淮于阳谿（溪），五年亮出军祁山，司马懿遣张郃来救，郃被杀，亦皆不书。并《郭淮传》亦无与魏延交战之事。此可见其书法，专以讳败夸胜为得体也。③

---

① 吕思勉《三国史话》，中华书局，2009年版，第117—118页。
② 《晋书》卷八十二《陈寿传》，中华书局，1974年版，第2137—2138页。
③ （清）赵翼《廿二史札记校证》卷六《三国志》"三国志多回护"条，王树民校证，中华书局，2013年版，第128页。

其实，要真正评价诸葛亮的军事能力，必得先了解其秉政独任时形势若何。当时刘备经夷陵战败后，急怒攻心，又羞又愧，很快就病亡了。诸葛亮虽受托孤之命，但大战方休，国力受损，民生凋残，再加上南中四郡皆叛，又有曹魏在北，虎视眈眈，真可谓内外交困，当时看好蜀汉者，普天下有几人？魏文帝曹丕趁此机会，授意司徒华歆、司空王朗、尚书令陈群、太史令许芝、谒者仆射诸葛璋，"各与书与武侯，陈天命人事，欲使举国称藩"。在此情形下，诸葛亮作《正议》篇答之，义正词严，凛然而不可犯者，岂是一个弱于军事之人所为？再者，为激励蜀人尚武之气，诸葛亮又引《军诫》之言曰：

"万人必死，横行天下。"昔轩辕氏整卒数万，制四方，定海内，况以数十万之众，据正道而临有罪，可得干拟者哉！[①]

罗贯中在《三国志演义》中思维驰骋，虚构了安居平五路的情节，虽不符史事，但颇与当时诸葛亮的振作状态相合。自此开始，蜀汉的诸葛亮时代方真正启幕，于是"此政界之伟人，乃一跃而登世界之舞台，一试其身手矣"[②]。

历史上的孔明，本来便是在刘备去世后方真正秉政，其时刘关张诸人已故去，而罗贯中要作小说，却等不了那么久，因此是他刻意安排，让诸葛亮独领风骚的年代提前了好多年。而且，军事家孔明之所以受到质疑，是因为其平生真正主持的战事并不为多，罗贯中虽取用

---

[①] 马黎丽、诸伟奇编《诸葛亮全集》，安徽文艺出版社，2012年版，第42页。
[②] 李岳瑞《诸葛武侯》，梁启超等编著《中国六大政治家》（全二卷），中华书局，2014年版，第188页。

了能够取用的绝大多数史料，但与此紧密相关的故事的数量仍然不很充足，所以他才移花接木、无中生有地加以强化之。这也是没有办法的事。

如前文所说，孔明本来是极幸运之人，可谓少年得志。他初受刘备殊遇的时候年仅二十七岁，而刘备以整整年长他二十岁的一代枭雄身份却能待之以师礼，从而使此"卧龙"展其骥足，接受家国大任，最终名垂千古。但是，由于年齿晚于他人，到孔明出山时，曹魏和孙吴的基业已定大局，历史留给刘备一方的舞台已经非常之小了。即便如此，暗窥天下形势多年的孔明仍然瞄准了时机出击，联吴抗曹，赤壁一战，硬生生阻住了曹操的席卷天下之势。而自此开始，刘备的势力大张，并最终图取益州为本，建立了基业，与曹、孙鼎足而立，三分天下。[①]诸葛亮为刘备筹划的跨有荆、益，恢复汉室的计划虽然因为关羽的"大意失荆州"而中途破产，但蜀汉的国祚却仍然延续了四十三年而亡。如若不是因为诸葛亮后来积劳成疾，英年早逝，则天下鹿死谁手，尚未可料。诸葛亮生平这段经历，罗贯中自然是熟悉的。

下面这段话，不出于蜀之敌国曹魏一方的记载，也不出于承嗣魏统的晋人的记载，而见于吴国大鸿胪张俨所作《默记·述佐篇》，裴松之为《诸葛亮传》作注时引用了这则材料：

> 汉朝倾覆，天下崩坏，豪杰之士，竞希神器。魏氏跨中土，刘氏据益州，并称兵海内，为世霸主。诸葛、司马二相，遭值际会，托身明主，或收功于蜀汉，或册名于伊、洛。丕、

---

① 如马植杰云：曹操在诸葛亮出场时已称霸中原，而当时刘备却无寸土立足。即便如此，得孔明之助后，刘备仍能据有蜀汉之地，就此可知，曹操之军事能力未必胜过诸葛亮。参见马植杰《三国史》，人民出版社，1993年版，第139页。

备既没，后嗣继统，各受保阿之任，辅翼幼主，不负然诺之诚，亦一国之宗臣，霸王之贤佐也。历前世以观近事，二相优劣，可得而详也。孔明起巴、蜀之地，蹈一州之士，方之大国，其战士人民，盖有九分之一也，而以贡贽大吴，抗对北敌，至使耕战有伍，刑法整齐，提步卒数万，长驱祁山，慨然有饮马河、洛之志。仲达据天下十倍之地，仗兼并之众，据牢城，拥精锐，无禽敌之意，务自保全而已，使彼孔明自来自去。若此人不亡，终其志意，连年运思，刻日兴谋，则凉、雍不解甲，中国不释鞍，胜负之势，亦已决矣。①

张俨的话说得再也明白不过，他肯定了孔明治军之能，并且在后文中还明确地指出"仲达之才，减于孔明"，则假如孔明不亡，司马懿不起，蜀魏之征战，胜负之决，岂有他哉。以张俨局外人的身份，分析实情的客观实在，不能说他的论述完全没有道理。司马懿不起，则晋国不存，诸葛亮大志伸展，昔日高卧优容的隆中隐士，其真正的志向岂限于三分之势。宋程颐论诸葛孔明亦曰：

孔明不死，三年可以取魏。且宣王有英气，久不得伸必沮，死不久也。②

但当时确有完全否定孔明之北伐者，如其所言："兵者凶器，战者危事也，有国者不务保安境内，绥静百姓，而好开辟土地，征伐天下，未为得计也。诸葛丞相诚有匡佐之才，然处孤绝之地，战士不满五万，自可闭关守险，君臣无事。空劳师旅，无岁不征，未能进咫尺之地，开

---

① 《三国志》卷三十五《诸葛亮传》，裴注引张俨《默记·述佐篇》，中华书局，2006年版，第558页。
② 《汉晋春秋通释》，人民出版社，2015年版，第214页。

帝王之基，而使国内受其荒残，西土苦其役调。魏司马懿才用兵众，未易可轻，量敌而进，兵家所慎；若丞相必有以策之，则未见坦然之勋，若无策以裁之，则非明哲之谓，海内归向之意也。"①

对此辩难，张俨则答曰（以下径以白话译文释之）：

> 人们常讲：商汤以七十里、文王以一百里，最终拥有天下，皆以征伐，而奠定大功。揖让而登王位者，只有虞舜、夏禹。而今，蜀、魏为敌国，势不两立，各自为王，自曹操、刘备以来，强弱之势，已悬殊可见，刘备依然出兵阳平，斩杀夏侯渊。关羽围攻襄阳，制服曹仁，生擒于禁，在当时，北边曹公上下忧惧，孟德亲自率军出南阳，乐进、徐晃等并力来救，围困不能当即解除，故蒋子通言，曹公彼时有迁许都、渡黄河之念。恰逢东吴袭取南郡，关羽才兵败，解除襄阳之围困。刘玄德与曹孟德，智力多寡，士众悬殊，用兵行军之道，不可同日而语，犹能以勇力取胜，当时，还没有东吴联盟，构成掎角之势。而今，司马仲达之才，远不如孔明，按照形势判断，异于曩日，玄德尚能与孟德抗衡，孔明为何不能出兵，图谋敌国？在往昔，乐毅以弱燕，兼领五国之众，长驱直入强齐，攻下七十余城。今日蜀汉之兵卒，并不少于燕军，君臣互信，强于乐毅、燕王，加上东吴、西蜀已成唇齿相依之势，东西相应，首尾如蛇，形势所逼，难道不如五国之众，何惮于魏而怯于战？兵贵在奇胜，制敌以智，土地广狭，人马多少，未可偏恃。余观西蜀治国之体，孔明施政得当，法令整肃，遗教在

---
① 《三国志》卷三十五《诸葛亮传》，裴注引张俨《默记·述佐篇》，中华书局，2006年版，第558页。

后，及其辞意恳切，陈述进取之谋，忠言謇謇，义形于主，虽古之管仲、晏婴，何以复加？①

历史的奇诡之处，确是不容假设的。而罗贯中的眼界和气度，也正可彰显于此处。试想一下，假如罗氏因为崇信了孔明的忠诚英烈，而妄动笔墨，将历史的重大走向予以修改，制造一个孔明功德圆满的幻想式的结局，其艺术效果与目前三国故事以悲剧终相比，是否更好一些？答案自然是否定的。

孔明身后，之所以令亿万人唏嘘感叹，与其以大有为之身而猝尔亡故不无关系。他本是一个志虑忠纯之士，心志坚定不可移易，我们从他驻军渭南、分兵屯田作长久打算来看，便很容易获知这一点。但是，他所做的一切准备，周详布设，步步为营，却都因为自己的病逝而不幸停滞了，其终身的努力也就此成为泡影。

可以说，孔明并非败于他人之手，其毕生中真正的败绩，只发生于他与时间的争夺战中。罗贯中之所以在《三国志演义》中秉承史书，以司马懿之口赞诸葛亮"天下奇才也"，实出于肺腑之中不可不发的感叹。

陈寿在《三国志》卷三十五《诸葛亮传》中曾如实写下了这样的一幕：

其年八月，亮疾病，卒于军，时年五十四。及军退，宣王（司马懿）案行其营垒处所，曰："天下奇才也！"②

---

① 程新发译《白话三国志》（通译本）卷三十五《诸葛亮传》，天地出版社，2020年版，第670—671页。
② 《三国志》卷三十五《诸葛亮传》，中华书局，2006年版，第551页。

可见，即使与诸葛亮长期对敌的人，出于对事实的尊重，也不得不佩服他。

但是，对于诸葛亮与司马懿一生中的两次正面交锋，《三国志》的记载皆有曲笔之失。如果完全信从《三国志》的记载，则得出的只是孔明的军事才能弱于司马懿的结论。但《汉晋春秋》据事直书，将两次战事始末完整地记录了下来。细观习凿齿笔下的诸葛、司马之战，却可得见：

头一次对阵，司马懿取临阵避战之法，隐忍不敢出，被部下讥之"公畏蜀如虎，奈天下笑何"，后终因辞不过诸将之请，"乃使张郃攻无当监何平[①]于南围"，不克；司马懿亲自统兵攻亮，"亮使魏延、高翔、吴班赴拒，大破之，获甲首三千级，玄铠五千领，角弩三千一百张"[②]，则知魏师败绩无疑。

此战之后期，司马懿继续坚守不出，孔明因粮尽退兵，张郃追之，为流矢所中，死。

诸葛亮与司马懿的第二次接战，即著名的五丈原交兵事。司马懿仍取旧法，以按兵不动为长策，遗之巾帼犹不知耻[③]。据《汉晋春秋》记载：

亮自至，数挑战。宣王亦表固请战，使卫尉辛毗持节以制之。姜维谓亮曰："辛佐治仗节而到，贼不复出矣。"亮曰："彼

---

[①] 何平即王平，蜀汉后期名将。此次孔明围祁山，王平独当重任，守南围。魏司马懿攻亮，张郃攻平，平坚守不动，郃不能克。后王平官至镇北大将军、汉中太守，封安汉侯。
[②] 《汉晋春秋通释》，人民出版社，2015年版，第193—194页。
[③] 王鸣盛《十七史商榷》，引自《汉晋春秋通释》，人民出版社，2015年版，第198页。

本无战情，所以固请战者，以示武于其众耳。将在军，君命有所不受，苟能制吾，岂千里而请战邪！"①

宋人胡寅据此而论五丈原交兵："司马懿曰：'若诸葛亮出五丈原，吾无患矣。'司马懿之言谲也，实畏孔明屯五丈原，又惮于逆击，故为此语以安其下耳。孔明此举，盖不复为退计矣。亲统大众入他人之境，久驻而魏师不敢攻，杂耕而居民无所苦，三代之兵若时雨，孔明庶几矣。或讥其短于将略，不亦过乎？"②可见对于陈寿之见，胡寅是持保留态度的。

又，《汉晋春秋》还记下了"死诸葛走生仲达"的故事：

亮卒于郭氏坞。杨仪等整军而出，百姓奔告宣王，宣王追焉。姜维令仪反旗鸣鼓，若将向宣王者，宣王乃退，不敢逼。于是仪结阵而去，入谷然后发丧。宣王之退也，百姓为之谚曰："死诸葛走生仲达。"或以告宣王，宣王曰："吾能料生，不能料死也。"③

史载，孔明有八阵图，或谓方阵、圆阵、牝阵、牡阵、冲阵、轮阵、浮沮阵、雁行阵；或云天、地、风、云、龙、虎、鸟、蛇八阵。西晋李兴论此时则云："推子（孔明）八阵，不在孙、吴（即孙子、吴起时所无）。"则孔明实是在古代兵家的布阵之基础上，有所发挥和创造。

---

① 《汉晋春秋通释》，人民出版社，2015年版，第206页。
② 胡寅《读史管见》卷六《魏纪·汉后主建兴十二年·论司马懿实畏孔明屯五丈原》，引自《汉晋春秋通释》，第207页。
③ 同上，第211页。

故成此阵后，孔明自谓："八阵既成，自今行师，庶不覆败矣。"

孔明八阵之法惠及后世，历代多有研习此阵并见证于攻战实效而得成功者。杜牧之在《孙子注》中说：武侯以石纵横八行为方阵，奇正之出，皆生于此。奇亦为正之正，正亦谓奇之奇，彼此相穷，循环无穷也。[①]可惜后来失传了，但我们知孔明智计如此。

因此，或谓孔明之失，在于事必躬亲，致以辛劳辞世。无怪乎，杜工部诗云：

三顾频烦天下计，两朝开济老臣心。
出师未捷身先死，长使英雄泪满襟。

又云：

功盖三分国，名成八阵图。
江流石不转，遗恨失吞吴。

杜甫只是遗恨怅怅，但后世人中，对孔明终其世只能局促一隅而未克尽全功，批评者亦众。宋朝陈亮对孔明心折不已，对于后人专以成败论英雄的做法，曾经辩驳道：

唐李靖，谈兵之雄者也。吾尝读其问对之书，见其述孔明兵制之妙曲折备至，曾不一齿仲达。彼晓兵者，故有以窥之矣。书生之论，曷为其不然也！孔明距今且千载矣，未有能谅

---

[①] 参见柳春藩《中国历史大讲堂：三国史话》，中国国际广播出版社，2007年版，第183页。

其心者。吾愤孔明之不幸，故备论之，使世以成败论人物者其少戒也。[1]

如果从这个层面上讲，罗贯中的记载确是真实可信的。小说一道，虚虚实实，我们本来不当以小说家言与一味地要忠于历史的人进行辩驳，较出长短，但是自从《三国志演义》成书，对此发生误解的人又确实多如繁星。但这并非罗贯中的失败，而恰自印证了他之作品的巨大影响。后人或觉得《三国志演义》多有偏离史实之处，因此希望能有一部新的著作，来对此予以改造，但客观而论，此事随便想想即可，真要付诸行动，怕也只能是出力不讨好的事情。

至少在笔者看来，罗贯中塑造的孔明，已经是集聚了当时时代所能赋予的这一人物的大半精华，即使有小偏离，也应属见仁见智的看法。而像罗贯中这样经历了时代巨变的小说家，心怀儒生理想，并不甘于天命，却又在小说中处处以天命来解释和遮掩，让人读来，倒是增加了多少伤感呢？

但是，孔明不失为万千儒生的样板，这其中就包括罗贯中这样的人。古往今来，一切能与孔明同悲的人自然应该可以理解罗贯中的用意，因为《三国志演义》确实写出了诸葛亮这一类"伟人的失败"。世间万千繁华热闹，实在是都抵不过这一场失败啊！

### 3. 创世者的悲叹

相传孔明去后多年，东晋桓温伐蜀中李特、李雄，在成都遇一蜀汉时老兵，年已百岁，尝问之："诸葛丞相，今谁可比？"

---

[1] 陈亮《陈亮集》卷七《酌古论三·诸葛孔明下》，引自《汉晋春秋通释》，人民出版社，2015年版，第209页。

答曰:"诸葛在时,亦不觉异;自公殁后,不见其比。"

孔明为何类伟人?这则材料似可视作一个绝好的注解。

当然,罗贯中在《三国志演义》中所写之文学人物孔明,与此处之诸葛丞相确实不可等同。罗氏的创造,必然只是以自己的平生所学为前提。他无法超越的部分,自然地显出了其人生履历所未曾涉足的部分。

而以罗贯中在作品中所彰显的对世事的洞察而论,他确实不止于拥有单方面的才能。由此,在小说现实与历史存在的层次对比之中,我们似可对罗贯中其人稍作寻绎。

首先,罗贯中确非陈寿一类人,所以他的任务并不是要告诉人们完全真实的历史。在如实地载录和品评史实方面,罗贯中固然没有陈寿作为史学家的本领,但在取其史事大略,以演义笔法予以讲说,从而使三国故事更通晓于万众方面,罗贯中所起的作用,又绝非历史上任何一个人可以比拟。

因为对历史事实所取态度与史学家并不完全一致,所以,说罗贯中是一个三国历史专家显然也不对。就《三国志演义》的人物设置来看,书中越是重要的角色,相对于其历史记载,需要填充的血肉便越多。而那些由宏大历史所构造的时代镜像,仅只是整部作品的一副骨架。但是,从罗贯中为《三国志演义》找到这么一副骨架来看,他又不失为一个有史家意识的小说家。而这一点,确是作历史小说的一个必然的起点。

其次,罗贯中生活的年代,因为远在诸葛亮所在的三国时代之后千余年,而三国时期的人心、教化,又毕竟与元末明初大不同,但罗贯中在写作孔明故事时,所虑却不及此,他只是尽可能地借鉴了自己生平所历、所闻,赋予了孔明更多的才能和遭逢,从而使这一形象更趋于丰富。至于这一形象与历史上的孔明有多少异同,却并非罗贯中所要考虑的。所以，他并非纯然复古的小说家。而以此论罗贯中，则谓其更多地活在当下，更多地着眼于人性的本相，以期呼应读者的阅读，则似不为大错。

但是，我们不可不看到，在罗贯中满满当当的激情之中，他终归还是在相当多的地方呈现出了人物性格的复杂性和个性化。而这种复杂性，其实恰好对应了来自政治生活中的固有矛盾，亦即"口与心、意与事之间的巨大分歧——这些原都是历史的本来面目"[①]。

浦安迪的这种见解非常精彩，大致说清了作者书写中为什么会出现那么多的矛盾之处。譬如，孔明虽智，却也在很多时候无法制止蜀汉一方的诸多败绩，其中，就包括关羽失荆州、刘备夷陵之败，以及孔明本是为了培养和推重马谡却又导致街亭失守的故事。罗贯中并没有更好的办法来处理这其中的种种对立，宿命论又显得多么心口不一，那么，叠映在诸葛孔明这个人物形象上的各类侧影，便可视之为作者胸襟起伏动荡的直接反映。

最后，罗贯中虽然有心图王，但论其本质，却与政治家一类人物仍属不同。况且，伟大的政治家是要为天下疗疾，是顾不得去夸张声口、取悦民众的。譬如历史上的孔明，本是正大庄严之人，而从罗贯中刻意写其谋略计算和纵横家风采来看，确有故布嫌疑之态。这自然大约是受到说书人的影响，而无法脱其樊篱罢了。但章回初起，本来就是借重于说话人的声口，至于在长篇讲史的小说领域，实是《三国》肇其端——所以在写作中，罗贯中作为文人小说家，他自然是过足了创世者的瘾。这毕竟是他缔造的一个完整世界。

但是，《三国志演义》之伟大，与《三国志》《资治通鉴》之伟大又

---

[①] ［美］浦安迪《明代小说四大奇书》，沈亨寿译，生活·读书·新知三联书店，2015年版，第395页。

多有不同。演义本近于民间声音，而罗贯中之好恶，也大体代表的仍是普罗民众的心声。这大概是他作为一个"有志图王"之士的创世者情结唯一的寄寓之地。他这么写作，与像孔明一般，真正地践行自己的政治理想毕竟是大不同的，所以，在笼罩于《三国志演义》一书的无处不在的悲叹中，我们无法看到一个峨冠博带的士大夫形象，我们所看到的只是一个不甘寥落但终归空叹江水东流的悲剧者形象。这个形象，在小说人物孔明身上有，在作者罗贯中身上有，但在蜀相诸葛亮身上，我们所读到的气质却多有层次不同。

但是，一部符合史实、正大庄严却又在小说文本方面大有开拓，神气完足的历史小说会是什么样子？我们毕竟未所与闻。

罗贯中是小说人物孔明门下士，虽然这是来自他所创造的艺术形象，但他特别津津乐道于他"进入行阵之间，运筹帷幄"的样子。史传，"亮死至今数十年，国人歌思，如周人之思召公也，孔子曰'雍也可使南面'，诸葛亮有焉"[①]。但罗贯中并无心去书写正大庄严之人治天下与治军事，他只是写出了"状诸葛之多智而近妖"的被后人所诟病的孔明风貌。可以说，这已是从神仙一途落入凡间的孔明形象，但是罗氏在他的时代里，所能做到的极限就是这些了。

后来反复写孔明的人，却是有不少人受他创造的滋养。这自然是罗贯中作为小说家的成功，但却不是作为政治家和军事家的，罗氏在地下若对此有知，不知会作何感想。总之，他是做了自己所能做的一切事情，在这方面，他没有孔明出师未捷身先死的遗憾，但这种无心插柳而成功的举止，在罗贯中本人看来毕竟如何，我们却也无法得知了。

---

① 《三国志》卷三十五《诸葛亮传》，裴注引《袁子》，中华书局，2006年版，第557页。

# 第七章 隐没的肖像

## 一、"竟不知其所终"

关于罗贯中最后的行踪，未见记录。不但后代人对他埋骨之处不甚了了，就是同时期的人，也说不出个所以然来。《录鬼簿续编》的作者在至正甲辰年后即与罗贯中失去了联系，因此在谈到此事时才会坦陈"竟不知其所终"，以此而论，罗贯中的终曲是无法写下的。但到了晚近，一些学者根据罗贯中的著作进行推测，似乎发现了小说家后来行踪的端倪，尽管难以确证，也可聊备一说。

详见柳存仁《罗贯中讲史小说之真伪性质》：

> 下面愚更有一证，亦使用相同之推究方法以求获得田、王插增部分《水浒》之撰人者，其关键在征田虎部分所描写之一隐士许贯忠。许当然非罗姓，然贯忠之名则与贯中极近似。

虽然罗贯中之本名早见各本《水浒》之题署页上，且其书及作者之名亦颇见于若干书录，然吾人今日所知最早之简本《水浒》须至十六世纪末始付梓，则罗氏生前当亦不易豫知其若干著作将来是否出版，更难料其且不止有一种版本问世，然则在文字中暗嵌描叙作者意境或身世之情节，或亦一种不得已之企图欤？

罗氏贯中之名，本出于《仪礼》乡射之"不贯不释"，贯字之意义等于中的之"中"（去声）。然"中"字下加"心"为忠义之忠，"许"字复作动词，则许贯忠一名之含义则许以贯彻忠义之忱自始至终而已。忠义一词为《水浒》全书之纲领，若干本子之《水浒》其题名亦称《忠义水浒传》，其理由不知是否与罗贯中有关，然其事固可深长思者也。前引王圻《稗史汇编》言罗贯中为"有志图王者"。就一百十五回本《水浒》而论，作者亦有时颇表同情于犯上作乱之人……以上数节，皆在征田虎、王庆事中，亦云烈矣，而许贯忠据书中言亦尝事田虎，后以田虎不仁，始离去。[①]

《水浒传》的版本问题，在中国古典长篇小说中，最为纷繁复杂。据《中国古代小说研究论辩》，现存清初以前的各种版本，经著录的就有五十种以上。最早的版本形态、各种版本问世的先后及相互间的关系等等，研究者之间也是歧说纷纭。但其诸多版本，大致可分为繁、简两大系统。所谓繁本，文字繁缛细致，"修饰甚精，为文学作品之上乘"，但其中无田虎、王庆故事（除百二十回本外），又称"文繁事简本"；而

---

① 柳存仁《罗贯中讲史小说之真伪性质》，刘世德编《中国古代小说研究》，上海古籍出版社，1983年版，第137—138页。

所谓简本，则每回篇幅俱颇短，文字较为粗疏蹇拙，艺术性较差，却因有田虎、王庆故事，所以称"文简事繁本"。关于简、繁二本，柳存仁认为前者或可以一百十五回本为代表，后者可以一百回本或印行较一百回本为迟之一百二十回本为代表。[①]

鲁迅自二十世纪首次明确繁、简两本之分，并在《中国小说史略》第十五篇《元明传来之讲史(下)》提出"由简入繁"说："现存之《水浒传》实有两种，其一简略，其一繁缛。胡应麟(《笔丛》四十一)云，'余二十年前所见《水浒传》本尚极足寻味，十数载来，为闽中坊贾刊落，止录事实，中间游词余韵神情寄寓处一概删之，遂既不堪覆瓿，复数十年，无原本印证，此书将永废。'应麟所见本，今莫知如何，若百十五回简本，则成就殆当先于繁本，以其用字造句，与繁本每有差违，倘是删存，无烦改作也。"[②]

不过，多数现代学者趋向于认为简本自繁本删削而成。

柳存仁本是支持"由简入繁"说的："然有一点愚可确定不疑者，即一百十五回简本《水浒》实有其较早之根源，或较各繁本系统之《水浒》早出甚多。"[③]但他也提出了另外的设想：

> 施耐庵通常以为《水浒》繁本之作者。施氏之事迹，今已失考。然高儒《百川书志》[有嘉靖庚子(公元1540年)自

---

① 陈曦钟等著《中国古代小说研究论辩》，百花洲文艺出版社，2006年版，第61、63页；柳存仁《罗贯中讲史小说之真伪性质》，刘世德编《中国古代小说研究》，上海古籍出版社，1983年版，第112页。
② 鲁迅《中国小说史略》，《鲁迅全集》第十七卷，中国文联出版社，2013年版，第112页。
③ 柳存仁《罗贯中讲史小说之真伪性质》，刘世德编《中国古代小说研究》，上海古籍出版社，1983年版，第139页。

序]著录《忠义水浒传》一百卷(回),已称"钱塘施耐庵的本,罗贯中编次",胡应麟《少室山房笔丛》(卷四十一,《庄岳委谈下》"今世传街谈巷语"条)又以罗本为施之徒,益以十六世纪以还各种繁本多有题"施耐庵集撰,罗贯中纂修"者,愚颇疑旧本简本或实题施耐庵撰,而罗贯中氏,其本身固已为一撰写《三国》、《隋唐》、《残唐五代》等"志传"之人,亦当润饰施耐庵《水浒》之旧本,而插增田、王部分,亦其贡献,且隐已名于小说之中。繁本《水浒》则将简本更为增润,在文字、篇幅及情节方面俱视简本为佳胜。且使《水浒》成为中国十六世纪小说一重要杰作,进而有贡献于世界文学之林者,此繁本《水浒》也……①

依据柳氏观点,早期祖本或为两部:一部出于罗贯中,为简本之祖,一部出于施耐庵,为繁本之祖;两个版本系统并行发展,又相互借鉴、补充,最终,"包括田、王故事之繁本一百二十回本《水浒》②于万历甲寅(1614)始全书完成者,实反自简本取资;是亦简本先于繁本之一成例。《水浒志传评林》、《插增本忠义水浒传》等书之刊刻时代固迟于繁本《水浒》之早期刊本,然此种简本之祖本或原型实可能又早于繁本远甚"③。

若柳说可坐实,则以下出自《水浒全传》第九十回《五台山宋江参禅 双林镇燕青遇故》中的许贯忠影像则正可视之为小说家罗贯中为自

---

① 柳存仁《罗贯中讲史小说之真伪性质》,刘世德编《中国古代小说研究》,上海古籍出版社,1983年版,第141页。
② 即袁无涯刻本百二十回《水浒全传》。
③ 柳存仁《罗贯中讲史小说之真伪性质》,刘世德编《中国古代小说研究》,上海古籍出版社,1983年版,第158页。

己的身世之寓所埋下的伏笔。其形象如此：

>宋江勒住马看那人时，生得目炯双瞳，眉分八字。七尺长短身材，三牙掩口髭须。戴一顶乌绉纱抹眉头巾，穿一领皂沿边褐布道服。系一条杂彩吕公绦，着一双方头青布履。必非碌碌庸人，定是山林逸士。①

此处许贯忠自称"祖贯大名府人氏，今移居山野"。因十数年前与燕青交契，所以力邀旧友到其居处略叙。于是，禀过宋江、卢俊义后，燕青与许贯忠骑马，"离了双林镇，望西北小路而行。过了些村舍林冈，前面却是山僻曲折的路。两个说些旧日交情，胸中肝胆。出了山僻小路，转过一条大溪，约行了三十余里，许贯忠用手指道：'兀那高峻的山中，方是小弟的敝庐在内'"。二人接下来这一段行脚，又是十数里，才到了山中。

此山即名大伾山，上古时大禹治水导河，曾到此处，"今属大名府浚县地方"。即今河南省鹤壁市浚县。

关于燕青"双林镇遇故"的笔墨，在《水浒传》这一段慷慨悲歌的英雄传奇中，实觉得奢侈。小说中对许贯忠晚年隐居之所的书写，颇为详尽，从燕青进山，到山村暮色，再到月下夜景，次日晨起鸟瞰，四出观览，无不一一涉及，仔细运笔。譬如：

>且说许贯忠引了燕青转过几个山嘴，来到一个山凹里，却有三四里方圆平旷的所在。树木丛中，闪着两三处草舍。内中

---

① 施耐庵、罗贯中《水浒全传》，岳麓书社，2012年版，第690页。

有几间向南傍溪的茅舍。门外竹篱围绕，柴扉半掩，修竹苍松，丹枫翠柏，森密前后。许贯忠指着说道："这个便是蜗居。"燕青看那竹篱内，一个黄发村童穿一领布衲袄，向地上收拾些晒干的松枝榾柮，堆积于茅檐之下……燕青又去拜见了贯忠的老母。贯忠携着燕青，同到靠东向西的草庐内。推开后窗，却临着一溪清水，两人就倚着窗槛坐地……数杯酒后，窗外月光如昼。燕青推窗看时，又是一般情致。云轻风静，月白溪清，水影山光，相映一室。

次日晨中，燕青吃过早饭，登高眺望，视野扩大，景色又变：

只见重峦迭障，四面皆山，惟有禽声上下，却无人迹往来。山中居住的人家，颠倒数过，只有二十余家。燕青道："这里赛过桃源。"

小说中许贯忠隐居的所在，经孟繁仁、郭维忠、姚仲杰、宣啸东等人考证后认为，便是今鹤壁市浚县许家沟村。其中提及的大伾山，为浚县"黑山"之古称。而许家沟村在黑山主峰西南陈家山下，"背依黑山（陈家山），面临淇水"，且村中有一块光绪十七年的古碑，据碑文记载"……我浚邑西八角所村名许家沟者，□□□有玉帝庙一所。其地环山□水，翠柏参天，□□□遥映淇泉之茅竹，邑之胜境也……"，颇与小说中所描绘的风物相合。[①]

综合上述种种，则孟繁仁等人认为，《水浒传》中征河北田虎部分

---

① 孟繁仁、郭维忠《"许贯忠"是罗贯中的虚像》，姚仲杰、孟繁仁等主编《罗贯中新探》，中州古籍出版社，1992年版，第114页。

之人物许贯忠，就是晚年隐居于河南浚县许家沟村的罗贯中。"虚"与"许"谐音，小说中的人物许贯忠，因此是为小说家罗贯中之虚像。换言之，"许"即"罗"的艺术形象，是小说家将自己的身世暗嵌于作品中的一个尝试之举。

关于罗贯中晚年的踪迹，这是我们目前所能得到的唯一的线索。虽是小说家言，或只是"名字偶合"，因此结论不一定确凿。但也无妨将这种可能性列出，这或是在《录鬼簿续编》所载"竟不知其所终"之外所能开辟的一条新路。

另外可让我们注意的是，在这些文字中，许贯忠竟也是个"有志图王"式的人物。在一百一十五回简本《水浒》中，便有以下一段叙述可证："饮酒之间，宋江问曰：'……闻公曾从田虎，必知曲折，望乞指教进攻之策。'"闻听此言，许贯忠遂从袖中取出一图，递与宋江："将军行军，必依此图。直取城巢，垂（唾）手可得。"许氏因何会有此图？因昔日在田虎帐下时，但凡有部兵侵占州郡之事，田虎带许同行，后者便处处留心："每遇险隘屯兵之所，及经行河路，必画下一图，某地可以进兵，某处可以埋伏，并无分毫差错。将军到地方不识之处，开图便知进攻之策。"可见其志在天下，并非纯然隐士。

但是与罗贯中的隐居避世相仿佛，此神秘的许贯忠氏也是神龙见首不见尾的人物，且颇类罗贯中湖海流荡之性情。

在百二十回本《水浒全传》中，许氏将此图交与燕青带回，在宋江与吴用计议进兵良策时，燕青适时取出一轴手卷，展放桌上，便是三晋山川城池关隘之图。凡何处可屯兵，何处可设伏，何处可厮杀，各有备细，一一写在上面。详见《全传》第九十一回《宋公明兵渡黄河　卢俊义赚城黑夜》：

吴用惊问道:"此图何处得来?"燕青对宋江道:"前日破辽班师,回至双林镇,所遇那个姓许双名贯忠的,他邀小弟到家,临别时,将此图相赠。他说是几笔丑画,弟回到营中闲坐,偶取来展看,才知是三晋之图。"

田虎起事本在山西,其人本是威胜州沁源县一猎户,后来起事,称晋王,占据五州五十六县。五州,指威胜(沁州)、汾阳(汾州)、昭德(潞安)、晋宁(平阳)、盖州(泽州),都在山西境内。[1]《水浒志传评林》及《水浒全传》,都明确田虎起义在山西。因此有学者认为,小说中所称"河北一路",当指同样地处黄河以北的山西而言。[2]联系到《录鬼簿续编》中的"罗贯中,太原人"之说,此处许贯忠这一人物的设置或本有罗氏借小说笔墨而寄托乡思之义。

至于许贯忠何等人,小说中借燕青之口道出:"贯忠博学多才,也好武艺,有肝胆,其余小伎,琴弈丹青,件件都省的。"但许氏虽心怀天下,却不恋仕途,宁愿山居幽僻,如其所云:"俺又有几分儿不合时宜处,每每见奸党专权,蒙蔽朝廷,因此无志进取,游荡江河……"

对友人燕青的前程,许贯忠也有所留意和劝说:"今奸邪当道,妒贤嫉能,如鬼如蜮的,都是峨冠博带;忠良正直的,尽被牢笼陷害。小弟的念头久灰。兄长到功成名就之日,也宜寻个退步。自古道:'雕鸟尽,良弓藏。'"燕青点头嗟叹。因此,《水浒传》中燕青后来的远遁江湖或也与许贯忠有关?

许与罗,在入世与出世之间的选择也是相似的。结合罗贯中在明初

---

[1] 施耐庵、罗贯中《水浒全传》,岳麓书社,2012年版,第694—695页。
[2] 孟繁仁、郭维忠《"许贯忠"是罗贯中的虚像》,姚仲杰、孟繁仁等主编《罗贯中新探》,中州古籍出版社,1992年版,第109页。

隐遁著书（"传神稗史"）来看，这番说辞也大似他的笔墨。而等到他的著作完成，虽辗转手抄于民间数十年甚至近百年，但终于还是在嘉靖壬午年（1522）得以正式刊布天下，从此得以一经典不朽的面目而流传千古。《三国志通俗演义》全书二十四卷，每卷十则，卷首题有"晋平阳侯陈寿史传／后学罗本贯中编次"。此刊本便为嘉靖本，也是现在我们目见的最早的《三国志演义》版本。而最为让人惊奇，或足以引起我们对罗贯中身世之思的是，此书卷首赫然刻有弘治甲寅（七年，1494）庸愚子（蒋大器）所作《三国志通俗演义序》，其中"书成，士君子之好事者，争相誊录，以便观览"之语便出于蒋大器之序言。

而河南浚县，正是因《三国志通俗演义序》而传名于不朽的蒋大器当初任主簿的地方。浚县，在明代之前的很长时期被称为浚州，据清代熊象阶《浚县志》记载，至明洪武三年（1370）始"降为县"。孟繁仁认为，罗贯中最终完成《水浒传》及修订田、王二传，是在洪武中后期。结合《水浒传》中许贯忠自称其居处"今属大名府浚县地方"，可知罗贯中隐居于许家沟的时间，当在明代洪武三年（1370）之后。[①]他或有终老于此的可能性。

因在任何文献里，我们都找不到罗贯中去世时的记录，所以，笔者依据柳存仁和孟繁仁等学者的推测，在这里格外地增补以上一段文字，也只是试图在罗贯中仍显恍惚难辨的生平纪年中加注几道线条罢了。至于此事日后可证其是或证其非，笔者也不作妄断。结论便留待后来者去续写吧。

---

[①] 孟繁仁、郭维忠《"许贯忠"是罗贯中的虚像》，姚仲杰、孟繁仁等主编《罗贯中新探》，中州古籍出版社，1992年版，第115页。

## 二、罗贯中的文学遗产

### 1.《三国志演义》

毫无疑问,《三国志演义》是罗贯中最大的一笔文学遗产。而关于此书的故事,在罗贯中去世之后并未全部完结。因为,确如我们所知,罗氏身后所遗,也只是一部可供传抄的手稿罢了。但现在我们仍有必要强调的是,对于三国故事的书写,罗贯中已经秉承其天赋才华,集大成地完成了最为艰苦卓绝的部分。即便保守一些讲述,他也至少制造了一个对前人的所有劳作具有颠覆性的三国故事模子。

在此,笔者之所以会讲到前人的劳作,正因为罗氏在后来为其著作做出耕耘的后人那里,同样会具备一个前人的身份。也正是基于罗贯中之于《三国》讲述的重要性,在书写这部传记的历程中,关于《三国志演义》写作的指向、作品的原创者与继来者的抉择问题,曾引起笔者无数次的思考,即如果从史的角度讲,罗著之源头自然在陈寿的《三国志》;若从民间口头说唱的角度追根溯源,则《三国志平话》自是不可忽略,三国故事的无名作者也正是在这个层面上获得了存在意义;但以古典章回说部而论,罗贯中更将无疑是一个伟大的开辟者。当我们追溯这个写作故事的时候便自然会发现:

罗贯中著《三国志演义》,是在异常粗糙的《三国志平话》基础上不断延伸,大幅度改进,甚至有很大的变异,直至形成了后来我们所见的三国故事。这样的话,他或是借了一个草率的模子开始,但渐渐地,这模子对他不大合用了,所以,他做了个更大的更精细的模子,并且以自己的文学才智,填注了一个体量很大的实体。罗版三国模子出笼后,大体来说，以后就没有人再去尝试做新的模子了，像毛纶、毛宗岗父子等人，只是把这个大模子打磨得更精细一些，把罗版三国做得更接近文人创作了。毛氏父子的最大贡献在于润色和评改，但却完全无撼于罗贯中作为小说原创者的地位。

关于罗贯中之原本的面貌及价值，我们现在尚无法准确评估，只能在一些星星点点的材料中钩沉。不过，因为嘉靖本尚存，我们在研究罗氏著作起点时，也不会无可凭借。

三国故事确实具有世代累积的特征，所以如同多数同类作品一样，在开始的时候都是粗蛮无礼的，但随着时间的推移，它们被不断地打磨，渐趋完整和精细。因为是历史题材写作，整体的故事框架是已知的，所以每一次写作，甚至每一次制作成书，都可以视同为一次新的诠释。这其中，大的主题和走向都不变，但细节的区别很大，细小的主题方面也各各有别，绝非完全一致，即便罗的本子，各版本间都有不小的差异。所以，我觉得之所以会有世代累积之说，到底是因为有不满足，每个改写者都觉得有修改之必要，无论幅度大小，也无论在哪个层面。而且，这些改写者，他们可能不会想到要尊重原作者的问题，也就在主观上不存在要从核心上取得一致的问题。如果后来人能颠覆前人，他们是要颠覆的，但他们确实没有做到。在数百年后看下来，经过多人之手，烘托出的只是最早呈现这个大框架的写作者，其他人无论怎么想，事实上也是在步他的后尘了。

但话说回来，作为不同时期有不同人参与的作品，像《三国》这类著作在出现一个伟大的总结性的写作者之前，大体都有某种敞开性和未完成性。由于众人设计的多个面向会把作品的空间拉伸，因此即便从已经定型的作品中取材进行再创造，事实上也是这种累积特征的继续发挥。

《三国志演义》既有诸多新创，又有关于三国素材的许多加深和重复。在我们所知中，有不少作家一生虽然会写很多作品，但最能集中体现其才华的，终归只是一部书。即便它们是以不同的面目（体裁、语言形态、不同的书名）呈现，但其内核却可以贯穿始终。当然，如果作品只是单纯的重复，则并无多少话题可谈，但基于一种思想流通的本能，在相似的幅面上予以展开，其枝蔓横生的状态也是足够迷人的。这是个人意义上的世代累积，如果做得出色的话，会渐趋完整，最终或能获得某种神性。如果我们能够以一部经过了数次修改（在跨度很大的不同时期）的经典著作来展开分析，或许更有助于我们解开思考之谜。一个具有特别意义的主题对作家来说既是陷阱、不归路，同时也是使其存在于世的最重要的缘由及见证。《三国志演义》之于罗贯中便是如此。尽管因为记录其生平的历史文献的匮乏，我们无法使他的影像在这部传记中得以完整而清晰地呈现，但这个结论也还是可以做出的。对笔者写作此书来说，便无异追踪一条涓涓细流渐成大河或汪洋的全部历程，并力求赋予其启迪众生之全部意义。或许，这也该是一部艺术传记的最终指归。而这个托物（他人故事）而言吾志的过程，又与艺术家的自我成就之路何其相似。

关于罗贯中的创造力及其劳作的价值，郑振铎曾经着力地探讨过。他在九十多年前就说过这样的话：

"在元、明小说的演进上，罗贯中是占着极重要的地位的。活动于宋代的书会先生，在元代虽似乎也甚努力，但其努力的方向，似已由小说方面而转移到戏曲方面去。中国的小说，遂突然由第一黄金时代的南宋，而坠落到像产生《元刊平话五种》的幼稚的元代。以元代的鼎盛的戏文与杂剧较之，诚未免要使人高喊着小说界的不幸。或者，那个时代的人们，已厌倦了比较宁静单调的说书讲史，而群趋于金鼓喧天、管弦凄清的剧场中了吧。因此，说书的职业，遂为之冷落。因此，小说的著作遂为之停顿。但到了元末明初,却有罗贯中氏出来,竭其全力,以著作小说,以提倡小说。而小说界的蓬勃气象,遂复为之引起,驯至产生了第二黄金时代的明代。罗氏之功,实不可没。而罗氏的健雄的著作力,在中国小说史上,似乎也一时无比。由高明隽雅的书会先生的作品,一变而为民间的粗制品的《元刊平话五种》,我们不能不承认它为一种坠落。但救护着他们而使之复登于文人学士的高坛之上者,实为罗贯中氏。罗氏盖承继于书会先生之后的一位伟大作家,而非继于幼稚的《元刊平话五种》的作家之后者。他正是一位继往承来,继续存亡的俊杰,站在雅与俗、文与质之间的。他以文雅救民间粗制品的浅薄,同时又并没有离开民间过远。雅俗共赏、妇孺皆知的赞语,加之于罗氏作品之上,似乎是最为恰当的。"[1]

《三国志演义》经罗贯中之手完成后,其传播过程十分漫长。在这段传播史上,有几位人物不可不提,此即在明弘治七年(1494)为《三国志演义》作序的蒋大器及后来完成《三国》最重要的评点本的毛纶、毛宗岗父子。关于蒋大器,也有过这样的推测:若就其对此书问世始末、结构主题之熟悉程度来推测,他很可能不只是一个写序者的角色?他或许是《三国志演义》出版史上最早的策划者。如上文所述,蒋大器曾任浚县主簿。他的主簿职业对他推动《三国志演义》的流传,或有一定助力。但是关于他的资料,我们所能获得的并不多,至于他一生功业,迄今与本传关联之最重者,也就是这一篇序言。

而清初毛纶、毛宗岗父子,在《三国志演义》逐步定型的过程中,更是厥功至伟。目前通行的《三国志演义》版本,事实上就是毛氏父子两代人在罗贯中小说刊本基础上最终改定的,因此被称为"毛评本"。

---

[1] 郑振铎《宋元明小说的演进》,《郑振铎古典文学论文集》,上海古籍出版社,2009年版,第380—381页。

《三国志演义》版本复杂繁乱。据陈翔华《〈三国志演义〉史话》，现存于海内外图书馆及私人藏家手中的早期版本即明刊本有三十余种，其中还包括残本及翻明的清初刊本（但即便如此，也仅占原明刊本的十之一二[①]）。在此版本系统中，又可据其分卷（回）数情况，进一步细分为：

　　二十四卷版本群，如明嘉靖元年（1522）本《三国志通俗演义》、明夷白堂刊本《三国志传》（版心"三国志"）、清初遗香堂刊明崇祯间梦藏道人序本《三国志》等；

　　十卷版本群，如明嘉靖二十七年（1548）叶逢春刊本《三国志史传》等；

　　十二卷版本群，如明夏振宇刊本《三国志传通俗演义》，明万历十九年（1591）周曰校刊本《三国志通俗演义》、明郑以桢刊本《三国志演义》等；

　　二十卷版本群，如明万历二十年（1592）余象斗刊本《批评三国志传》、明万历二十四年（1596）熊清波刊本《三国志全传》、明万历三十一年（1603）熊佛贵刊本《三国志史传》，明万历三十三年（1605）郑少垣刊本《三国志传》等约二十种；

　　六卷版本群，如清初宝华楼递修本《三国英雄志传》等；

　　一百二十回版本群，如题明李卓吾评本《批评三国志》，题明钟伯敬评本《批评三国志》等。

　　此外，尚有上海图书馆所藏残叶，其原刻当在明嘉靖元年（1522）后，属《三国志演义》早期刊本无疑，但未知分卷情形。[②]

　　而刘世德则在其《三国与红楼论集》中提出，至毛评本出现前，迄今所知《三国》版本有六十余种之多，但这些版本并不能为我们完全见

---

[①] ［英］魏安《〈三国演义〉版本考》绪论，上海古籍出版社，1996年版，第1、5页。
[②] 陈翔华《〈三国志演义〉史话》，国家图书馆出版社，2019年版，第50—52页。

到，其中多有存于域外者。[1]

《三国志演义》之毛评本，现存最早的是康熙十八年（1679）醉耕堂刊[2]李渔序刻本《四大奇书第一种》[3]。书卷端题："四大奇书第一种"（版心亦俱题"四大奇书第一种"）、"茂苑[4]毛宗岗序始氏评，吴门杭永年资能氏评定"。全书分六十卷，每卷两回，计一百二十回。半叶八行二十四字，四周单边。有封面，上栏刻"声山别集"（横），下栏右上刻"古本三国志"，左刻大字书名"四大奇书／第一种"。该刊本卷首载有李渔序文，末署"康熙岁次己未十有二月李渔笠翁氏题于吴山之层园"。康熙己未，即为康熙十八年（1679）。序后依次有《凡例》、《四大奇书第一种总目》、三国人物图四十幅、《读三国志法》。[5]需要补注的是，李渔序在后来遭人删改，伪托为金圣叹于顺治元年（1644）所撰序文，置于毛评本其他刊本之卷首，并将书名《四大奇书第一种》改为《第一才子书》，将"声山别集"改为"圣叹外书"。

关于毛评本之覆印本及各种各样的派生本，在清代极为繁多。据陈翔华在《〈三国志演义〉史话》中的不完全统计，清至民国年间，曾经刊印过《三国志演义》毛本的书坊遍布全国各地。

在今省市域内者，北京有北京宝翰楼、京都三槐堂、京都文成堂、京都文兴堂、京都琉璃厂宝经堂、京都打磨厂文盛堂、文英堂；

天津有天津文成堂；

河北有保阳万卷楼，新城王氏文英堂；

山西有晋祁书业德；

---

[1] 刘世德《三国与红楼论集》，中国社会科学出版社，2013年版，第165页。
[2] 同上，第48页。
[3] 李正学《毛宗岗小说批评研究》，中国社会科学出版社，2010年版，第62页。
[4] 茂苑，毛宗岗之乡贯，长洲之别称，后也作苏州之代称。
[5] 陈翔华《〈三国志演义〉史话》，国家图书馆出版社，2019年版，第106页。

山东有东昌书业德、潍县成文信，周村三益堂；

江苏有醉耕堂、金陵致和堂、金陵敦化堂、金陵文英堂、聚锦堂，镇江文成堂，苏州绿启堂和记、古吴怀德堂、古吴三槐堂、吴郡宝翰楼、金阊书业堂、金阊绿荫堂、金阊艺海堂、姑苏荣茂堂，海虞顾氏小石山房、常熟珍艺堂、同德堂，扬州同文堂、维扬爱日堂、维扬文盛堂、艺古堂；

上海有上海善成堂、上洋扫叶山房、上洋江左书林、上洋务本堂、上海广益书局、上海锦章书局、上海铸记书局、上海图书集成局、著易堂、点石斋、同文书局、广百宋斋、鸿文书局、文瑞楼、中原书局、群学社、尚古山房、时中书局、蒋春记；

浙江有武林顾氏务本堂、古越三余堂；

福建有长汀四堡村维经堂；

广东有广东大文堂、羊城文光堂、羊城古经阁、天平街维经堂、纬文堂，佛山翰宝楼、东粤佛镇三元堂；

湖南有长沙周氏大文堂、龙溪萃文堂、澹雅书局，宝庆经纶堂、益元堂书局；

重庆有重庆善成堂、重庆宏道堂；

四川有成都大道堂、成都英德堂、成都藜照书屋、蓉城同文公会，泸州宏道堂；

陕西有朝邑世德堂，延川金世德堂等。

尽管如此，这仍只是"一个挂一漏百的名单"。

此外，还有一些印行过毛本但迄今不知其所在原属何地的书坊，如筑野书屋、郁郁堂、富春堂、启盛堂、怀颖堂、右文堂、金谷园、六合堂、麟玉楼、大魁堂、大酉堂、集古堂、青云楼、翠筠山房、嵩山书屋、同志堂、经国堂、渔古山房、经纶堂、怀德堂、文英堂、聚德堂、永安堂、有益堂、新华图书局、兴贤堂等。①

书坊林立，刊刻者甚众，可观《三国志演义》被阅读的盛况。

关于毛氏父子的简况：毛纶，字德音，号声山，江苏长洲（今苏州）人，约生于明万历三十八年（1610），享寿六十岁以上，但卒年不详。其人富有才学，但命运多舛，"不得志于时"。清顺治八年（1651），曾受聘于同乡蒋灿②家坐馆授徒。中年以后，因病废目，遂学左丘，闭门著书以自娱。据褚人获记载，毛纶有《三国笺注》《琵琶辞》行世，惜不传于今。③其中，《三国笺注》即是对陈寿《三国志》之注解，由此足证毛纶有史学功底，尤长于三国史。毛纶目瞽后在其子毛宗岗的协助下始评点《琵琶记》，终在康熙四年（1665）成其《第七才子书琵琶记》，康熙五年（1666）刊印，但缘何命为第七才子书？据其自序云，因《西厢》有第六才子之名，遂以《琵琶》为之继。而《三国》评点较《琵琶》稍晚，其时毛宗岗的工作也由"稍加参较"转为"共赞其成"。④

据毛纶《第七才子书·总论》云：

> 昔罗贯中先生作《通俗三国志》，共一百二十卷。其纪事之妙，不让史迁。却被村学究改坏，予甚惜之。前岁得读其原本，因为校正，复不揣愚陋，为之条分节解。而每卷之前，又各缀以总评数段。且许儿辈亦得参附末论，共赞其成。书既成，有白门快友见而称善，将取以付梓。不意忽遭背师之徒欲

---

① 陈翔华《〈三国志演义〉史话》，国家图书馆出版社，2019年版，第118—119页。
② 蒋灿，明崇祯元年（1628）进士，官至天津兵备道布政使司参议，理学家。参见李正学《毛宗岗小说批评研究》，中国社会科学出版社，2010年版，第39、45页。
③ 同上，第39页。
④ 同上，第39、40、42、74页。

窃冒此书为己有，遂致刻书中阁，殊为可恨。今特先以《琵琶》呈教，其《三国》一书，容当嗣出。

依此分析，则毛纶为主、"且许儿辈（毛宗岗）亦得参附末论，共赞其成"的《三国》评点工作至迟在康熙五年（1666）已经完成，其工作要点有三："校正"文字；在正文前加评语"为之条分节解"；在各卷之前，加以"总评数段"。且白门（今南京之别称）的书坊已决定将其刊行。但却因有"背师之徒欲窃冒此书为己有"的意外发生而致刊印之事流产。我们颇可注意的是，毛纶在《总论》中对罗贯中的文字极尽赞许，称其纪事之妙，"不让史迁"。另，此中还点明了毛氏父子共评《三国》（目盲的毛纶口授，毛宗岗执笔并作参赞）的时间，始于文中所说的前岁，即康熙三年（1664），可见毛氏父子这次合作完成《三国》评本的时间至多为三年。

毛宗岗，字序始，号孑庵。江苏长洲（今苏州）人。生于明崇祯五年（1632），享高寿，至康熙四十八年（1709）七十八岁时仍健在。但未知具体卒于何年。清顺治八年（1651），毛宗岗二十岁时，曾参加科考（科试官为监察御史李嵩阳），且取得了好成绩，名列长洲县第三名。[1]但由于史料欠缺，其余生平事迹并不为我们详知。

不过，因康熙五年（1666）"毛评三国"刻印流产（此年毛宗岗三十五岁），可以想及的是，自此直到康熙十八年（1679）毛评本真正面世，其间又相隔了十三年，毛氏父子的评点工作当会继续进行，使之愈益精细。考虑到当时毛纶视力已盲而《三国》文本之繁，在这个过程中，毛宗岗的工作或会超过其父，最终的定稿工作亦当由毛宗岗完成。

---

[1] 陈翔华《〈三国志演义〉史话》，国家图书馆出版社，2019年版，第102页。

因此后来行世的毛评本事实上是在父子第一次合作评点的基础上进行的，但主要署名为毛宗岗，当归因于后期之评点已改为毛宗岗为主。[1]

从规范了罗贯中著作、扩大了其影响来看，毛氏父子对于罗贯中的意义十分重大，罗贯中应该感谢他们。这种感谢，和陈寿应该感谢为他的皇皇巨著《三国志》作注的裴松之是一个意思。

关于《三国志演义》的评本，非只毛评本一种，在当时先后便有余象斗、李卓吾、钟惺及后来的李渔等五家[2]，但经过阅读者的自然汰选，终是毛本成为始出于罗贯中手的《三国志演义》之定本。纵观毛评本对罗本的改造，在许多地方都是成功的。作为对自身劳作成果的补叙或说明，毛宗岗亲自列出对该书的修改《凡例》。其中，有十个要点详加论之：

> 一、俗本之乎者也等字，大半龃龉不通，又词语冗长，每多复沓处。今悉依古本改正，颇觉直捷痛快。
>
> 一、俗本纪事多讹，如昭烈闻雷失箸及马腾入京遇害，关公封汉寿亭侯之类，皆与古本不合。又曹后骂曹丕，详于范晔《后汉书》中，而俗本反误书其党恶；孙夫人投江而死，详于《枭姬传》中，而俗本但纪其归吴，今悉依古本辨定。
>
> 一、事不可阙者，如关公秉烛达旦，管宁割席分坐，曹操分香卖履，于禁陵庙见画，以至武侯夫人之才，康成侍儿之慧，邓艾凤兮之对，钟会不汗之答，杜预《左传》之癖，俗本皆删而不录。今悉依古本存之，使读者得窥全豹。

---

[1] 参见李正学《毛宗岗小说批评研究》，中国社会科学出版社，2010年版，第72—73页。
[2] 同上，第74页。

一、《三国》文字之佳，甚录于《文选》中者，如孔融荐祢衡表，陈琳讨曹操檄，实可与前、后《出师表》并传，俗本皆阙而不载。今悉依古本增入，以备好古者之览观焉。

一、俗本题纲，参差不对，杂乱无章，又于一回之中，分上下两截。今悉体作者之意而联贯之，每回必以二语对偶为题，务取精工，以快悦（阅）者之目。

一、俗本谬托李卓吾先生批阅，而究竟不知出自何人之手。其评中多有唐突昭烈、谩骂武侯之语，今俱削去，而以新评校正之。

一、俗本之尤可笑者，与事之是者，则圈点之，与事之非者，则涂抹之，不论其文，而论其事，则春秋弑君三十六，亡国五十二，将尽取圣人之经而涂之抹之耶？今斯编评阅处，有圈点而无涂抹，一洗从前之陋。

一、叙事之中，夹带诗词，本是文章极妙处。而俗本每至"后人有诗叹曰"，便处处是周静轩先生，而其诗又甚俚鄙可笑。今此编悉取唐宋名人作以实之，与俗本大不相同。

一、七言律诗，起于唐人，若汉则未闻有七言律也。俗本往往捏造古人诗句，如钟繇、王朗颂铜雀台，蔡瑁题馆驿屋壁，皆伪作七言律体，殊为识者所笑。今悉依古本削去，以存其真。

一、后人捏造之事，有俗本演义所无，而今日传奇所有者，如关公斩貂蝉，张飞捉周瑜之类，此其诬也，则今人之所知也。有古本《三国志》所无，而俗本演义所有者，如诸葛亮欲烧魏延于上方谷，诸葛瞻得邓艾书而犹豫未决之类，此其诬也，则非今人之所知也。不知其诬，毋乃冤古人太甚，今皆削去，使读者不为齐东所误。①

　　据《凡例》，毛宗岗是据"古本"，对"俗本"进行了修订。但"古本"之说，实际上只是个幌子，如小川环树言之，"类似这样的改订，都称是以'古本'为依据。但明代以来，戏曲家或小说家经常把新的改订本称作古本"②。所以，毛宗岗据以展开评点工作的底本，便只是《凡例》中所提之"俗本"。

　　而此处之"俗本"，即"谬托李卓吾先生批阅"的本子，现在一般认为便是明天启年间无锡人叶昼假托的吴观明刻本系统《李卓吾先生批阅三国志》。③

　　当然，从罗贯中原本完成到毛评本的出现，实非朝夕之功，中间经历了一个漫长的版本变迁过程，据中川谕考订此过程依次如下：

　　原作—抄本《三国志通俗演义》（原为二十四卷本，嘉靖本和夷白堂本继承了这种形式）—嘉靖本；周曰校本；夏振宇本—李卓吾评本（吴观明本）—毛评本。

　　即嘉靖本与毛评本之间的关系，并非是毛本直接修改了嘉靖本。毛本成书之前，至少经历了周曰校本、夏振宇本、吴观明本三个阶段。④而在这三个阶段中，《三国志演义》在内容、文字等各方面都已经发生了不容我们忽视的变化。

---

① 朱一玄、刘毓忱编《三国演义资料汇编》，百花文艺出版社，1983年版，第240—241页。
② ［日］中川谕《〈三国志演义〉版本研究》，林妙燕译，上海古籍出版社，2010年版，第79页。
③ 李正学《毛宗岗小说批评研究》，中国社会科学出版社，2010年版，第74页。
④ ［日］中川谕《〈三国志演义〉版本研究》，林妙燕译，上海古籍出版社，2010年版，第88、107页。

毛评本,实兼有二类功能,一为《三国》之评点本,一为《三国》之修改本。作为一种评点本,毛评本享誉甚久,其评点之佳妙,已成公论。"它的许多透辟的见解,细腻的分析,精彩的议论,都能给予读者很大的启发。它对中国文学理论批评宝库作出了巨大的、不可磨灭的贡献。毛宗岗(包括他的父亲毛纶),和他的前辈金圣叹、他的后辈脂砚斋一样,在中国古代小说理论批评史上,占据着显要的、不可动摇的位置。"[1]

但毛评本之作为评点本印行并不多,现在大量印行的,事实上是以《三国演义》命名的毛评本之修改本。毛氏父子的辛勤劳作形成的这个《三国》本子,取代了罗之原本得以最大程度地流传于世。以一种修改本论,毛评本有功,也有过,总体而论是"功大于过"。譬如谈到此书的艺术性时,我们看到,经过毛氏的润饰,迄今为我们所见之文本确实更趋精良,文字细雕密刻,文风愈觉通畅。但我们也不能不说,毛评本中有些地方对罗贯中本的修改,却是改坏了。毛氏父子未更动罗贯中文本的整体框架,我们已从上面《凡例》知之,但毛氏所做的细密的工作确实很大,因此与罗贯中原本之间,最后形成了"较大的距离"。而这种修改,并非全然必要。刘世德甚至认为:"在更多的地方,他们对伟大作家罗贯中的伟大作品《三国》不够尊重,擅出己意,作了许多不忠实、不必要的修改。在这一点上,无可讳言,他们是有过失的……"[2]

客观来看,不管毛氏父子如何谬托古本,毛评本也只是延续了毛氏自身观念的产物。这种改造使罗贯中的劳作变得更为清晰,而在价值观方面,却也在一些地方使人看到了毛氏观念的衰腐。在罗贯中笔下本有

---

[1] 刘世德《三国与红楼论集》,中国社会科学出版社,2013年版,第49—50页。
[2] 同上,第49页。

的那种客观真实性被削弱了，就毛氏对曹刘二人形象的处理看来，他们把自身的好恶更多地加进了作品，从而使罗贯中创造的价值受到了小小的抑制。我们仍不妨以较近于罗贯中笔墨的嘉靖本为例，将其描写曹操与刘备出场一段与毛评本做一比较，即可得出这一结论。先看嘉靖本如何描写刘备出场：

> 时榜文到涿县张挂去，涿县楼桑村引出一个英雄。那人平生不甚乐读书，喜犬马，爱音乐，美衣服。少言语，礼下于人，喜怒不形于色。好交游天下豪杰，素有大志。①

在这段文中，刘备的形象一体两面，既被颂之为"少言语，礼下于人，喜怒不形于色。好交游天下豪杰，素有大志"云云，又直接写其"不甚乐读书，喜犬马，爱音乐，美衣服"，按照罗贯中的意思，显然是"爱而能知其丑"，所以能够写出刘备形象的完整性。但是毛本却将"喜犬马，爱音乐，美衣服"这几点加以删除，为颂人，便全掩其非，连人性本身小小的瑕疵也是能删则删，从而毁坏了人物在生活中本有的逻辑。

而谈到对曹操的塑造，则是吝惜赞语，将其尽可能地删去。毛氏显然更为加强了贬损曹操的倾向性，相较之下，仍属嘉靖本更为客观一些。

曹操初出，嘉靖本原文如此：

> 为首闪出一个好英雄，身长七尺，细眼长髯。胆量过人，机谋出众，笑齐桓、晋文无匡扶之才，论赵高、王莽少纵横之

---

① 罗贯中《三国志通俗演义》，刘世德主编《罗贯中全集》（壹），三晋出版社，2011年版，第2页。

策。用兵仿佛孙、吴，胸内熟谙韬略。官拜骑都尉，沛国谯郡人也，姓曹，名操，字孟德，乃汉相曹参二十四代孙。操曾祖曹节，字元伟，仁慈宽厚。有邻人失去一猪，与节家猪相类，登门认之，节不与争，使驱之去。后二日，失去之猪自归，主人大惭，送还节，再拜伏罪。节笑而纳之。其人宽厚如此……①

到毛氏那里，是因"憎而尽掩其善"，所以曹操之英雄过人及其出身中的这一点善良基因竟至完全不见，似乎多一句好，曹操便不称其为"奸雄"了。

因此，以罗贯中处理历史事件和历史人物的才能来看，他的见解显然比毛氏更为原始、粗犷，有时也更为通达。

当然，在处理人物形象方面，罗贯中笔下确有一些原生态的、欠缺雕琢的痕迹，毛氏则秉持其一贯的修饰风格，对其大加改造，这种修饰和改动，有时是成功的。譬如罗贯中在对孔明的描画中，或袭用一些民间传说过重，或为了彰其智虚构过头，孔明身上尚存某些奸诈特性，至毛评本，这些成分被一扫而空。如《凡例》所提"诸葛亮欲烧魏延于上方谷"之情节，毛宗岗就认为："此其诬也，则非今人之所知也。不知其诬，毋乃冤古人太甚，今皆削去，使读者不为齐东所误。"从而使其更接近儒家圣贤、千古智绝的形象。

嘉靖本如此：

却说孔明望见司马懿被魏延诱入谷时，不胜忻喜。马岱一

---

① 罗贯中《三国志通俗演义》，刘世德主编《罗贯中全集》（壹），三晋出版社，2011年版，第4—5页。

齐放火，将欲尽情烧死，忽天降大雨，火不能着。人报走了司马懿。孔明闻知，仰天长叹曰："谋事在人，成事在天！"

……

却说孔明收兵，回到渭南大寨，安营已毕，魏延告曰："马岱将葫芦谷后口垒断，若非天降大雨，延同五百军皆烧死谷内！"孔明大怒，唤马岱深责曰："文长乃吾之大将，吾当初授计时，只教烧司马懿，如何将文长也困于谷中？幸朝廷福大，天降骤雨，方才保全；倘有疏虞，又失吾右臂也。"大叱："武士！推出斩首回报！"

……

却说众将见孔明怒斩马岱，皆拜于帐下，再三哀告，孔明方免，令左右将马岱剥去衣甲，杖背四十，削去平北将军、陈仓侯官职，贬为散军。马岱责毕，回到旧寨，孔明密令樊建来谕曰："丞相素知将军忠义，故令行此密计，如此如此。他日成功，当为第一。可只推是杨仪教如此行之，以解魏延之仇。"岱受计已毕，甚是忻喜，次日强行来见魏延，请罪曰："非岱敢如此，乃是长史杨仪之谋也。"延大恨杨仪，即时来告孔明曰："延愿求马岱为部下裨将。"孔明不允。再三告求，孔明方从。[1]

可见孔明遗计斩魏延，实已在这里埋下了伏笔。虽为情节连贯而设计，但此处描绘，却历来受人诟病，几可视之为罗贯中的败笔。因为此时我们眼中的孔明，充斥了阴沉的计谋、寡情的算计，实非一个秉性纯

---

[1] 罗贯中《三国志通俗演义》，刘世德主编《罗贯中全集》（壹），三晋出版社，2011年版，第560—562页。

良的贤人，也脱离了其本身的性格真实。毛氏父子将其删除后，便只留下了日后马岱处决魏延的情节，从而使人物的性格逻辑更趋向于严谨，其形象也更加自然、合理。

总之，相对于罗贯中的创作来说，经毛氏父子之手改定的毛评本尊刘抑曹的痕迹更重，对凡属蜀汉集团之人的描绘，多能体现这一特征，以致塑造刘备、诸葛亮、关羽形象时都较罗贯中更为修饰过度，为尊者讳的色彩也更浓更重。而毛纶尤其同情诸葛亮为人，且在《第七才子书·总论》中称："予尝旷览古今事之可恨者正多"，曾经打算创作"雪恨"传奇《补天石》十种，以"补古来人事之缺限"，其第四题便为《丞相亮灭魏班师》。高明如毛纶者亦有此心，可见孔明最后伟业未成实使人憾恨无穷。

但事实上，此为历史大关节、历史小说之骨架所在，相对于罗贯中氏于此更能秉持客观而真实的史家情怀，对其大局走向并不擅做改动而言，毛纶动此心，仍不免显示出思想中的愚执一面。如能成书，便似三国故事经由罗贯中的大力挽救之后又向"民间的天真"情绪回落，因此而达成的，也只是一片"虚妄渺茫"罢了。

不过，在毛氏之前或之后，源于罗贯中《三国志演义》的影响，或直接受这种情绪的激发而以续书或新编或反案形式创作的"三国"系列小说并不乏见。如续书类便有：明酉阳野史《新刻续编三国志后传》（十卷一百三十九回），清梅溪遇安《后三国石珠演义》（三十回）。故事的新编或翻案之作有：清珠溪渔隐《新三国志》（二十八回），清陆士谔《新三国》（五卷三十回），徐捷先《反三国》，周大荒《反三国志》（八卷六十回），等等，计有十余种。[①]

---

[①] 陈翔华《〈三国志演义〉史话》，国家图书馆出版社，2019年版，第122—127页。

罗贯中确是后世很多继来者的鼻祖。这些跟进者，各有初衷，不可一概而论。三国故事，最终是在罗之后的毛手里就定型了。因为毛氏父子尤其是毛宗岗的全力以赴，之后在罗贯中的本子上进行再创作并妄图超越毛本取得影响的可能性庶几已经丧失，但受到罗贯中的影响，他们另起炉灶作了些别的小说。作为支脉和余脉，这些三国系列小说在不同的方向上，都扩大了罗贯中著作的影响。但直到今天为止，改写者尚没有如同罗贯中颠覆性地超越他的无名前辈一样超越了罗氏本人，所以，在这个小说系列谱系中，罗贯中作为一个不可磨灭的肖像永远留了下来。

　　另，罗贯中《三国志演义》对明清及近代历史小说的创作影响也"至为深广"，如明末可观道人《新列国志叙》曾言："自罗贯中氏《三国志》一书以国史演为通俗，汪洋百余回，为世所尚。嗣是效颦日众，因而有《夏书》、《商书》、《列国》、《两汉》、《唐书》、《残唐》、《南北宋》诸刻，其浩瀚几于正史分签并架。"[①]

　　综上观之，《三国志演义》的影响力是随着时间的推移逐渐显现出来的。在此传播过程中，以罗贯中的文本为核心，又融合了蒋大器、毛氏父子等一代又一代人的劳作，其文本，渐为越来越多的人所通晓，其故事，渐渐为国内妇孺皆知。就其刊本之多、之广而论，此事可以看得异常分明。而与此相关的创作也一度甚嚣尘上，达到了数量浩繁、难以穷尽的地步。不仅在国内如此，后来在国外的传播尤其近邻国家亦如此。关于《三国志演义》在海外的传播、编译，笔者在附录中的系年部分，参考了刘世德、陈翔华及日本中川谕等诸位学者的工作，另有较为详尽的辑录，有兴趣的读者可以参看，此处并不赘言。

---

[①] 朱一玄、刘毓忱编《三国演义资料汇编》，百花文艺出版社，1983年版，第649页。

## 2. 罗贯中的其他著作

罗贯中具有雄宏的笔力。经笔者上文叙述，其著作流传至今的，除独力创作之小说《三国志演义》、杂剧《风云会》外，尚有与施耐庵合作的《水浒传》一部。《三国》《水浒》二书，是中国章回小说的开山之作，在此之前，中国尚未见有成熟的章回小说出现。按照鲁迅的说法："宋之说话人，于小说及讲史皆多高手，而不闻有著作；元代扰攘，文化沦丧，更无论矣。"[1]罗贯中是章回小说初起时候的一个有力的开拓者，自是无疑的了。

另据明清传来的著署来看，署名为罗贯中撰写的作品尚有《隋唐两朝志传》《三遂平妖传》《残唐五代史演义传》三部。这另外的几部书，影响力均远不及《三国》与《水浒》，但在整体性的中国长篇小说史上，也占有一定地位，以下简略述之。

《残唐五代史演义传》，同三国故事仿佛，亦以讲述史事变迁为要，只不过将三国换成了五代（907—960），但笔力较《三国志演义》差之远甚。其中最为耀眼的人物为李存孝，所倾注作者的心力与感情最多，或因作者认为，这是"勇猛而护唐的人物"，与三国时代心存汉室的刘备阵营人物类似。故事起笔于黄巢起义，收结于陈桥驿赵匡胤黄袍加身建立宋朝事。其间所取资的，一是新、旧《五代史》等史籍；一是有关五代题材的元杂剧，如白朴《李克用箭射双雕》、关汉卿《邓夫人哭存孝》；一是讲史艺人的说话专科，如前文曾经提及的尹常卖，就与"说三分"的霍四究，同为宋朝孟元老《东京梦华录》中所记录的专科讲史的艺人。南宋时，专说五代史的艺人刘敏也颇负盛名。另，在

---

[1] 鲁迅《中国小说史略》，《鲁迅全集》第十七卷，中国文联出版社，2013年版，第96页。

小说《残唐五代史演义传》出来之前，还有话本《五代史平话》，似为讲史艺人留下来的说话底本。① 这一切，均与《三国志演义》写作之前所面临的形势相仿佛，但或因五代史事线条繁复多变，历史人物纷纷扰扰，你方唱罢我登场，写家很难将笔墨集中，因此，终归没有创作出一部可与《三国》并肩的长篇章回小说。现传的署罗贯中名的《残唐五代史演义传》文笔简率，甚至粗糙，结构也不匀称。其中着墨最深的，是全书六十回中的前五十回，为后梁（907—923）和后唐（923—936）故事。所塑造人物，除后唐之李克用、李存孝父子外，后梁的朱温、王彦章等，也都比较可观。但此后，留给其余三朝后晋（936—947）、后汉（947—950）及后周（951—960）的篇幅就极有限，著者走笔匆匆，所叙人物也如云烟过眼，难以为阅读者留下深刻印象。分别为：

后晋（第五十回到五十七回，共八回）

后汉（第五十八回，共一回）

后周（第五十九回到六十回，共二回）

历史小说之易写难工于此可见一斑。或如龚鹏程云：历史如长河，英雄与事迹只是发生于历史中，如长河大江激起的浪花、形成的回澜，引人注目，然皆仅为历史中的一部分而已。讲史所要讲的，就是这历史本身，而不是替历史某一波澜作传。讲史所惯常表现出一种大江东去的意象，正显现了这种特性。② 道理固是如此，但作为小说的铺排演绎，我们评谈历史小说的成败，总还是免不了要去搜读人的故事。人物状写不成功，则小说也就极可能失去了详叙的价值。《残唐五代史演义传》现存刻本甚多，其最早者刊行于明末。所题为：贯中罗本编辑。有八卷本、六卷本、十二卷本之分。八卷本题"李卓吾批点"。六卷本、

---

① 参见罗贯中《残唐五代史演义传》校点说明，宝文堂书店，1983 年版，第 1—2 页。

② 龚鹏程《中国小说史论》，北京大学出版社，2008 年版，第 208 页。

十二卷本,题"玉茗堂批点"。①玉茗堂主,即汤显祖。据赵景深《小说闲话·〈残唐五代史演义传〉》,汤显祖和李卓吾的评都靠不住,因为书中并无玉茗堂只字批评,而卓吾子的评又庸俗可笑,敷衍塞责。②因此,显系后人附会。

《残唐五代史演义传》创作年代不详,不能断其与《三国》孰先孰后,但不排除,此书或为罗贯中著《三国》之前试练身手的"热身赛"。③

《隋唐两朝志传》,较之《残唐五代史演义传》要详细一些,所叙史事的长度,起于隋末,至于唐僖宗,历时约三百年。但罗贯中原本已不存。现存最早的本子是明代林瀚于正德年间据隋唐诸书改定的。为明万历四十七年(1619)龚绍山刊本,十二卷,一百二十二回,题"东原贯中罗本编辑,西蜀升庵杨慎批评"。据林瀚写于正德三年(1508)的序云:"罗贯中所编《三国志》一书行于世久矣,逸士无不观之。而隋唐独未有传志,予每憾焉。前寓京师,访有此书,求而阅之,始知实亦罗氏原本。第其间尚多缺略,因于退食之暇,遍阅隋唐诸书所载英君名将、忠臣义士,凡有关于风化者,悉为编入,名曰《隋唐志传通俗演义》。盖欲与《三国志》并传于世,使两朝事实愚夫愚妇一览可概见耳。"④可见此书已非罗作旧貌。但柳存仁在《罗贯中讲史小说之真伪性质》中指出:"《隋唐志传》在故事情节关目及用语方面,俱于《三国》倚赖甚深。"⑤《隋唐两朝志传》作者异常熟悉《三国》情节,而能"取

---

① 刘世德《三国与红楼论集》,中国社会科学出版社,2013年版,第32页。
② 参见罗贯中《残唐五代史演义传》附录,宝文堂书店,1983年版,第235页。
③ 张仲谋《罗贯中》,何满子主编《十大小说家》,上海古籍出版社,1989年版,第49页。
④ 朱一玄、刘毓忱编《三国演义资料汇编》,百花文艺出版社,1983年版,第230页。
⑤ 柳存仁《罗贯中讲史小说之真伪性质》,刘世德编《中国古代小说研究》,上海古籍出版社,1983年版,第95页。

精于弘,源源不绝,不啻其口出",故两书实有血缘关系,且在林瀚修订前,当存有类似《三国志传》的旧本才对。罗氏旧文,或因此部分存留于《隋唐两朝志传》。孙楷第《日本东京所见小说书目》亦云:"此多仍罗氏旧文,故语浅而可喜。"[①]到清康熙年间,褚人获又在此《隋唐两朝志传》基础上进行加工,改作出《隋唐演义》。但此书笔墨,在鲁迅看来,"乃纯如明季时风,浮艳在肤,沉著不足,罗氏轨范,殆已荡然,且好嘲戏,而精神反萧索矣"[②]。

《三遂平妖传》,虽云讲史,实则为神怪小说开流之作。事起于北宋仁宗庆历七年(1047)河北贝州(今河北清河县)王则起义的史事。起义延时未久,仅六十六日便被参知政事文彦博领军平掉。但在民间,余韵流长,口说纷纭,因此演绎出此妖术变乱的小说。《平妖传》开首便奇幻:汴州胡员外得仙画,妇人焚之,却被纸灰绕身,并涌入肚腹,因而有孕。其后产女胡永儿。永儿得妖狐圣姑姑传授道法,遂习得各种妖异法术,能剪纸成兵。王则为贝州军排小校,得助于圣姑姑等人,云当称王,适知州贪酷,遂有术士相助运出库中粮米收买军心起事。王则见人心归顺,乃自立为东平郡王,永儿被册封为皇后。术人左黜、弹子和尚、张鸾、卜吉各被封为军师、国师、丞相、大将军。[③]文彦博率军来讨不能克,幸有诸葛遂智、马遂、李遂共三遂一起出来助他,王则变乱方平。此小说想象瑰丽,侧重叙述故事,少细部描绘,人物出场等均见

---

① 孙楷第《中国通俗小说书目》(外二种),中华书局,2012年版,第246页;另可参见李灵年《罗贯中》,周钧韬主编《中国通俗小说家评传》,中州古籍出版社,1993年版,第18—19页。
② 鲁迅《中国小说史略》,《鲁迅全集》第十七卷,中国文联出版社,2013年版,第102页。
③ 罗贯中《三遂平妖传》,刘世德主编《罗贯中全集》(叁),三晋出版社,2011年版,第459页。

突兀，但文字粗朴，类于话本和民间故事，如确为罗贯中的著作，似亦在早期。其存世刊本，据孙楷第《中国通俗小说书目》云，有明钱塘王慎修精刊本，四卷二十回，题"东原罗贯中编次"。首有武胜童昌祚益开甫序。一至三卷题"钱塘王慎修校梓"，四卷题"金陵世德堂校梓"，所以称王慎修本或世德堂刻本。书刻在明万历二十几年，封面右方题"冯犹龙先生[①]增定"。孙楷第称，此为罗贯中原本。[②] 但李灵年认为，此书并非《平妖传》的初版，只是在某些地方保存着这部小说的原始面目，"如回目造语生硬，对仗不工，情节亦有疏忽"[③]。

另，《平妖传》现尚存的，还有一种残存两卷本，刊于明代万历年间。

郑振铎还说过，罗贯中或许真作了《十七史演义》，却已不可确证。但自他殁后一百余年，长篇古典小说《三国志通俗演义》《水浒传》《隋唐两朝志传》《三遂平妖传》《残唐五代史演义传》等书陆续出版，一时间蔚为大观。

令我们不可忽视的是，无论是《三国》，还是《隋唐》《五代》，其在民间的根都植得非常之深，对后世创作之影响——无论是小说还是戏剧——都异常之大。

在中国小说这个领域，由罗贯中所创造的章回小说成了中国古典长

---

[①] 犹龙，为冯梦龙（1574—1646）字。冯梦龙在万历二十五年（1597）时，年方二十四岁，此时前后，似无可能去做增订工作。现《三遂平妖传》的通行本（十八卷四十回）确为冯梦龙增补，但刊行于明泰昌元年（1620）之后。故刘世德对此题署存疑。参见刘世德《三国与红楼论集》，中国社会科学出版社，2013年版，第33页。
[②] 孙楷第《中国通俗小说书目》（外二种），中华书局，2012年版，第119页。
[③] 李灵年《罗贯中》，周钧韬主编《中国通俗小说家评传》，中州古籍出版社，1993年版，第19—20页。

篇小说的唯一体例。而他平生着力最多的《三国》一书虽被冠为通俗演义之名，却仍然由于代表了当时小说创作的最高水准以及本身所包蕴的众多反讽寓意，而被目为文人创作历史小说的巅峰巨著。受他的影响，后来有许多人都参与到了历史演义小说的创作中来，诞生了一系列以讲史为能事的小说著作，从而使这一小说派别影响力弥炽。

六百年后，《三国志演义》除影响了万千国民外，在域外同样颇受赞誉，被称为可入列"中世纪东方最伟大的大师的著作"，"一部真正具有丰富人民性的杰作"，"中国民族史诗"，"可能是中国对世界历史的一个无与伦比的贡献"[①]，《大英百科全书》则将罗贯中称为"元府白话小说"中"第一位知名的艺术大师"。

罗贯中和他的皇皇巨著成为不死的传奇。由他独力写成的《三国志演义》、与施耐庵合作的《水浒传》、吴承恩所著《西游记》、曹雪芹写下的《红楼梦》均在后世取得了莫大的流传，因此被并列而为中国古典小说四大名著。

## 三、罗贯中的肖像

写书的人不会对未来产生丝毫的玄幻感，因为一切都在落笔的一瞬注定；因为文字的生与死，即是写作者的生与死。只要文字的光芒熄灭，则著者的灵魂与肖像自然都不存在；但文字如果不灭，则著者必然恒久地活在阅读者心中。所以，亦可说，写作者拥有完整而清晰的未来。他所书写的文本中的每一个字就是他的顾盼。所以，当英人安东尼·伯吉

---

① 陈翔华《〈三国志演义〉史话》，国家图书馆出版社，2019年版，第163页。

斯在《莎士比亚》的结尾写下：

> 我们大可不必抱怨没有一幅令人满意的肖像。要想知道莎士比亚的相貌，我们只需照一下镜子。他就是我们自己，是忍受煎熬的凡人俗士，为不大不小的抱负激励，关心钱财，受欲念之害，太凡庸了。他的背像个驼峰，驮着一种神奇而又未知何故显得不相干的天才。这天才比人世间任何天才都更加能够使我们安于做人，做那既不足以为神又不足以为兽的不甚理想的杂交儿。我们都是威尔。莎士比亚是我们众多救赎者中的一个救赎者的名字。[①]

我想说的是，我时刻所想的，都与他毫无二致。但这句话也不是完整的意思。因为我们都没有在罗贯中的时代活过，我们毫无可能将他的生老病死和耳闻目睹完整地加以复原。况且，作为卑之无甚高论的后来者，在九年里总是贯穿着、面对着这一部书——这一场写作看起来漫漫无尽，像长征一样将我人生中最黄金的九年与他的一生连缀起来，所以我尽可能地书写了他的故事；但我必须要说，他的肖像没有固定的画法。只是究其根本，他自然不会离开他的时代。有几位晚于他但又早于我们的人将他的形象替我们描绘过了，譬如：

"（罗贯中）与人寡合"（《录鬼簿续编》）；

"然非绝世轶材，自不妄作。如宗秀罗贯中、国初葛可久，皆有志图王者"（明王圻）；

"罗氏生不逢时，才郁而不得展"（明杨尔曾）……

---

[①] ［英］安东尼·伯吉斯《莎士比亚》，刘国云译，广西师范大学出版社，2015年版，第402页。

他们向我们传输的,似乎都是一个心气高迈却落魄而浪荡的湖海之士形象。

但写作者的生命不以肉体的衰腐而终结,因为史料文献的缺乏,我们也看不到罗贯中的死。总之,他的死或是很平凡和无趣的死,与这世界上任何卑微者的死都没有什么两样。当黄昏日落,阴阳交迭,我们也很为那些普通生命的落幕而感到孤清无尽。但作为这部书的唯一的主角——罗贯中的肖像却随时可以在三国浪花的翻涌中升腾起来。

像刘备一样,写下了《三国》这部书的罗贯中其实也是一只"不死鸟"。一切流淌和滚动的河流都可以承载他不死的名字。

    他们都说这里住着一位叫孔明的先生,天赋莫测神机,于是我带着我的两位兄弟去找他。那时春已深了,但风还是刮得好大。我的两位兄弟都在抱怨,他们说孔明还只是个孩子,不值得我们这么兴师动众地前来。他们忘记了,那些人已经被我驱散,现在同我一起站在孔明家宅外面的只有我们三人。但他们不管不顾,还在嘟嘟囔囔。我心里多少有些不快,就转过了身子直视山梁上的白云,不再同他们说一句话。我的两个兄弟都识相地沉默下来。

    但是,关于这位孔明先生,我心里也多少有些没底。我们已经来过不止一次了,不管什么原因,总是没有见到他的面。世间之大,是否存在一位名叫孔明的先生?我确信,这不会是我们的最后一次等待,但是很难判断,会不会是倒数第二次、倒数第三次?总之,我现在站在这里,看着那些白云,想到最多再有几十年,我就会像那些山梁上的草木一样死去,便免不了一阵悲伤。

门什么时候吱嘎一声开了？门会开吗？我不知道。我只知道路上碰到的那些人都说孔明住在这里。但同样是他们，也说过已经很久没见到孔明了。我曾经不住地担心，孔明是不是已经离开这里了？他是不是不会再返回来？他会返回来吗？我再次转头看着我的两位兄弟的时候，事实上希望他们告诉我答案。无论是肯定还是否定都无关紧要，重要的是，他们会把我所想知道的结果说出来。但这一次，我知道我要失望了。因为他们都是那种茫然而沉默的神色。眼前的万水千山，都不悯人。我心里叹息着，已经起意要离开了。

但就在我转过身去的一刻，阳光似乎分外刺目地射了过来。我听到大大小小的虫吟都涌动起来。是孔明回来了？是他要现身？我想起传言中他的莫测神机，到底还是无法确定会不会因此错过一次极有价值的相遇。就此犹豫着，身子又转了回来。孔明所住的草庐在青天下面，看起来普普通通，与周围零落可见的邻人的草庐没什么两样。但事情正是怪在这里，明明知道这一切就是这样，也还是忍不住会觉得，是因为草庐的不同而缔造了不同于他处的灵魂。那么，就这样再等到落日下了西山如何？我扭了扭头，似乎张口在问我的两位兄弟，又似乎在问我自己。

全听大哥的，这一次，他们没有反驳。我感觉有些愧疚地面对着他们。但总的来说，我的耐心也还足够，而且我相信，在见到孔明之前，这一切都不会改变……后来，空中有星星点点的雪雨落了下来。我的两位兄弟，及时地把随身带着的斗笠给我戴到了头上。天色阴沉沉的，衬托着他们的面庞愈加沉重起来。但他们还是不发一言。那些滴落到地上的雪雨已经随风雷激荡汇成了河流，但孔明还是没有回来。我看了看那渐渐低下来的穹庐，就像想起了我奔波无定的前半生一样，第一次对我所处的命运感到了忧心忡忡的好奇。[①]

——因此我们的故事只好在这里作结。罗贯中的名字，像一切富有开创性的作家的名字一样，是一只可以文字江山相付的"不死鸟"的名字。

二〇一六年五月十八日动笔<br>
二〇二一年四月三十日初稿<br>
二〇二二年六月十七日据审读意见改定

---

[①] 闫文盛《孔明》，《灵魂的赞颂》，北岳文艺出版社，2021年版，第71—72页。

## 附录一 罗贯中生平及《三国志演义》传播系年

关于罗贯中的生平部分，由于材料严重匮乏，所以到目前为止，要做出一个确切的年表是万难的。笔者本来也无打算超越已知做这样的尝试，但是，将现有的与罗贯中生平有关的记录通过年表形式进行罗列却是可以做到，因为这些材料都有存世的文本可证。做好这些工作，对于进一步研究罗氏生平自然是有益的。而在罗列这些记录的过程中，笔者参考一些学者的相关论述，并结合自己数年来研究罗贯中的心得做了一些揣度和发挥，将罗氏生平中一些本来难以证实的生命时空也加以填补出来。当然，笔者必得在此预先言明：这并非确凿的结论，而仅仅是作为一种可能性存在罢了。鼓励笔者这样大胆揣测的，是历史学家黄仁宇写在《万历十五年》

中的一段话:"笔者写作此书时,虽已不同于过去的暗中摸索,但下笔时仍然颇费踌躇。书中所提出的答案,均属一得之见……"对于历史人物的研究是没有止境的,既然一味谦虚和裹足不前并不能解决问题,则何妨试探着往前走一两步。这本书之所以终于完成,不能不说,也是因为笔者抱有这样的初衷之故。另外,罗贯中既然已经成为一个不朽的作家,则对他的立言之功做一番细致深入的梳理亦属必要,所以,在此年表中,笔者参考并引述了一些书籍的内容,如刘世德《三国与红楼论集》、陈翔华《诸葛亮形象史研究》、[日]中川谕《〈三国志演义〉版本研究》(林妙燕译),将罗贯中所著《三国志演义》的文本出版及传播、转译(侧重于早期文本的出版及各国转译情况)等包括了进来。相对于《三国志演义》在面世以来所造成的巨大影响来看,无论多么详尽的梳理都不可能是全面而完整的,但是将这种有限的工作附在这本《章回之祖——罗贯中传》的后面,对于本书传主一世的漂泊和辛劳无论如何是个慰藉。作为一个著作家,其一生的创造能够迎来后世如此嘉许,则罗贯中本人足可以含笑九泉了。而笔者长达九年的撰著工作,到真正将这份年表做完之后,也自认为才是告成大功。

## 1323年,元至治三年

根据罗贯中的忘年交所作《录鬼簿续编》的记载推算,罗贯中最晚当生于此年。

## 1343 年，元至正三年

日后将为罗贯中撰写小传的《录鬼簿续编》之作者约生于此年。

## 1364 年，元至正二十四年

《录鬼簿续编》作者与罗贯中"复会"。这是现存文献中，唯一出于与罗贯中同时代人之手，且是唯一具体谈及罗贯中生平轨迹的一个例证。

## 1422 年，明永乐二十年

贾仲明撰《书〈录鬼簿〉后》。其时，作者年已"八十"。有的学者认为贾氏即《录鬼簿续编》之作者，但迄今并未定论。

## 1425 年，明洪熙元年

《录鬼簿续编》"罗贯中小传"约写于此年，原文为："罗贯中，太原人，号湖海散人。与人寡合。乐府、隐语，极为清新。与余为忘年交，遭时多故，各天一方。至正甲辰复会，别来又六十余年，竟不知其所终。"这是我们迄今所见关于罗贯中的最早记载。

## 1465—1505 年，明成化元年至弘治十八年

沈津认为，《三国志演义》上海残叶刊行于此时。

## 1494 年，明弘治七年

蒋大器（庸愚子）撰《三国志通俗演义序》。序云："书成，士君子之好事者，争相誊录，以便观览。"

## 1508年，明正德三年

林瀚作《隋唐演义序》云："罗贯中所编《三国志》一书行于世久矣，逸士无不观之。"以此论，则罗贯中所著《三国》之祖本，非为十四年后出现的嘉靖本。

## 1522年，明嘉靖元年

嘉靖壬午本刊行。全书二十四卷，每卷十则。卷首题有"晋平阳侯陈寿史传／后学罗本贯中编次"。卷首有弘治甲寅（七年，1494）庸愚子（蒋大器）所作《三国志通俗演义序》（见本系年1494年）、嘉靖壬午（元年，1522）关中修髯子（张尚德）所作《三国志通俗演义引》、《三国志宗寮》（人名目录），各卷皆有目录。据《三国志通俗演义引》曰："简帙浩瀚，善本甚艰，请寿诸梓，供之四方，可乎？"现藏于：上海图书馆；甘肃省图书馆（杨寿祺旧藏）；天津市图书馆；天津市人民图书馆；社科院文学所；南京图书馆；兰州图书馆；台北"故宫博物院"；御茶之水图书馆成篑堂文库（德富苏峰旧藏）；美国国会图书馆；美国耶鲁大学（存卷七、八两卷，郑燮旧物）。

## 1522—1566年，明嘉靖元年至四十五年

《古今书刻》著录本、《宝文堂书目》著录本刊行于此时。

## 1529年，明嘉靖八年

周显宗刊行《陶渊明集》（上海图书馆藏），其前后衬页为《三国志演义》某刊本的残叶。

### 1534—1567年，明嘉靖十三年至隆庆元年，朝鲜明宗时期

朴彻庠认为，朝鲜铜活字本刊行于此时。

### 1540年，明嘉靖十九年

高儒于此年撰《百川书志序》。《百川书志》是最早的著录《三国志演义》的书目，且确认罗贯中即是其编撰者。其卷六《史部·野史》记载："《三国志通俗演义》二百四［十］卷。晋平阳侯［相］陈寿史传，明罗本贯中编次。"

### 1548年，明嘉靖二十七年

叶逢春刊本《通俗演义三国志史传》刊行。现藏于西班牙马德里爱斯高里亚尔修道院（存八卷）。

### 1552年，明嘉靖三十一年

朴在渊（前，代表朴教授原先的看法）、刘世德认为，周曰校刊本甲本刊行于此年。

### 1561—1566年，明嘉靖四十年至四十五年

朴在渊认为，朝鲜铜活字本或印行于此时。

### 1572年，明隆庆六年

朝鲜铜活字本印行年代的下限。

### 1591年，明万历十九年

周曰校刊本乙本《三国志通俗演义》刊行。现藏于：北京大学（存七卷，马廉旧藏）；中国国家图书馆（存六卷，李一氓旧藏）；社科院文学所（存三卷）；台北"故宫博物院"；日本内

阁文库；日本蓬左文库；美国耶鲁大学。

## 1592 年，明万历二十年

余象斗刊本《批评三国志传》刊行。现藏于：日本京都建仁寺（存十卷）；英国剑桥大学（存两卷）；英国牛津大学（存两卷）；英国国家图书馆（存两卷）；德国斯图加特市（存两卷）。[1]

同年，朝鲜遭日本大举入侵而激起全国民愤。此后，以诸葛亮等人抗击曹魏为故事中心的《三国志演义》受到极大欢迎。自十七世纪初以来，由于《三国志演义》的影响，朝鲜出现了大量针对该书的节译本或改写本，并直接促成了朝鲜军谈小说的诞生。

## 1596 年，明万历二十四年

熊清波刊本《通俗演义三国全传》刊行。现藏于：台北"故宫博物院"；东京成篑堂。

## 1603 年，明万历三十一年

熊佛贵刊本《三国志史传》刊行。现藏于日本叡山文库（存十五卷）。

---

[1] 此年表至此部分，主要参考刘世德《三国与红楼论集》，中国社会科学出版社，2013 年版，第 60—61 页；[日] 中川谕《〈三国志演义〉版本研究》，林妙燕译，上海古籍出版社，2010 年版，第 14—15 页；陈翔华《〈三国志演义〉史话》，国家图书馆出版社，2019 年版，第 86—87 页。此年之后所列，则主要节录自陈翔华《诸葛亮形象史研究》，浙江古籍出版社，1990 年版，第 462—485 页；陈翔华《〈三国志演义〉史话》，国家图书馆出版社，2019 年版，第 87—90 页。

## 1605 年，明万历三十三年

郑少垣刊本《三国志传》刊行。现藏于：日本内阁文库；日本蓬左文库；日本成篑堂；日本尊经阁。

## 1609 年，明万历三十七年

刘龙田刊本《通俗演义三国志传》疑当此年刊行。现藏于：日本天理图书馆；英国牛津大学（后印，题"笈邮斋藏版"）。

## 1610 年，明万历三十八年

杨春元刊本《三国志传》刊行。现藏于：日本内阁文库；日本京都大学。

## 1611 年，明万历三十九年

郑世容刊本《三国志传》刊行。现藏于日本京都大学。

## 1620 年，明万历四十八年

费守斋刊本《演义三国志传》刊行。现藏于日本东北大学（存十六卷）。

## 1623 年，明天启三年

黄正甫刊本《三国志传》刊行。现藏于中国国家图书馆。

## 1626 年，明天启六年

后金（清）太祖努尔哈赤卒。努尔哈赤通晓《三国志演义》，以为兵略。

## 1629 年，明崇祯二年

后金（清）太宗皇太极十一月围北京，效《三国志演义》周瑜赚蒋干中计故事。后崇祯果然"自毁长城"，将袁崇焕下狱，次年杀之。

## 1632 年，明崇祯五年

满族翻译家达海译《三国志演义》等书，未竣而卒。

## 1635 年，明崇祯八年

罗贯中《三国志演义》已传至英国。

## 1643 年，明崇祯十六年

清太宗皇太极卒。皇太极深谙《三国志演义》，曾命文臣译此书，后又以是书颁赐满洲贵族作为"临政规范"与攻战之"兵略"。

## 1650 年，清顺治七年

满文译本《三国志演义》二十四卷，刊刻颁行。由学士查布海、索那海、伊图、霍力、庆泰、来衮、何德翻译，由大学士祁充格、范文程巴克什、刚林巴克什、冯铨、洪承畴、宁完我、宋权总校。

此满文本卷首刊祁充格等题奏，引摄政王旨云："此书可以忠臣、义贤、孝子、节妇之懿行为鉴，又可以奸臣误国、恶政乱朝为戒。文虽粗糙，然甚有益处，应使国人（指满人）知此兴衰安乱之理也。"

## 1679 年，清康熙十八年

十二月，《三国》之毛评本由醉耕堂刊行，此乃现存最早的毛评本。书名为《四大奇书第一种》，六十卷，一百二十回。

日本人已阅读罗贯中《三国志演义》。据京都大学藏《二刻英雄谱》书后跋云："己未夏六月十九日，日本人山形八右卫门，乞望予：《水浒传》及《三国志》二部中，文理不审之处，以明详之由。虽萍水之交，芝兰一般意也。故不辞，以所知示语二部文理。实可愧可愧！"小川环树认为此是日本学者研究《三国志演义》和《水浒传》的最早记录。

## 1689 年，清康熙二十八年

日文本《通俗三国志》五十卷二百四十回刊行，湖南文山编译。此书先由京都天龙寺僧义辙译，未成而卒，其师弟月堂续译完成。此书曾风靡日本，青木正儿说："《通俗三国志》一经出世，为嗜好军谈的国人所欢迎。讲中国历史的种种军谈，一霎时望风竞起。"至元禄五年（1692），始有京都吉田三郎兵卫刻本。后又有多种刊本。

## 1692 年，清康熙三十一年

朝鲜李朝肃宗时文臣、小说家金万重（生于 1637 年）卒。其生前所著长篇小说《九云梦》等，曾受《三国志演义》影响。金万重另著有《西浦漫笔》，其中记载："今所谓《三国志演义》者，出于元人罗贯中，壬辰后盛行于我东，妇孺皆口诵说，而我国士子多不肯读史，故建安以后数十百年之事，举于此而取信焉。如桃园结义、五关斩将、六出祁山、星坛祭风之类，往往见引于前辈科文中，转相承袭，真赝杂糅……李彝仲为大提学，尝出'风雪访草庐二十韵排律'，以试湖堂诸学士。余谓令公：'何以《演义》出题乎？'李笑曰：'先主之三顾，实在冬日，其冒风雪，不言可知矣。'"

## 1722年，清康熙六十一年

清康熙帝玄烨卒。康熙曾下诏饬印《三国志演义》（满文本）一千部，颁赐满洲、蒙古诸部统兵将帅，以当兵书。故平三藩时，护军统领希佛以奇谋制胜，而被呼为"赛诸葛"。其中，"海兰察目不知书，而所向无敌，动合兵法，自言得力于译本《三国演义》"。魏源《圣武记》云："是国朝满洲武将不识汉文者，类多得于此。"

## 1723—1735年，清雍正年间

满汉文合璧本《三国志演义》刊行。共四十八册。

## 1736年，清乾隆元年

日本《舶载书目》著录明代小说《四大奇书》。

## 1754年，清乾隆十九年

日本宝历甲戌《舶载书目》著录明天德堂刊本《李卓吾先生评三国志》二十卷。

## 1780年，清乾隆四十五年

越南诗人吴时仕卒。吴氏生前曾为《三国志演义》故事题诗作赞。十八世纪时，越南人还以三国故事为题材作画。

十八世纪，朝鲜时调盛兴。其中涉及三国故事的时调共五十九首，有关诸葛亮事者近四十首。

## 1802年，清嘉庆七年

泰文本《三国》一书译成定稿，此书系奉王室命由华侨与泰国作家共同翻译。译文流畅优美，被誉为"三国文体"。泰国文学会1914年评为优秀小说，后来教育部也列作学校教科书。

## 1814年，清嘉庆十九年

日本作家泷泽马琴（1767—1848）于此年动笔创作长篇小说巨著《南总里见八犬传》（即《八犬传》，被誉为"日本的《三国演义》+《水浒传》+《西游记》"），历时二十八年后完成。马琴深受《三国志演义》等影响，在《八犬传》创作中，曾汲取长坂坡、舌战群儒、草船借箭、火攻计、孔明祭风、曹孟德横槊赋诗等故事情节为创作素材。

## 1817年，清嘉庆二十二年前后

满族翻译家和素译《三国志演义》。

## 1820年，清嘉庆二十五年

英汤姆斯（P.P.Thoms）据《三国志演义》前九回选译的《权相董卓之死》，刊载于此年出版的《亚洲杂志》第1辑第10卷及次年出版的第1辑第11卷。

## 1830年，清道光十年

日文本《三国志画传》十编七十六卷，又名《演义三国志》，重田贞一（笔名十返舍一九）编译，歌川国安画，于此年起由鹤屋喜右卫门陆续出版。各编出版具体时间：初编在天保元年（1830），二编在天保二年（1831），三、四编在天保三年（1832），五、六、七编在天保四年（1833），八、九编在天保五年（1834），十编在天保六年（1835）。

日人墨川亭雪麿编《倾城三国志》二十四卷，由歌川国贞作画，于此年至天保六年陆续出版。

## 1836 年，清道光十六年

日文《绘本通俗三国志》，此年由京摄二书堂出版。

## 1845 年，清道光二十五年

法文本《三国志》（《三国的故事》）二册，泰奥多尔·帕维据中文原著并参考满文本译出，由巴黎邦雅曼·迪普拉书局出版。此年出第一册，1851 年出第二册（至前四十四回）。其中有三顾茅庐、舌战等故事。

## 1848 年，清道光二十八年

英文《宦官挟持皇帝》与《战神》二篇，由翟理斯（H.A.Giles）据《三国志演义》中十常侍与关羽故事摘译而成，载于其译著的《古文选珍》一书，由上海别发洋行出版。

## 1849 年，清道光二十九年

英文《三结义》一篇，卫三畏（S.W.Williams）据《三国志演义》首回选译，载于此年出版的《中国丛报》第 18 期。

## 1853 年，清咸丰三年

法文《黄巾起义》一篇，巴赞（Antoine Pierre Louis Bazin）据《三国志演义》首回节译而成，载于他编译的《现代中国》一书，此年由巴黎菲尔曼·迪多·弗雷尔斯出版社出版。

### 1859年，清咸丰九年

朝鲜文节译木刻本小说《三国志》三卷三册，有"己未孟夏红树洞新刊"本与"己未石桥新刊"本两种。此年还有"美洞新刊"本。又，朝鲜覆刻汉文毛本已甚多。

此年，在印尼以爪哇诗歌的形式翻译《三国志演义》。其部分译作，后曾在《马来号角》报上连载过。

### 1876年，清光绪二年

英文《孔明的一生》，由G.C.斯坦特据《三国志演义》中的诸葛亮故事选译而成，连载于香港《中国评论》第5—8卷（1876—1880年）。前有译序，对诸葛亮极为推崇。

### 1877年，清光绪三年

日文本《通俗演义三国志》四十卷（四十一册），永井德邻译，此年刊行。

### 1879年，清光绪五年

拉丁文《三国志》，由意大利耶稣会士佐托利（Angelo Zottoli，汉名晁德莅）据《三国志演义》部分章回选译而成，编入译者所著《中国文学教程》（拉丁文与中文对照本）第一卷，此年由上海天主教印刷所出版。佐托利所选《三国志演义》为一至四回、二十五回、四十一回、四十五至四十九回、五十六回，共十二回，其中有草船借箭、诸葛祭风、三气周瑜等故事。此书曾在1885年再版。

### 1882年，清光绪八年

英文《三国志演义》片段，翟理斯译，载《历史的中国与作品集》，此年由伦敦 T.德拉律出版公司出版。

**1883 年，清光绪九年**

马来文译本《三国志演义》十二册，自此年到 1885 年在巴达维亚（即今印尼雅加达市）出版。

**1886 年，清光绪十二年**

马来文本《三国》(*Sam Kok*)，再度翻译出版。

**1889 年，清光绪十五年**

马来文本《三国故事荟萃》六卷，此年由新加坡商业出版社出版。

**1890 年，清光绪十六年**

马来译文《三国》，此年至 1894 年间在三宝垄报纸《马来号角》报上连载。

马来文译本《三国志演义》五卷，此年出版第二卷，1910 年出版第四卷，其余不详。

马来文韵文本《三国》全九卷，此年起出版。

**1891 年，清光绪十七年**

法文《三国志》，法国德·比西（De Bussy）据拉丁文转译。译者将佐托利《中国文学教程》第一卷拉丁文本全书译为法文本时，也将其中《三国志》转译为法文，故事内容参见本系年 1879 年条。法文版，此年在上海徐家汇出版。

### 1892年，清光绪十八年

马来文译本《三国演义》三十卷，曾锦文译，自此年到1896年在新加坡金石斋出版社出版。其译文颇受欢迎，曾于1932年又由新加坡方垣出版社再版。

### 1904年，清光绪三十年

朝鲜活字本《修正三国志》五卷，此年由博文书馆出版。

### 1905年，清光绪三十一年

英译本《舌战》，约翰·斯蒂尔（John Steele.B.A）选译自中文本《三国志演义》第43回《诸葛亮舌战群儒》故事，此年由美国长老会出版社在上海出版单行本。

### 1906年，清光绪三十二年

日本抄译本《三国志演义》十卷，久保天随编译，被列为"支那文学评释丛书"之一，此年由隆文馆出版。

### 1907年，清光绪三十三年

越南文本《三国志演义》，由阮蓬锋译，此年在西贡出版。

### 1909年，清宣统元年

越南文译本《三国志演义》，阮安居、潘继柄、阮文咏译，此年起在河内出版。此书后多次再版。

### 1910年，清宣统二年

马来文译本《三国》两种：一为钱仁贵译，六十二本；一为李云英译，六十五本。此年起均在雅加达陆续出版。

## 1911年，清宣统三年

日文本《三国志物语》，伊藤银月编译，明治四十四年（1911）日高有伦堂出版。

## 1913年，中华民国二年

朝鲜活字本《删修三国志》，由普成馆出版。

德译《三国志演义》故事五段，由莱奥·格赖纳（Leo Greiner）选译，载于《中国的前夕》一书，由柏林E.赖斯出版社出版。译者所选的片段及其题目：（一）《水军头领的计谋》，选自《三国志演义》第四十五回群英会周瑜赚蒋干故事；（二）《关英雄》，选自第七十五回关羽刮骨疗毒故事；（三）《复仇者》，选自第六十五回左慈戏曹操故事；（四）《黄鹤楼》（误题），选自第四十五回三江口曹操折兵故事；（五）《围绕貂蝉的斗争》，选自第八回连环计故事。

## 1914年，中华民国三年

德译文《三国志演义》片段，汉斯·鲁德斯伯格（Hans Rudelsberger）选译，载于他编译的《中国中篇小说》一书，由莱比锡岛社出版。又，德人尉礼贤（R.Wilhelm）据《三国志演义》中关羽故事而编译《战神》一文，载其《中国民间故事集》一书，由耶迪·迪德里希出版社出版，后至1919年、1921年再版。

## 1915年，中华民国四年

朝鲜活字本《悬吐三国志》五册，由汇东书馆出版。

### 1916 年，中华民国五年

朝鲜活字本《悬吐三国志》，李柱浣修，由永丰书馆出版。

### 1917 年，中华民国六年

朝鲜活字本《三国志》，高裕相译，前集三卷此年由诚友社出版，又一卷 1920 年由博文书局出版。

### 1921 年，中华民国十年

英文《战神》(取《三国志演义》关羽故事)，F.H. 马顿斯据尉礼贤编译的德文转译，收入他的英文本《中国神话故事集》一书，由纽约斯托科斯出版社出版。

### 1922 年，中华民国十一年

法文三国故事五则，由法国传教士里昂·维格（Leo Wieger）选取《三国志演义》中诸葛禳星、左慈掷杯等故事编译而成，收入其所著《中国宗教与哲学》一书，在河北献县出版。

### 1923 年，中华民国十二年

英文《诸葛亮与箭》，由 C.A. 杰米森（C.A.Jamieson）据《三国志演义》草船借箭故事选译而成，载于上海出版的皇家亚洲学会华北分会杂志第 54 号。

### 1925 年，中华民国十四年

英文全译本《三国志演义》(又名《三个王国的故事》)二卷，布里威特·泰勒（C.H.Brewtt-Taylor）译，在上海别发洋行出版。此译本颇具影响，多次为人所节选或重印。

蒙古文本《(新译带批)三国演义》八册，译者不详，由辽源蒙文书社石印。另，尚有蒙古文三国故事抄本多种。

## 1926 年，中华民国十五年

英文单行本《赤壁之战》，由帕克（Z.Q.Parker）据《三国志演义》舌战群儒、华容道等故事而选译，此年由上海商务印书馆出版。

## 1927 年，中华民国十六年

英人沃纳（E.C.Werner）据法文转译，三国故事诸葛禳星等五则，载于《中国宗教与哲学》（里昂·维格原著）一书，在河北献县出版。

## 1928 年，中华民国十七年

蒙古文本《（新译带批）三国演义》十二卷一百二十回，特木格图（即汪睿昌）译，此年 5 月由北京蒙文书社出版。此译本后又有内蒙古人民出版社 1959 年 8 月排印本（四册）、1973 年 4 月重印本。

朝鲜活字本《原本校正谚文三国志》五卷，此年由永昌书馆出版。

越南文本《三国志演义》，丁嘉欣（景炎）、武甲译，此年起在海防出版。

## 1929 年，中华民国十八年

日文本《三国志》二册，由早稻田大学出版部出版。此书为"物语支那史大系"第 4、5 卷。

越南文译本《后三国演义》，名儒译，在西贡出版。

## 1931 年，中华民国二十年

越南文译本《三国志演义》，严春林译，自此年至 1933 年在河内新民出版社出版。

## 1934 年，中华民国二十三年

越南文译本《三国志演义》，贤良译，此年至次年在河内出版。

## 1936 年，中华民国二十五年

望加锡文译本《三国演义》一五○册，林庆镛译，约在此年前后译毕。

## 1937 年，中华民国二十六年

越南文译本《三国志演义》，武熙苏译，在河内出版。

## 1938 年，中华民国二十七年

英译《华佗传》一文，吉尔斯（L.Giles）据《三国志演义》中的华佗故事编译而成，载于他的《中国的不朽长廊》一书，由伦敦约翰默里出版社出版。

德文《独夫董卓之死》，弗朗茨·库恩（Franz Kuhn）据《三国志演义》连环计故事译出，载于《中国学》杂志第 13 卷。又，伊姆加德·格林译十常侍之乱故事德文一则，亦载于同卷《中国学》杂志。

## 1939 年，中华民国二十八年

日文本《三国志物语》三卷三四四回，村上知行据毛本《三国志演义》编译改写，由东京中央公论社出版。此年出前两卷，次年出第三卷。

德译文《访求卧龙》(三顾故事)、《跃溪》(即马跃檀溪)等三则，由弗郎茨·库恩据《三国志演义》有关章回译出，载于《中国学》杂志第14卷。又，伊姆加德·格林译《脱离危险》(单骑救主)与《曹操出逃》(刺董卓等故事)德文二则，亦载于同卷《中国学》杂志。

## 1940年，中华民国二十九年

日文本《三国志》，日本作家吉川英治以现代小说的笔调来重新改写《三国志演义》，初版十四卷，卷各有题，分别为：《桃园卷》《群星卷》《草莽卷》《大江卷》《臣道卷》《新野卷》《孔明卷》《赤壁卷》《望蜀卷》《三立卷》《麦城卷》《图南卷》《出师卷》《五丈原卷》。此书大受欢迎，后曾多次再版。

德文译本《三国志》二十章，弗郎茨·库恩据《三国志演义》前三十八回译成，由柏林G.基彭霍伊尔出版社出版。其中有三顾草庐、隆中决策等故事。此译本后来在魏玛又出1951年版与1953年版。

## 1941年，中华民国三十年

朝鲜文活字本《悬吐三国志》五卷，由永昌书馆出版。

## 1942年，中华民国三十一年

柬埔寨文译本《三国》第一部，哦克那威伯拉拉叉色那编译，由金边"那朵拉哇塔"社出版第一分册。

法译《三勇士结义》一文，阿尔夫·于布雷克特（Alph Hubrecht）据《三国志演义》桃园结义故事译出，载于北平《法文研究》第3卷第6号。

**1943 年，中华民国三十二年**

　　荷兰文译本《三国志演义》（前三十八回），由哥罗内（C.C.S.Crone）据库恩德译本（见本系年 1940 年）转译，由乌德勒支 A.W. 波罗纳出版社出版。

**1948 年，中华民国三十七年**

　　柬埔寨文《三国》，由努肯据暹罗文译本转译，此年起连载于《柬埔寨太阳》杂志。

**1949 年**

　　越南文全译本《三国志演义》一百二十回，洪越翻译，由河内福志出版社出版。

**1950 年**

　　朝鲜现代语文译本《三国志》一册，方基焕译，由学友社出版。

**1952 年**

　　越南文译本《三国志演义》，湖海浪人译，在巴黎出版。

**1953 年**

　　朝鲜文译本《三国志》一册，徐仁局译，由平凡社出版。

　　日文全译本《三国志》十册一百二十回，小川环树、金田纯一郎译，此年至 1973 年间由东京岩波书店陆续出版。列入"岩波文库"。此书后曾改译，1982—1983 年曾出版新版（全八册）。

## 1954 年

俄文全译本《三国演义》两卷一百二十回,帕纳舒克译,由莫斯科国家文学出版社出版。

## 1955 年

朝鲜文译本《三国志》一册,金思烨译,由文运堂出版。

## 1956 年

日文全译《定本三国志》十卷,柴田天马译,此年起由修道社陆续出版。

## 1958 年

朝鲜文译本《三国志》五册,金东里等二人译,由博英社出版。

日文全译本《三国志演义》二册一百二十回,立间祥介译,由东京平凡社出版。收入"中国古典文学全集"。

## 1959 年

爱沙尼亚文全译本《罗贯中:三国》二册一百二十回,于尔纳据帕纳舒克的俄译本转译,由塔林的伊斯蒂·里克利克·基尔雅斯塔斯出版社出版。

朝鲜文全译本《三国演义》六册一百二十回,朴泰源译,由朝鲜国立文学艺术出版社出版。

## 1960 年

朝鲜文译本《三国志》五卷,金东成译,由南朝鲜乙西文化社出版。此译本各卷有卷题:卷一《桃园结义篇》、卷二《群雄斗争篇》、卷三《赤壁大战篇》、卷四《西蜀开拓篇》、卷五《三国鼎立篇》。

日本缩译本《三国志》四十三回，伊藤贵麿编译，由东京讲谈社出版。

法文译本《三国》四卷，严全（Nghien Toan）与路易·里克（Louis Ricaud）合译，自此年起由西贡印度支那学会出版。本书译至前六十回，曾经法国东方语言学院审定，并被列为"联合国代表著作集"之一。

## 1961 年

朝鲜文译本《三国志》，此年出版有：李元洙译本一册，真文出版社出版；金明焕译本一册，百忍社出版。

## 1962 年

朝鲜文《三国演义》节译本二册，在中国自此年至次年由延边人民出版社出版。

朝鲜文译本《三国志》，此年在南朝鲜出版三种：（一）《三国志》十册，正音社翻译出版；（二）《三国志》一册，启蒙社出版；（三）《原本校正国文三国志》五册，世昌书馆翻译出版。

英译《赤壁之战》，杨宪益、戴乃迭合译自作家出版社本《三国演义》第四十三至五十回，载北京《中国文学》（英文版）此年1、2月号。

## 1963 年

泰文译本《三国》二册，披军通内据汉文原著编译而成，由曼谷凤阿汕印刷厂出版。

## 1964 年

朝鲜文译本《三国志》一册，由三协出版社翻译出版。

泰文译文《三国》（袖珍本）两册，耶可据英译本编译，由吞武里教育出版社出版。

## 1965 年

朝鲜文译本《三国志》，此年出版三种。

## 1966 年

朝鲜文译本《三国志》，此年出版三种。

## 1967 年

朝鲜文译本《三国志》，此年出版五种：（一）朴钟和译本五册，汉城语文阁出版。（二）李仁光译本五册，不二出版社出版。（三）朴钟和译本五册，三省出版社出版。此版本疑与语文阁本同，待考。（四）金龙济译本五册，奎文社出版。（五）"王奇文外"译本一册，三协出版社出版。

## 1968 年

朝鲜文译本《三国志演义》十册，李成学译，先进文化社出版。又，朝鲜文译本《三国志》三册，金光洲译，三中堂出版。

日文节译本《三国志通俗演义》一册六十回，小川环树与武部利男合译缩编，岩波书店出版。此译文曾以《少年三国志》为题，自1963年起在《图书》杂志连载数十回。至1980年，改名《三国志》，分上中下三册，仍六十回，收入"岩波少年文库"，由岩波书店出版。其中叙孔明故事，有《三顾之礼》《火攻计》《江东的舌战》《十万支箭》《赤壁之战》《取南郡》

《争荆州》《玄德入成都》《玄德之死》《征伐南蛮》《七擒孟获》《出师表》《挥泪斩马谡》《出兵祁山》《木牛流马》《星落秋风五丈原》等。

## 1972 年

英译单行本《三国志演义精华》，张亦文据《三国志演义》赤壁战事部分节译，由香港文心出版社出版。译者费时十余年，将中文全本译为英文，此为其中赤壁之战部分。

波兰文译本《三国志演义》，塔杜什·兹比科斯基（Tadeusz Zbikowski，汉名史必高）译，由华沙支泰尔尼科出版社出版。

## 1976 年

英文删节本《三国：中国的壮丽戏剧》，莫斯·罗伯茨（Moss Roberts）据人民文学出版社 1972 年版《三国演义》选译而成，由纽约梅休因书局出版。

## 1978 年

老挝文节译本《三国演义》出版。

朝鲜文译本《三国演义》全三册，自此年至次年由延边人民出版社出版。

## 1980 年

日本影印明刻《精镌合刻三国水浒全传》三册，由株式会社同朋舍出版。此书列入"京都大学汉籍善本丛书"。

维吾尔文译本《三国演义》全四册，阿吉·牙乎甫等译，此年起由新疆人民出版社出版。

## 1982 年

日文编译本《三国志》全十册,日籍华人作家陈舜臣据上海人民美术出版社版《三国演义》连环画翻译改编而成,此年至次年由东京中央公论社出版。

西德影印明余象斗评刻本《新刻按鉴全像批评三国志传》残存九、十两卷(藏斯图加特),在汉堡出版。此书与《水浒传》残卷合集影印,首有马幼垣的《介绍》。

藏文译本《三国演义》全四册,孔鲜岳译,此年起由甘肃人民出版社出版。

哈萨克文译本《三国演义》全四册,艾孜木等译,此年起由新疆人民出版社出版。

朝鲜文译本《三国故事》,海赫据林汉达编著本译出,此年由延边人民出版社出版。

## 1984 年

俄译本《三国演义》(缩写本),帕纳舒克译,苏联文艺出版社出版。

## 1985 年

锡伯文译本《三国演义》全四册,新疆人民出版社出版。

# 附录二 读三国志法

毛宗岗

读《三国志》者，当知有正统、闰运、僭国之别。正统者何？蜀汉是也。僭国者何？吴、魏是也。闰运者何？晋是也。魏之不得为正统者何也？论地则以中原为主，论理则以刘氏为主，论地不若论理，故以正统予魏者，司马光《通鉴》之误也。以正统予蜀者，紫阳《纲目》之所以为正也。《纲目》于献帝建安之末，大书后汉昭烈皇帝章武元年，而以吴、魏分注其下，盖以蜀为帝室之胄，在所当予。魏为篡国之贼，在所当夺。是以前则书刘备起兵徐州讨曹操，后则书汉丞相诸葛亮出师伐魏，而大义昭然揭于千古矣。夫刘氏未亡，魏未混一，魏固不得为正统。迨乎刘氏已亡，晋已混一，而晋亦不得为正统者，何也？曰晋以臣弑君，与魏无异，而一传之后，厥祚不长，但可谓之闰运，而不可谓之正统也。至于东晋偏安，以牛易马，愈不得以正统归之。故三国之并吞于晋，犹六国之混一于秦，五代之混一于隋耳。秦不过为汉驱除，隋不过为唐驱除，前之正统以汉为主，而秦与魏晋不得与焉。亦犹后之正统以唐、宋为主，而宋、齐、梁、陈、隋、梁、唐、晋、汉、周俱不得与焉耳。且不特魏、晋不如汉之为正，即唐、宋亦不如汉之为正。炀帝无道而唐代之，是已惜其不能显然如周之代商，而称唐公，加九锡，以蹈魏、晋之陋辙，则得天下之正不如汉也。若夫宋以忠厚立国，又多名臣大儒出乎其间，故尚论者以正统予宋。然终宋之世，燕云十六州未入版图，其规模已逊于唐。而陈桥兵变，黄袍加身，取天下于孤儿寡妇之手，则得天下之正亦不如汉也。唐、宋且不如汉而何论魏、晋哉？高帝以除暴秦、击楚之杀义帝者而兴；光武以诛王莽而克复旧物；昭烈以讨曹操而存汉祀于西川。祖宗之创之者正，而子孙之继之者亦正，不得但以光武之泛一为正统，而谓昭烈之偏安非正统也。昭烈为正统，而刘裕、刘智远亦皆刘氏子孙，其不得为正统者何也？曰：裕与智远之为汉苗裔远而无征，不若中山靖王之后近而可考，又二刘皆以篡弑得国，故不得与昭烈并也。后唐李存勖之不得为正统者何也？曰：存勖本非李而赐姓李，其与吕秦、牛晋不甚相远，故亦不得与昭烈并也。南唐李昪之亦不得继唐而为正统者何也？曰：世远代邈，亦裕与智远者比，故亦不得与昭烈并也。南唐李昪不得继唐而为正统，南宋高宗独得继宋而为正统者何也？高宗立太祖之后为后，以延宋祚于不绝，故正统归焉。夫以高宗之杀岳飞用秦桧，全不以二圣为念，作史者尚以其延宋祚而归之以正统，况昭烈之君臣同心誓讨汉贼者乎！则昭烈之为正统愈无疑也。陈寿之志，未及辨此，余故折中于紫阳《纲目》，而特于演义中附正之。

　　古史甚多，而人独贪看《三国志》者，以古今人才之众未有盛于三国者也。观才与不才敌，不奇；观才与才敌则奇；观才与才敌，而一才又遇众才之匹，不奇；观才与才敌，而众才尤让一才之胜，则更奇。吾以为三国有三奇，可称三绝：诸葛孔明一绝也，关云长一绝也，曹操亦一绝也。

历稽载籍，贤相林立，而名高万古者莫如孔明。其处而弹琴抱膝，居然隐士风流，出而羽扇纶巾，不改雅人深致。在草庐之中，而识三分天下，则达乎天时；承顾命之重，而至六出祁山，则尽乎人事。七擒八阵，木牛流马，既已疑鬼疑神之不测，鞠躬尽瘁，志决身歼，仍是为臣为子之用心。比管、乐则过之，比伊、吕则兼之，是古今来贤相中第一奇人。

历稽载籍，名将如云，而绝伦超群者莫如云长。青史对青灯，则极其儒雅；赤心如赤面，则极其英灵。秉烛达旦，人传其大节；单刀赴会，世服其神威。独行千里，报主之志坚；义释华容，酬恩之谊重。作事如青天白日，待人如霁月光风。心则赵抃焚香告帝之心而磊落过之，意则阮籍白眼傲物之意而严正过之，是古今来名将中第一奇人。

历稽载籍，奸雄接踵，而智足以揽人才而欺天下者莫如曹操。听荀彧勤王之说而自比周文，则有似乎忠；黜袁术僭号之非，而愿为曹侯，则有似乎顺；不杀陈琳而爱其才，则有似乎宽；不追关公以全其志，则有似乎义。王敦不能用郭璞，而操之得士过之；桓温不能识王猛，而操之知人过之。李林甫虽能制禄山，不如操之击乌桓于塞外；韩侂胄虽能贬秦桧，不若操之讨董卓于生前。窃国家之柄而姑存其号，异于王莽之显然弑君；留改革之事以俟其儿，胜于刘裕之急欲篡晋，是古今来奸雄中第一奇人。

有此三奇，乃前后史之所绝无者。故读遍诸史而愈不得不喜读《三国志》也。

三国之有三绝固已，然吾自三绝而外，更遍观乎三国之前，三国之后，问有运筹帷幄如徐庶、庞统者乎？问有行军用兵如周瑜、陆逊、司马懿者乎？问有料人料事如郭嘉、程昱、荀彧、贾诩、步骘、虞翻、顾雍、张昭者乎？问有武功将略迈等越伦如张飞、赵云、黄忠、严颜、张辽、徐晃、徐盛、朱桓者乎？问有冲锋陷阵骁锐莫当如马超、马岱、关兴、张苞、许褚、典韦、张郃、夏侯惇、黄盖、周泰、甘宁、太史慈、丁奉者乎？问有两才相当、两贤相遇如姜维、邓艾之智勇悉敌，羊祜、陆抗之从容互镇者乎？至于道学则马融、郑玄，文藻则蔡邕、王粲，颖捷则曹植、杨修，早慧则诸葛恪、钟会，应对则秦宓、张松，舌辩则李恢、阚泽，不辱君命则赵谘、邓芝，飞书驰檄则陈琳、阮瑀，治烦理剧则蒋琬、董允，扬誉蜚声则马良、荀爽，好古则杜预，博物则张华。求之别籍，俱未易一一见也。乃若知贤则有司马徽之哲，励操则有管宁之高，隐居则有崔州平、石广元、孟公威之逸，忤奸则有孔融之正，触邪则有赵彦之直，斥恶则有祢衡之豪，骂贼则有吉平之壮，殉国则有董承、伏完之贤，捐生则有耿纪、韦晃之节。子死于父，则有刘谌、关平之孝；臣死于君，则有诸葛瞻、诸葛尚之忠；部曲死于主帅，则有赵累、周仓之义。其他早计如田丰，苦口如王累，矢贞如沮授，不屈如张任，轻财笃友如鲁肃，事主不二心如诸葛瑾，不畏强御如陈泰，视死如归如王经，独存介性如司马孚。炳炳燐燐，照耀史册。殆举前之丰沛三杰、商山四皓、云台诸将、富春客星，后之瀛洲学士、麟阁功臣、杯酒节度、砦市宰相，分见于各朝之千百年者，奔合辐凑于三国之一时，岂非人才一大都会哉！入邓林而选名材，游玄圃而见积玉，收不胜收，接不暇接，吾于《三国》有观止之叹矣。

《三国》一书，乃文章之最妙者。叙三国不自三国始也，三国必有所自始，则始之以汉帝。叙三国不自三国终也，三国必有所自终，则终之以晋国。而不但此也，刘备以帝胄而缵统，则有宗室如刘表、刘璋、刘繇、刘辟等以陪之。曹操以强臣而专制，则有废立如董卓，乱国如李傕、郭汜以陪之。孙权以方侯而分鼎，则有僭号如袁术，称雄如袁绍，割据如吕布、公孙瓒、张杨、张邈、张鲁、张绣等以陪之。刘备、曹操于第一回出名，而孙权则于第七回方出名。曹氏之定许都在第十一回，孙氏之定江东在第十二回，而刘氏之取西川则在第六十回后。假令今人作稗官，欲平空拟一三国之事，势必劈头便叙三人，三人便各据一国。有能如是之绕乎其前，出乎其后，多方以盘旋乎其左右者哉？古事所传，天然有此等波澜，天然有此等层折，以成绝世妙文，然则读《三国》一书，诚胜读稗官万万耳。

若论三国开基之主，人尽知为刘备、孙权、曹操也，而不知其间各有不同。备与操皆自我身而创业，而孙权则藉父兄之力，其不同者一。备与权皆及身而为帝，而操则不自为而待之于其子孙，其不同者二。三国之称帝也，惟魏独早，而蜀则称帝于曹操已死、曹丕已立之余；吴则称帝于刘备已死、刘禅已立之后，其不同者三。三国之相持也，吴为蜀之邻，魏为蜀之仇，蜀与吴有和有战，而蜀与魏则有战无和，吴与蜀则和多于战，吴与魏则战多于和，其不同者四。三国之传也，蜀止二世，魏则自丕及奂凡五主，吴则自权及皓凡四主，其不同者五。三国之亡也，吴居其后，而蜀先之，魏次之。魏则见夺于其臣，吴、蜀则见并于其敌，其不同者六。不宁惟是，策之与权，则兄终而弟及；丕之与植，则舍弟而立兄；备之与禅，则父为帝而子为虏，操之与丕，则父为臣而子为君，可谓参差错落，变化无方者矣。今之不善画者，虽使绘两人亦必彼此同貌。今之不善歌者，即使唱两调亦必前后同声。文之合掌，往往类是。古人本无雷同之事，而今人好为雷同之文，则何不取余所批《三国志》而读之。

《三国》一书，总起总结之中，又有六起六结。其叙献帝，则以董卓废立为一起，以曹丕篡夺为一结。其叙西蜀，则以成都称帝为一起，而以绵竹出降为一结。其叙刘、关、张三人，则以桃园结义为一起，而以白帝托孤为一结。其叙诸葛亮，则以三顾草庐为一起，而以六出祁山为一结。其叙魏国，则以黄初改元为一起，而以司马受禅为一结。其叙东吴，则以孙坚匿玺为一起，而以孙皓衔璧为一结。凡此数段文字，联络交互于其间，或此方起而彼已结，或此未结而彼又起，读之不见其断续之迹，而按之则自有章法之可知也。

《三国》一书，有追本穷源之妙。三国之分，由于诸镇之角立；诸镇角立，由于董卓之乱国；董卓乱国，由于何进之召外兵；何进召外兵，由于十常侍之专政。故叙三国必以十常侍为之端也。然而刘备之初起，不即在诸镇之内，而尚在草泽之间。夫草泽之所以有英雄聚义，而诸镇之所以缮修兵革者，由于黄巾之作乱，故叙三国又必以黄巾为之端也。乃黄巾未作，则有上天垂灾异以警诫之，更有忠谋智计之士，直言极谏以预料之，使当时为之君者体天心之仁爱，纳良臣之谠论，断然举十常侍而屏斥焉，则黄巾可以不作，草泽英雄可以不起，诸镇之兵革可以不修，而三国可以不分矣。故叙三国而追本于桓灵，犹河源之有星宿海云。

《三国》一书，有巧收幻结之妙。设令魏而为蜀所并，此人心之所甚愿也。设令蜀亡而魏得一统，此人心之所大不平也。乃彼苍之意不从人心所甚愿，而亦不出于人心之所大不平，特假手于晋以一之，此造物者之幻也。然天既不祚汉，又不予魏，则何不假手于吴而必假手于晋乎？曰：魏固汉贼也，吴尝害关公、夺荆州、助魏以攻蜀，则亦汉贼也。若晋之夺魏有似乎为汉报仇也者，则与其一之以吴，无宁一之以晋也。且吴为魏敌，而晋为魏臣；魏以臣弑君，而晋即如其事以报之，可以为戒于天下后世。则使魏而见并于其敌，不若使之见并于其臣之为快也，是造物者之巧也。幻既出人意外，巧复在人意中，造物者可谓善于作文矣。今人下笔必不能如此之幻，如此之巧，然则读造物自然之文，而又何必读今人臆造之文乎哉。

《三国》一书，有以宾衬主之妙。如将叙桃园兄弟三人，先叙黄巾兄弟三人：桃园其主也，黄巾其宾也。将叙中山靖王之后，先叙鲁恭王之后：中山靖王其主也，鲁恭王其宾也。将叙何进，先叙陈蕃、窦武：何进其主也，陈蕃、窦武其宾也。叙刘、关、张及曹操、孙坚之出色，并叙各镇诸侯之无用：刘备、曹操、孙坚其主也，各镇诸侯其宾也。刘备将遇诸葛亮而先遇司马徽、崔州平、石广元、孟公威等诸人：诸葛亮其主也，司马徽诸人其宾也。诸葛亮历事两朝，乃又有先来即去之徐庶，晚来先死之庞统：诸葛亮其主也，而徐庶、庞统又其宾也。赵云先事公孙瓒，黄忠先事韩玄，马超先事张鲁，法正、严颜先事刘璋，而后皆归刘备：备其主也，公孙瓒、韩玄、张鲁、刘璋其宾也。太史慈先事刘繇，后归孙策，甘宁先事黄祖，后归孙权，张辽先事吕布，徐晃先事杨奉，张郃先事袁绍，贾诩先事李傕、张绣，而后皆归曹操：孙、曹其主也，刘繇、黄祖、吕布、杨奉等诸人其宾也。代汉当涂之谶，本应在魏，而袁公路谬以自许：魏其主也，袁公路其宾也。三马同槽之梦，本应在司马氏，而曹操误以为马腾父子：司马氏其主也，马腾父子其宾也。受禅台之说，李肃以赚董卓，而曹丕即真焉，司马炎又即真焉：曹丕、司马炎其主也，董卓其宾也。且不独人有宾主，地亦有之。献帝自雒阳（洛阳）迁长安，又自长安迁雒阳（洛阳），而终乃迁于许昌：许昌其主也，长安、雒阳（洛阳）皆宾也。刘备失徐州而得荆州：荆州其主也，徐州其宾也。及得两川而复失荆州：两川其主也，而荆州又其宾也。孔明将北伐中原而先南定蛮方，意不在蛮方而在中原：中原其主也，蛮方其宾也。抑不独地有宾主也，物亦有之。李儒持鸩酒、短刀、白练以贻帝辩：鸩酒其主也，短刀、白练其宾也。许田打围，将叙曹操射鹿，先叙玄德射兔：鹿其主也，兔其宾也。赤壁鏖兵，将叙孔明借风，先叙孔明借箭：风其主也，箭其宾也。董承受玉带，陪之以锦袍：带其主也，袍其宾也。关公拜受赤兔马而陪之以金印、红袍诸赐：马其主也，金印等其宾也。曹操掘地得铜雀而陪之以玉龙、金凤：雀其主也，龙、凤其宾也。诸如此类，不可悉数。善读是书者，可于此悟文章宾主之法。

《三国》一书，有同树异枝、同枝异叶、同叶异花、同花异果之妙。作文者以善避为能，又以善犯为能。不犯之而求避之，无所见其避也。惟犯之而后避之，乃见其能避也。如纪宫掖，则写一何太后，又写一董太后；写一伏皇后，又写一曹皇后；写一唐贵妃，又写一董贵人；写甘、糜二夫人，又写一孙夫人，又写一北地王妃；写魏之甄后、毛后，又写一张后。而其间无一字相同。纪戚畹，则何进之后写一董承，董承之后又写一伏完；写一魏之张辑，又写一吴之钱尚。而其间亦无一字相同。写权臣，则董卓之后又写李傕、郭汜，傕、汜之后又写曹操，曹操之后又写曹丕，曹丕之后又写一司马懿，司马懿之后又并写一师、昭兄弟，师、昭之后又继写一司马炎，又旁写一吴之孙綝：而其间亦无一字相同。其他叙兄弟之事，则袁谭与袁尚不睦，刘琦与刘琮不睦，曹丕与曹植亦不睦，而谭与尚皆死，琦与琮一死一不死，丕与植皆不死：不大异乎！叙婚姻之事，则如董卓求婚于孙坚，袁术约婚于吕布，曹操约婚于袁谭，孙权结婚于刘备，又求婚于云长，而或绝而不许，或许而复绝，或伪约而反成，或真约而不就：不大异乎！至于王允用美人计，周瑜亦用美人计，而一效一不效：则互异。卓、布相恶，傕、汜亦相恶，而一靖一不靖：则互异。献帝有两番密诏，则前隐而后彰；马腾亦有两番讨贼，则前彰而后隐。此其不同者矣。吕布有两番弑父，而前动于财，后动于色，前则以私灭公，后则假公济私：此又其不同者矣。赵云有两番救主，而前救于陆，后救于水，前则受之主母之手，后则夺之主母之怀：此又其不同者矣。若夫写水，不止一番，写火亦不止一番。曹操有下邳之水，又有冀州之水；关公有白河之水，又有罾口川之水。吕布有濮阳之火，曹操有乌巢之火，周郎有赤壁之火，陆逊有猇亭之火，徐盛有南徐之火，武侯有博望、新野之火，又有盘蛇谷、上方谷之火。前后曾有丝毫相犯否？甚者孟获之擒有七，祁山之出有六，中原之伐有九：求其一字之相犯而不可得，妙哉，文乎！譬如树同是树，枝同是枝，叶同是叶，花同是花，而其植根、安蒂、吐芳、结子，五色纷披，各成异采。读者于此，可悟文章有避之一法，又有犯之一法也。

　　《三国》一书有星移斗转、雨覆风翻之妙。杜少陵诗曰："天上浮云如白衣，斯须改变成苍狗。"此言世事之不可测也，《三国》之文亦犹是尔。本是何进谋诛宦官，却弄出宦官杀何进，则一变。本是吕布助丁原，却弄出吕布杀丁原，则一变。本是董卓结吕布，却弄出吕布杀董卓，则一变。本是陈宫释曹操，却弄出陈宫欲杀曹操，则一变。陈宫未杀曹操，反弄出曹操杀陈宫，则一变。本是王允不赦傕、汜，却弄出傕、汜杀王允，则一变。本是孙坚与袁术不睦，却弄出袁术致书于孙坚，则一变。本是刘表求救于袁绍，却弄出刘表杀孙坚，则一变。本是昭烈从袁绍以讨董卓，却弄出助公孙瓒以攻袁绍，则一变。本是昭烈救徐州，却弄出昭烈取徐州，则一变。本是吕布投徐州，却弄出吕布夺徐州，则一变。本是吕布攻昭烈，又弄出吕布迎昭烈，则一变。本是吕布绝袁术，又弄出吕布求袁术，则一变。本是昭烈助吕布以讨袁术，又弄出助曹操以杀吕布，则一变。本是昭烈助曹操，又弄出昭烈讨曹操，则一变。本是昭烈攻袁绍，又弄出昭烈投袁绍，则一变。本是昭烈助袁绍以攻曹操，又弄出关公助曹操以攻袁绍，则一变。本是关公寻昭烈，又弄出张飞欲杀关公，则一变。本是关公许田欲杀曹操，又弄出华容道放曹操，则一变。本是曹操追昭烈，又弄出昭烈投东吴以破曹操，则一变。本是孙权仇刘表，又弄出鲁肃吊刘表，又吊刘琦，则一变。本是孔明助周郎，却弄出周郎欲杀孔明，则一变。本是周郎欲害昭烈，却弄出孙权结婚昭烈，则一变。本是用孙夫人牵制昭烈，却弄出孙夫人助昭烈，则一变。本是孔明气死周郎，又弄出孔明哭周郎，则一变。本是昭烈不受刘表荆州，却弄出昭烈借荆州，则一变。本是刘璋欲结曹操，却弄出迎昭烈，则一变。本是刘璋迎昭烈，却弄出昭烈夺刘璋，则一变。本是昭烈分荆州，又弄出吕蒙袭荆州，则一变。本是昭烈破东吴，又弄出陆逊败昭烈，则一变。本是孙权求救于曹丕，却弄出曹丕欲袭孙权，则一变。本是昭烈仇东吴，又弄出孔明结好东吴，则一变。本是刘封听孟达，却弄出刘封攻孟达，则一变。本是孟达背昭烈，又弄出孟达欲归孔明，则一变。本是马腾与昭烈同事，又弄出马超攻昭烈，则一变。本是马超救刘璋，却弄出马超投昭烈，则一变。本是姜维敌孔明，却弄出姜维助孔明，则一变。本是夏侯霸助司马懿，却弄出夏侯霸助姜维，则一变。本是钟会忌邓艾，却弄出卫瓘杀邓艾，则一变。本是姜维赚钟会，却弄出诸将杀钟会，则一变。本是羊祜和陆抗，却弄出羊祜请伐孙皓，则一变。本是羊祜请伐吴，却弄出一杜预，又弄出一王浚，则一变。论其呼应有法，则读前卷定知其有后卷；论其变化无方，则读前文更不料其有后文。于其可知，见《三国》之文之精于其不可料，更见《三国》之文之幻矣。

《三国》一书，有横云断岭、横桥锁溪之妙。文有宜于连者，有宜于断者。如五关斩将，三顾草庐，七擒孟获：此文之妙于连者也。如三气周瑜，六出祁山，九伐中原：此文之妙于断者也。盖文之短者，不连叙则不贯串；文之长者，连叙则惧其累坠。故必叙别事以间之，而后文势乃错综尽变。后世稗官家鲜能及此。

《三国》一书，有将雪见霰、将雨闻雷之妙。将有一段正文在后，必先有一段闲文以为之引；将有一段大文在后，必先有一段小文以为之端。如将叙曹操濮阳之火，先写糜竺家中之火一段闲文以启之。将叙孔融求救于昭烈，先写孔融通刺于李弘一段闲文以启之。将叙赤壁纵火一段大文，先写博望、新野两段小文以启之。将叙六出祁山一段大文，先写七擒孟获一段小文以启之是也。鲁人将有事于上帝，必先有事于頖（泮）宫。文章之妙，正复类是。

《三国》一书，有浪后波纹、雨后霡霂之妙。凡文之奇者，文前必有先声，文后亦必有余势。如董卓之后又有从贼以继之；黄巾之后又有余党以衍之；昭烈三顾草庐之后，又有刘琦三请诸葛一段文字以映带之；武侯出师一段大文之后，又有姜维伐魏一段文字以荡漾之是也。诸如此类，皆他书中所未有。

《三国》一书，有寒冰破热、凉风扫尘之妙。如关公五关斩将之时，忽有镇国寺内遇普静长老一段文字；昭烈跃马檀溪之时，忽有水镜庄上遇司马先生一段文字；孙策虎踞江东之时，忽有遇于吉一段文字；曹操晋爵魏王之时，忽有遇左慈一段文字；昭烈三顾草庐之时，忽有遇崔州平席地闲谈一段文字；关公水淹七军之后，忽有玉泉山月下点化一段文字。至于武侯征蛮而忽逢孟节，陆逊追蜀而忽遇黄承彦，张任临敌而忽问紫虚丈人，昭烈伐吴而忽问青城老叟。或僧，或道，或隐士，或高人，俱于极喧闹中求之，真足令人躁思顿清，烦襟尽涤。

《三国》一书，有笙箫夹鼓、琴瑟间钟之妙。如正叙黄巾扰乱，忽有何后、董后两宫争论一段文字；正叙董卓纵横，忽有貂蝉凤仪亭一段文字；正叙催、汜猖狂，忽有杨彪夫人与郭汜之妻来往一段文字；正叙下邳交战，忽有吕布送女、严氏恋夫一段文字；正叙冀州厮杀，忽有袁谭失妻、曹丕纳妇一段文字；正叙荆州事变，忽有蔡夫人商议一段文字；正叙赤壁鏖兵，忽有曹操欲取二乔一段文字；正叙宛城交攻，忽有张济妻与曹操相遇一段文字；正叙赵云取桂阳，忽有赵范寡嫂敬酒一段文字；正叙昭烈争荆州，忽有孙权亲妹洞房花烛一段文字；正叙孙权战黄祖，忽有孙翊妻为夫报仇一段文字；正叙司马懿杀曹爽，忽有辛宪英为弟画策一段文字。至于袁绍讨曹操之时，忽带叙郑康成之婢，曹操救汉中之日，忽带叙蔡中郎之女，诸如此类，不一而足。人但知《三国》之文是叙龙争虎斗之事，而不知为凤、为鸾、为莺、为燕，篇中有应接不暇者，令人于干戈队里时见红裙，旌旗影中常睹粉黛，殆以豪士传与美人传合为一书矣。

　　《三国》一书，有隔年下种、先时伏着之妙。善圃者投种于地，待时而发。善弈者下一闲着于数十着之前，而其应在数十着之后。文章叙事之法亦犹是已。如西蜀刘璋乃刘焉之子，而首卷将叙刘备先叙刘焉，早为取西川伏下一笔。又于玄德破黄巾时，并叙曹操带叙董卓，早为董卓乱国、曹操专权伏下一笔。赵云归昭烈在古城聚义之时，而昭烈之遇赵云早于磐河战公孙时伏下一笔。马超归昭烈在葭萌战张飞之后，而昭烈之与马腾同事早于受衣带诏时伏下一笔。庞统归昭烈在周郎既死之后，而童子述庞统姓名早于水镜庄前伏下一笔。武侯叹谋事在人、成事在天在上方谷火灭之后，而司马徽未遇其时之语，崔州平天不可强之言，早于三顾草庐前伏下一笔。刘禅帝蜀四十余年而终在一百十回之后，而鹤鸣之兆早于新野初生时伏下一笔。姜维九伐中原在一百五回之后，而武侯之收姜维早于初出祁山时伏下一笔。姜维与邓艾相遇在三伐中原之后，姜维与钟会相遇在九伐中原之后，而夏侯霸述两人姓名早于未伐中原时伏下一笔。曹丕篡汉在八十回中，而青云紫云之祥早于三十三回之前伏下一笔。孙权僭号在八十五回后，而吴夫人梦日之兆早于三十八回中伏下一笔。司马篡魏在一百十九回，而曹操梦马之兆早于五十七回中伏下一笔。自此而外，凡伏笔之处，指不胜屈。每见近世稗官家一到扭捏不来之时，便平空生出一人，无端造出一事，觉后文与前文隔断，更不相涉。试令读《三国》之文，能不汗颜！

《三国》一书，有添丝补锦、移针匀绣之妙。凡叙事之法，此篇所阙者补之于彼篇，上卷所多者匀之于下卷，不但使前文不沓拖，而亦使后文不寂寞，不但使前事无遗漏，而又使后事增渲染：此史家妙品也。如吕布娶曹豹之女本在未夺徐州之前，却于困下邳时叙之。曹操望梅止渴本在击张绣之日，却于青梅煮酒时叙之。管宁割席分坐本在华歆未仕之前，却于破壁取后时叙之。吴夫人梦月本在将生孙策之前，却于临终遗命时叙之。武侯求黄氏为配本在未出草庐之前，却于诸葛瞻死难时叙之。诸如此类，亦指不胜屈。前能留步以应后，后能回照以应前，令人读之真一篇如一句。

《三国》一书，有近山浓抹、远树轻描之妙。画家之法，于山与树之近者，则浓之重之，于山与树之远者，则轻之淡之。不然，林麓迢遥，峰岚层叠，岂能于尺幅之中一一而详绘之乎？作文亦犹是已。如皇甫嵩破黄巾，只在朱隽一边打听得来；袁绍杀公孙瓒，只在曹操一边打听得来；赵云袭南郡，关、张袭两郡，只在周郎眼中、耳中听来；昭烈杀杨奉、韩暹，只在昭烈口中叙来；张飞夺古城在关公耳中听来；简雍投袁绍在昭烈口中说来。至若曹丕三路伐吴而皆败，一路用实写，两路用虚写；武侯退曹丕五路之兵，唯遣使入吴用实写，其四路皆虚写。诸如此类，又指不胜屈。只一句两句，正不知包却几许事情，省却几许笔墨。

《三国》一书，有奇峰对插、锦屏对峙之妙。其对之法，有正对者，有反对者，有一卷之中自为对者，有隔数十卷而遥为对者。如昭烈则自幼便大，曹操则自幼便奸。张飞则一味性急，何进则一味性慢。议温明是董卓无君，杀丁原是吕布无父。袁绍磐河之战，胜败无常；孙坚岘山之役，生死不测。马腾勤王室而无功，不失为忠；曹操报父仇而不果，不得为孝。袁绍起马步三军而复回，是力可战而不断；昭烈擒王、刘二将而复纵，是势不敌而从权。孔融荐祢衡，是缁衣之好；祢衡骂曹操，是巷伯之心。昭烈遇德操，是无意相遭；单福过新野，是有心来谒。曹丕苦逼生曹植，是同气戈矛；昭烈痛哭死关公，是异姓骨肉。火熄上方谷，是司马之数当生；灯灭五丈原，是诸葛之命当死。诸如此类，或正对，或反对，皆一回之中而自为对者也。如以国戚害国戚，则有何进；以国戚荐国戚，则有伏完。李肃说吕布，则以智济其恶；王允说吕布，则以巧行其忠。张飞失徐州，则以饮酒误事；吕布陷下邳，则以禁酒受殃。关公饮鲁肃之酒，是一片神威；羊祜饮陆抗之酒，是一团和气。孔明不杀孟获，是仁者之宽；司马懿必杀公孙渊，是奸雄之刻。关公义释曹操，是报其德于前；翼德义释严颜，是收其用于后。武侯不用子午谷之计，是慎谋以图全；邓艾不惧阴平岭之危，是行险以侥幸。曹操有病，陈琳一骂便好；王朗无病，孔明一骂便亡。孙夫人好甲兵，是女中丈夫；司马懿受巾帼，是男中女子。八日而取上庸，则以速而神；百日而取襄平，则以迟而胜。孔明屯田渭滨，是进取之谋；姜维屯田沓中，是退避之计。曹操受汉之九锡，是操之不臣；孙权受魏之九锡，是权之不君。曹操射鹿，义乖于君臣；曹丕射鹿，情动于母子。杨仪、魏延相争于班师之日，邓艾、钟会相忌在用兵之时。姜维欲继孔明之志，人事逆乎天心；杜预能承羊祜之谋，天时应乎人力。诸如此类，或正对，或反对，皆不在一回之中，而遥相为对者也。诚于此较量而比观焉，岂不足快读古之胸，而长尚论之识。

《三国》一书，有首尾大照应、中间大关锁处。如首卷以十常侍为起，而末卷有刘禅之宠中贵以结之，又有孙皓之宠中贵以双结之：此一大照应也。又如首卷以黄巾妖术为起，而末卷有刘禅之信师婆以结之，又有孙皓之信术士以双结之：此又一大照应也。照应既在首尾，而中间百余回之内若无有与前后相关合者，则不成章法矣。于是有伏完之托黄门寄书，孙亮之察黄门盗密以关合前后；又有李傕之喜女巫，张鲁之用左道以关合前后。凡若此者，皆天造地设，以成全篇之结构者也。然犹不止此也，作者之意自宦官妖术而外，尤重在严诛乱臣贼子，以自附于《春秋》之义。故书中多录讨贼之忠，纪弑君之恶。而首篇之末，则终之以张飞之勃然欲杀董卓；末篇之末，则终之以孙皓之隐然欲杀贾充。由此观之，虽曰演义，直可继麟经而无愧耳。

《三国》叙事之佳，直与《史记》仿佛，而其叙事之难则有倍难于《史记》者。《史记》各国分书，各人分载，于是有本纪、世家、列传之别。今《三国》则不然，殆合本纪、世家、列传而总成一篇。分则文短而易工，合则文长而难好也。

读《三国》胜读《列国志》。夫《左传》《国语》诚文章之最佳者，然左氏依经而立传，经既逐段各自成文，传亦逐段各自成文，不相联属也。《国语》则离经而自为一书，可以联属矣。究竟周语、鲁语、晋语、郑语、齐语、楚语、吴语、越语八国分作八篇，亦不相联属也。后人合《左传》《国语》而为《列国志》，因国事多烦，其段落处，到底不能贯串。今《三国演义》，自首至尾读之无一处可断其书，又在《列国志》之上。

读《三国》胜读《西游记》。《西游》捏造妖魔之事，诞而不经。不若《三国》实叙帝王之事，真而可考也。且《西游》好处《三国》已皆有之。如哑泉、黑泉之类，何异子母河、落胎泉之奇。朵思大王、木鹿大王之类，何异牛魔、鹿力、金角、银角之号。伏波显圣、山神指迷之类，何异南海观音之救。只一卷《汉相南征记》便抵得一部《西游记》矣。至于前而镇国寺，后而玉泉山；或目视戒刀脱离火厄，或望空一语，有同棒喝。岂必诵灵台方寸、斜月三星之文，乃悟禅心乎哉？

读《三国》胜读《水浒传》。《水浒》文字之真，虽较胜《西游》

之幻，然无中生有，任意起灭，其匠心不难。终不若《三国》叙一定之事，无容改易，而卒能匠心之为难也。且三国人才之盛，写来各各出色，又有高出于吴用、公孙胜等万万者。吾谓才子书之目，宜以《三国演义》为第一。

## 附录三 参考书目[①]

1.《三国志》，（晋）陈寿撰，（南朝宋）裴松之注，中华书局，2006年版。

2.《后汉书》，（南朝宋）范晔撰，中华书局，2007年版。

3.《晋书》，（唐）房玄龄等撰，中华书局，2015年版。

4.《资治通鉴》，（宋）司马光编纂，岳麓书社，2009年版。

5.《元史》，（明）宋濂等撰，中华书局，1976年版。

6.《明史》，（清）张廷玉等撰，中华书局，1974年版。

7.《明史纪事本末》，（清）谷应泰撰，河北师范学院历史系点校，中华书局，2015年版。

8.《三国志》（文白对照），章惠康主编，华夏出版社，2011年版。

9.《白话三国志》（通译本），程新发译，天地出版社，2020年版。

---

[①] 此书单远非作者写作所参考的全部，而仅限于在写作中所征引的主要文献。或有部分曾参引著作，因笔者疏漏未列，谨向著者表示歉意。

10.《华阳国志译注》,(晋)常璩著,汪启明、赵静译注,四川大学出版社,2007年版。

11.《汉晋春秋通释》,(晋)习凿齿著,(清)汤球、黄奭辑佚,柯美成汇校通释,人民出版社,2015年版。

12.《诸葛亮全集》,马黎丽、诸伟奇编,安徽文艺出版社,2012年版。

13.《罗贯中全集》(全三册),(明)罗贯中著,刘世德主编,三晋出版社,2011年版。

14.《三国演义》(嘉靖本),罗贯中著,岳麓书社,2008年版。

15.《毛宗岗批评本三国演义》,(明)罗贯中著,(清)毛宗岗批评,凤凰出版社,2010年版。

16.《残唐五代史演义传》,(明)罗贯中著,宝文堂书店,1983年版。

17.《水浒传原本》,(明)罗贯中著,罗尔纲考订,贵州人民出版社,1989年版。

18.《水浒全传》,施耐庵、罗贯中著,岳麓书社,2012年版。

19.《东坡志林》,(宋)苏轼著,刘文忠评注,中华书局,2007年版。

20.《事物纪原》,(宋)高承著,中华书局,1989年版。

21.《东京梦华录》,(宋)孟元老著,杨春俏译注,中华书局,2020年版。

22.《南村辍耕录》,(元)陶宗仪著,武克忠、尹贵友校点,齐鲁书社,2007年版。

23.《新校录鬼簿正续编》,(元)钟嗣成、贾仲明著,浦汉明校,巴蜀书社,1996年版。

24.《西湖游览志馀》,(明)田汝成著,陈志明编校,东方出版社,2012年版。

25.《百川书志　晁氏宝文堂书目》,（明）高儒、晁瑮撰，上海古籍出版社，2021年版。

26.《稗史汇编》,（明）王圻纂集，北京出版社，1993年版。

27.《少室山房笔丛》,（明）胡应麟撰，上海书店出版社，2009年版。

28.《塔影园集》,（清）顾苓著，李花蕾点校，华东师范大学出版社，2014年版。

29.《元诗选》,（清）顾嗣立编，席世臣补编，钱熙彦补遗，中华书局，2021年版。

30.《廿二史札记校证》,（清）赵翼著，王树民校证，中华书局，2013年版。

31.《三国志平话》，上海古典文学出版社，1955年版。

32.《中国六大政治家》(全二卷)，梁启超等编著，中华书局，2014年版。

33.《曹操传》，张作耀著，人民出版社，2015年版。

34.《刘备传》，张作耀著，人民出版社，2015年版。

35.《孙权传》，张作耀著，人民出版社，2007年版。

36.《外国人眼中的中国人：诸葛亮》，[日]内藤湖南著，崔金英、李哲译，东方出版社，2014年版。

37.《诸葛亮形象史研究》，陈翔华著，浙江古籍出版社，1990年版。

38.《诸葛武侯全传》，周殿富著，时代文艺出版社，1997年版。

39.《陈寿　裴松之评传》，杨耀坤、伍野春著，南京大学出版社，1998年版。

40.《历史的镜子》，吴晗著，天津人民出版社，2015年版。

41.《赫逊河畔谈中国历史》，黄仁宇著，九州出版社，2015年版。

42.《中国人史纲》，柏杨著，浙江文艺出版社，2020年版。

43.《三国史话》，吕思勉著，中华书局，2009年版。

44.《三国史》，马植杰著，人民出版社，1993年版。

45.《中国历史大讲堂：三国史话》，柳春藩著，中国国际广播出版社，2007年版。

46.《图品三国》，何满子著，上海三联书店，2006年版。

47.《元朝史》（修订本），韩儒林主编，陈得芝、邱树森等著，人民出版社，2008年版。

48.《蒙元帝国》，朱耀廷著，人民出版社，2010年版。

49.《细说元朝》，黎东方著，上海人民出版社，2013年版。

50.《剑桥中国辽西夏金元史》，［德］傅海波、［英］崔瑞德编，史卫民等译，中国社会科学出版社，1998年版。

51.《剑桥中国明代史》（上卷），［美］牟复礼、［英］崔瑞德编，张书生等译，中国社会科学出版社，1992年版。

52.《明史讲义》，孟森著，中华书局，2009年版。

53.《朱元璋传》，吴晗著，岳麓书社，2012年版。

54.《万历十五年》（增订本），黄仁宇著，中华书局，2007年版。

55.《龙床：明六帝纪》，李洁非著，人民文学出版社，2013年版。

56.《王国维文学论著三种》，王国维著，商务印书馆，2001年版。

57.《鲁迅全集》，鲁迅著，中国文联出版社，2013年版。

58.《中国章回小说考证》，胡适著，上海书店，1979年版。

59.《郑振铎古典文学论文集》，郑振铎著，上海古籍出版社，2009年版。

60.《孙楷第集》，孙楷第著，中国社会科学出版社，2008年版。

61.《中国通俗小说书目》（外二种），孙楷第著，中华书局，2012年版。

62.《马隅卿小说戏曲论集》，马廉著，刘倩编，中华书局，2006年版。

63.《谢无量文集》第六卷《中国六大文豪、罗贯中与马致远》，谢无量著，中国人民大学出版社，2011年版。

64.《中国文学史》，郑振铎著，团结出版社，2011年版。

65.《中国文学史纲要》（明清文学），李修生编著，北京大学出版社，2003年版。

66.《中国分体文学史·小说卷》（第三版），李修生、赵义山主编，石育良等著，上海古籍出版社，2014年版。

67.《哥伦比亚中国文学史》，[美]梅维恒主编，马小悟、张治、刘文楠译，新星出版社，2016年版。

68.《中国小说史论》，龚鹏程著，北京大学出版社，2008年版。

69.《明代文学思潮史》，廖可斌著，人民文学出版社，2016年版。

70.《中国皇朝末期的长篇小说》，[德]司马涛著，顾士渊、葛放等译，华东师范大学出版社，2012年版。

71.《中国古代小说研究论辩》，陈曦钟等著，百花洲文艺出版社，2006年版。

72.《中国古代小说研究——台湾香港论文选辑》，刘世德编，上海古籍出版社，1983年版。

73.《中国历代著名文学家评传》（第四卷），山东大学文史哲研究所主编，山东教育出版社，1986年版。

74.《十大小说家》，何满子主编，上海古籍出版社，1989年版。

75.《中国通俗小说家评传》，周钧韬主编，中州古籍出版社，1993年版。

76.《明清小说资料选编》，朱一玄编、朱天吉校，南开大学出版社，

2006年版。

77.《三国演义资料汇编》，朱一玄、刘毓忱编，百花文艺出版社，1983年版。

78.《三国演义大辞典》，沈伯俊、谭良啸编著，中华书局，2007年版。

79.《名家解读〈三国演义〉》，陈其欣选编，山东人民出版社，1998年版。

80.《三国水浒与西游》，李辰冬著，中国三峡出版社，2011年版。

81.《三国与红楼论集》，刘世德著，中国社会科学出版社，2013年版。

82.《〈三国志演义〉作者与版本考论》，刘世德著，中华书局，2010年版。

83.《〈三国志演义〉史话》，陈翔华著，国家图书馆出版社，2019年版。

84.《袁世硕文集》（全五册），袁世硕著，人民文学出版社，2021年版。

85.《中国古典小说导论》，夏志清著，安徽文艺出版社，1988年版。

86.《中国古代小说与文化论集》，李时人著，中华书局，2013年版。

87.《古稀集——中国古代戏曲小说论》，胡世厚著，中州古籍出版社，2004年版。

88.《明代小说四大奇书》，［美］浦安迪著，沈亨寿译，生活·读书·新知三联书店，2015年版。

89.《三国演义与民间文学传统》，［俄］李福清著，尹锡康、田大畏译，上海古籍出版社，1997年版。

90.《〈三国演义〉的世界》，［韩］金文京著，邱岭、吴芳玲译，商务印书馆，2010年版。

91.《〈三国志演义〉版本研究》，[日]中川谕著，林妙燕译，上海古籍出版社，2010年版。

92.《〈三国演义〉版本考》，[英]魏安著，上海古籍出版社，1996年版。

93.《三国演义源流研究》(修订三版)，关四平著，黑龙江教育出版社，2009年版。

94.《三国演义叙事艺术》，郑铁生著，新华出版社，2000年版。

95.《数理批评与小说考论》，杜贵晨著，齐鲁书社，2006年版。

96.《〈三国演义〉研究集》，四川省社会科学院出版社，1983年版。

97.《〈三国演义〉与中国文化》，巴蜀书社，1992年版。

98.《罗贯中新探》，姚仲杰、孟繁仁等主编，中州古籍出版社，1992年版。

99.《毛宗岗小说批评研究》，李正学著，中国社会科学出版社，2010年版。

100.《元明之际士大夫政治生态研究》，展龙著，人民出版社，2013年版。

101.《元明之际江南诗人研究》，贾继用著，齐鲁书社，2013年版。

102.《杨维桢与元末明初文学思潮》，黄仁生著，东方出版中心，2005年版。

103.《杨维桢年谱》，孙小力著，复旦大学出版社，1997年版。

104.《元明杂剧》，顾学颉著，上海古籍出版社，2011年版。

105.《宋元话本》，程毅中著，中华书局，1980年版。

106.《宋代说书史》，陈汝衡著，上海文艺出版社，1979年版。

107.《明代杂剧研究》，戚世隽著，广东高等教育出版社，2011年版。

108.《中国古代戏曲目录研究综论》，倪莉著，知识产权出版社，2010年版。

109.《中国古代白话小说戏曲传播论》，李玉莲著，山西教育出版社，2005年版。

110.《莎士比亚》，［英］安东尼·伯吉斯著，刘国云译，广西师范大学出版社，2015年版。

# 后记

我准备写作《罗贯中传》似乎出于"偶一闪念";迄今想来,我对于这一写作所面临的难度一直准备不足。但不知不觉中,错杂、浩瀚、纵横的九年时间过去了,这部书的写作也终于到了尾声。何谓"偶一闪念"?这么说吧,我来写作这部书似乎没有特别充分的理由,因为之前我的文学耕耘一直在散文、诗歌、小说领域,接触过一些与罗贯中有关的写作任务,但也仅限于地方文化中出于乡谊的成分(因为《录鬼簿续编》记载:"罗贯中,太原人")——除此以外,我虽然喜读传记,稍微写一点非虚构性质的文字,但向来没有以此为重。所以,在二〇一三年夏,因为哲夫老师的推荐开始介入这项工程之时,我常有恍兮惚兮之感。但这一因为无知而无畏的"闪念"从此构造了我的生活。

自二〇一三年夏天的尾声完成写作大纲,并与作家出版社签订正式协议以来,这部书的写作迄今已然跨越了九个年度,在此期间,我从太原市文联《都市》杂志社调到了山西省作协从事专业写作工作;去北京读完了中国作家协会鲁迅文学院与北京师范大学合办的文学创作方向硕士研究生班。在接受本书写作任务的最初的三年间,我将工作重心放在了前期准备工作上:通过各种途径购藏了与《罗贯中传》写作有关的出于古今中外各类著者之手的数百本图书;阅读、解析并顺藤摸瓜地走访了山东、河南、四川、重庆、陕西、北京、江苏、浙江、河北、福建及山西清徐、祁县等全国十多个或与罗贯中生平相关或与罗贯中研究不无牵涉的省市区县。这些工作陆续完成后,我终于在二〇一六年五月十八日开始动笔创作,到七月三十一日完成了近八万字,形成了本书将近半数的篇章。

但在二〇一六年的后半年,由于读研备考之事,此书的写作便暂时被搁置下来。

等到研究生录取事宜尘埃落定,我在二〇一七年三月三十一日再度拾笔续写时,却发现由于中断形成了新的思考,全书业已完成的章节也感觉面目全非,于是在整体结构和细部方面重新梳理,用了大概一个半月进行恢复才真正进入第二轮写作状态。这次写作从五月十八日一直持续到八月二十六日。二〇一七年九月我去北京师范大学读研之前,《罗贯中传》的基本文本规模达到了十六万字,但仍未最后定稿。而在此前与此后,我参加过两回中国作家协会"中国历史文化名人传"丛书编委会组织的专家会议,参加过一次中国传记学会组织的学术会议,基于国内罗贯中传记写作的一片蛮荒局面,在会议中求教于各方专家,虽获益良多,但对于如何彻底完成此书的写作,却愈来愈觉得艰难和需要加倍地慎重起来。此中最重要的原因,自然首先是罗贯中生平文献的过度匮乏,但还有一个无法忽略的关键因素,即本书传主最重要的著作《三国志演义》是否便同出于《录鬼簿续编》所记之杂剧家罗贯中之手,学界一直未有确论。在这种分歧面前,传主的面目自然无法变得清晰起来。

从二〇一七年九月到二〇二〇年六月完成研究生学业的三年间,由于拿不出根本性的说法,而我头脑中的疑惑之处却渐渐增多,所以《罗贯中传》的终稿便一直难以出笼。前述分歧带给此传写作最大的麻烦在于,传主的生平链条无法在矛盾重重的面目中首尾贯穿,且极易发生时空错位,赓续大体无法,更难以按照传记的基本要求行文。因此,在二〇二〇年的秋天,当我最终决定将此书结稿,对多年来关注和支持此传写作、身处祖国各地的众多师友，尤其对组织此书写作的中国作家协会"中国历史文化名人传"编委会的几位师长、对已经签订协议多年的作家出版社完成最后的许诺之时，我发现我面对的不是需要稍做修改的十六万字，而是在时间流逝、思考不断蔓延的作用力下突显出更多自我质疑和否定的十六万字。

自二〇二〇年腊月一直到二〇二一年暮春时节最后数月的突击修改，我便是在这种战战兢兢、如履薄冰的感受中度过的。到二〇二一年四月三十日，我最终向一直联系的原文竹女士提交十八万字《罗贯中传》文稿时，也并没有出现如释重负的感觉。经过多年的传记写作，我原有的超强的自信心退去了大半，一种从未体切至入微的无知和无力感盘桓在我的心头，良久不去。唯一或可感到幸运的是，由于多年的坚持，这件在九年中我都没有觉得会确切落地而生根的事居然成功了！我确信我所执笔的这部《罗贯中传》不会是这位小说大家最后的一部传，因为此前我已隐约从各个渠道所了解，愿为罗贯中作传的人并非没有，而是各位大家出于谨慎和谦虚不愿自居人先罢了。

二〇二一年年末，书稿审读意见陆续返回后，结合审读专家的意见，我又进行了一次整体性的修改，终于到今年年中，于炎夏带来的暑热中正式将书稿完成。但由于上文所谈，今天我所能呈现的，固然也谈不上是一部扎实和严密的《罗贯中传》，它充其量，只是遵循了学界的基本研究，并以我迄今仍觉粗浅的判断力而拿出的一部粗线条的、不乏推测性结论、虽有旁征博引但距离真正的传记尚有诸多差距的著作罢了。

至于本传字里行间，关于罗贯中生平行事段落不免各种缺漏，而笔者却将着眼之要点，放到了罗氏在精神层面的觉悟和灵魂之细节，在此只能祈请读者知之、谅之。因为关于传主原始的记录，实不至于支撑本传铺排行文，故本书在开展之际，常涉笔于元末与三国时代大势，对传主本人来说，似旁及过多，此为无奈之举，亦望读者知之、谅之。

　　罗贯中一生著述，以《三国》为其核心，因此本书提纲挈领，以一个人，一部代表性的作品，对应于一个波澜壮阔的时代。此可谓笔者撰写此书的起点，也是全书最终的归结。另，对罗氏曾参与创作《水浒传》一事及其余"可能性的著作"，本传只是略为述及，并未详加叙说。其因，一出于笔者笔力未逮，二由于《水浒》之著者，本丛书另已有传，三因《水浒》之事，更为扑朔迷离，笔者论来论去，会显得本传更加不像一部传记，大违编者要求，也远离读者阅读趣味。

　　为保守传记真实之底线，本传对于晚近各地出现的罗贯中传说，今人所提之模棱两可、难证其实的新史料，只做极有限的采录。

　　最后需要强调的是，在行文尽可能删繁就简的前提下，为了厘清错综舛乱的材料之间的关系，使全书的叙述显得可信，本书在以有限的记载为据叙述罗氏生平之余，尚在必要之处采取了辩证之法，尽量节制地加入了一点作者的议论。这并非是笔者要故意破坏本书的体例，而实在是由于不愿姑妄言之、草率结论罢了。至于评判此书的绘制，是否尽得罗氏本相之精髓，却不属于笔者之责，只能劳烦读者鉴之。

二〇二二年六月十七日

| | | |
|---|---|---|
| 第一辑已出版书目 | 1 | 《逍遥游——庄子传》 王充闾 著 |
| | 2 | 《书圣之道——王羲之传》 王兆军 著 |
| | 3 | 《千秋词主——李煜传》 郭启宏 著 |
| | 4 | 《草泽英雄梦——施耐庵传》 浦玉生 著 |
| | 5 | 《戏看人间——李渔传》 杜书瀛 著 |
| | 6 | 《心同山河——顾炎武传》 陈 益 著 |
| | 7 | 《孤独的绝唱——八大山人传》 陈世旭 著 |
| | 8 | 《泣血红楼——曹雪芹传》 周汝昌 著 |
| | 9 | 《旷代大儒——纪晓岚传》 何香久 著 |
| | 10 | 《烂漫饮冰子——梁启超传》 徐 刚 著 |
| 第二辑已出版书目 | 11 | 《忠魂正气——颜真卿传》 权海帆 著 |
| | 12 | 《花红别样——杨万里传》 聂 冷 著 |
| | 13 | 《感天动地——关汉卿传》 乔忠延 著 |
| | 14 | 《西风瘦马——马致远传》 陈计中 著 |
| | 15 | 《此心光明——王阳明传》 杨东标 著 |
| | 16 | 《梦回汉唐——李梦阳传》 泥马度 著 |
| | 17 | 《天崩地解——黄宗羲传》 李洁非 著 |
| | 18 | 《幻由人生——蒲松龄传》 马瑞芳 著 |
| | 19 | 《儒林怪杰——吴敬梓传》 刘兆林 著 |
| | 20 | 《史志巨擘——章学诚传》 王作光 著 |

| | | |
|---|---|---|
| 第三辑已出版书目 | 21 | 《千古一相——管仲传》 张国擎 著 |
| | 22 | 《漠国明月——蔡文姬传》 郑彦英 著 |
| | 23 | 《棠棣之殇——曹植传》 马泰泉 著 |
| | 24 | 《梦摘彩云——刘勰传》 缪俊杰 著 |
| | 25 | 《大医精诚——孙思邈传》 罗先明 著 |
| | 26 | 《大唐鬼才——李贺传》 孟红梅 著 |
| | 27 | 《政坛大风——王安石传》 毕宝魁 著 |
| | 28 | 《长歌正气——文天祥传》 郭晓晔 著 |
| | 29 | 《糊涂百年——郑板桥传》 忽培元 著 |
| | 30 | 《潜龙在渊——章太炎传》 伍立杨 著 |
| 第四辑已出版书目 | 31 | 《兼爱者——墨子传》 陈为人 著 |
| | 32 | 《天道——荀子传》刘志轩 著 |
| | 33 | 《梦归田园——孟浩然传》曹远超 著 |
| | 34 | 《碧霄一鹤——刘禹锡传》 程韬光 著 |
| | 35 | 《诗剑风流——杜牧传》 张锐强 著 |
| | 36 | 《锦瑟哀弦——李商隐传》 董乃斌 著 |
| | 37 | 《忧乐天下——范仲淹传》 周宗奇 著 |
| | 38 | 《通鉴载道——司马光传》 江永红 著 |
| | 39 | 《琵琶情——高明传》 金三益 著 |
| | 40 | 《世范人师——蔡元培传》 丁晓平 著 |

| | | | |
|---|---|---|---|
| 第五辑已出版书目 | 41 | 《真书风骨——柳公权传》 | 和　谷 著 |
| | 42 | 《癫书狂画——米芾传》 | 王　川 著 |
| | 43 | 《理学宗师——朱熹传》 | 卜　谷 著 |
| | 44 | 《桃花庵主——唐寅传》 | 沙　爽 著 |
| | 45 | 《大道正果——吴承恩传》 | 蔡铁鹰 著 |
| | 46 | 《气节文章——蒋士铨传》 | 陶　江 著 |
| | 47 | 《剑魂箫韵——龚自珍传》 | 陈歆耕 著 |
| | 48 | 《译界奇人——林纾传》 | 顾　艳 著 |
| | 49 | 《醒世先驱——严复传》 | 杨肇林 著 |
| | 50 | 《搏击暗夜——鲁迅传》 | 陈漱渝 著 |
| 第六辑已出版书目 | 51 | 《边塞诗者——岑参传》 | 管士光 著 |
| | 52 | 《戊戌悲歌——康有为传》 | 张　健 著 |
| | 53 | 《天地行人——王船山传》 | 聂　茂 著 |
| | 54 | 《爱是一切——冰心传》 | 王炳根 著 |
| | 55 | 《花间词祖——温庭筠传》 | 李金山 著 |
| | 56 | 《山之巍峨——林则徐传》 | 郭雪波 著 |
| | 57 | 《问天者——张衡传》 | 王清淮 著 |
| | 58 | 《一代文宗——韩愈传》 | 邢军纪 著 |
| | 59 | 《梦溪妙笔——沈括传》 | 周山湖 著 |
| | 60 | 《晓风残月——柳永传》 | 简雪庵 著 |

| | | |
|---|---|---|
| 第七辑已出版书目 | 61 | 《竹林悲风——嵇康传》 陈书良 著 |
| | 62 | 《唐之诗祖——陈子昂传》 吴因易 著 |
| | 63 | 《婉约圣手——秦观传》 刘小川 著 |
| | 64 | 《殉道勇士——李贽传》 高志忠 著 |
| | 65 | 《蒙古背影——萨冈彻辰传》 特·官布扎布 著 |
| | 66 | 《千秋一叹——金圣叹传》 陈 飞 著 |
| | 67 | 《随园流韵——袁枚传》 袁杰伟 著 |
| | 68 | 《女神之光——郭沫若传》 李 斌 著 |
| | 69 | 《自清芙蓉——朱自清传》 叶 炜 著 |
| | 70 | 《神韵秋柳——王士禛传》 李长征 著 |
| 第八辑已出版书目 | 71 | 《秋水长天——王勃传》 聂还贵 著 |
| | 72 | 《凤凰琴歌——司马相如传》 洪 烛 著 |
| | 73 | 《辋川烟云——王维传》 哲 夫 著 |
| | 74 | 《天生我材——李白传》 韩作荣 著 |
| | 75 | 《如戏人生——洪昇传》 陈启文 著 |
| | 76 | 《北宋文儒——欧阳修传》 邵振国 著 |
| | 77 | 《红尘四梦——汤显祖传》 谢柏梁 著 |
| | 78 | 《梦西厢——王实甫传》 叶 梅 著 |
| | 79 | 《阆风游云——张旭传》 李 彬 著 |
| | 80 | 《人间要好诗——白居易传》 赵 瑜 著 |

81　《天地放翁——陆游传》　陆春祥 著

82　《二拍惊奇——凌濛初传》　刘标玖 著

83　《寒江独钓——柳宗元传》　任林举 著

## 图书在版编目（CIP）数据

章回之祖：罗贯中传 / 闫文盛 著. -- 北京：作家出版社，2024.1

（中国历史文化名人传丛书）

ISBN 978-7-5212-2331-6

Ⅰ.①章… Ⅱ.①闫… Ⅲ.①罗贯中（约1330-约1400）-传记 Ⅳ.①K825.6

中国国家版本馆 CIP 数据核字（2023）第 096819 号

## 章回之祖：罗贯中传

作　　者：闫文盛
传主画像：高　莽
责任编辑：田小爽
装帧设计：刘晓翔　韩湛宁
责任印制：李卫东　李大庆
出版发行：作家出版社有限公司
社　　址：北京农展馆南里 10 号　　邮　编：100125
电话传真：86-10-65067186（发行中心及邮购部）
　　　　　86-10-65004079（总编室）
E-mail:zuojia @ zuojia.net.cn
http://www.zuojiachubanshe.com
印　　刷：三河市紫恒印装有限公司
成品尺寸：152×230
字　　数：256 千
印　　张：21.25
版　　次：2024 年 4 月第 1 版
印　　次：2024 年 4 月第 1 次印刷
ISBN 978-7-5212-2331-6
定　　价：68.00 元（精装）

作家版图书，版权所有，侵权必究。
作家版图书，印装错误可随时退换。